声音的种子

[法]罗兰·巴尔特（Roland Barthes）/著

怀宇 /译

罗兰·巴尔特访谈录
（1962—1980）

Le grain de la voix | Entretiens 1962-1980

中国人民大学出版社
·北京·

译者导读

早就想翻译罗兰·巴尔特的这本书了，原因是，它是巴尔特一生中接受过的电台、杂志和电视台等多种媒体对其进行的访谈的结集，我认定其信息量会比单独的一本甚至几本书都多。我终于在 2018 年完成了对它的翻译工作。真不负所望，这本书让我了解到了许多新东西，极大地丰富了我对相关书籍和作者思想的了解。

作为"导读"，我想从以下几个方面介绍一下这本书。

第一，《出版说明》中这样告诉我们："这里汇集了对罗兰·巴尔特所做的大部分法语访谈。尽管我们很想整理得完整，但可能还会有遗漏"。作为译者，在译完这本书后，我想说的是，这本书共汇集了罗兰·巴尔特生前所接受访谈的 39 篇文字。为了解巴尔特生前所接受访谈的实际次数，译者翻阅了 2002 年版五卷本的《巴尔特全集》，发现这种访谈文字共有 76 篇，也就是说，有 37 篇未被编入。是什么原因造成当年的搜集出现如此多的遗漏呢？译者认为，这种未被编入的情况，一是因为当时（1981 年）还没有出版巴尔特全集的安排（首次三卷本全集出版于 1993—1995 年，这中间相差 12 年之多），其散在的访谈文字难以一次性整理完整；二是未被编入的篇目的重要性也许不如被编入的篇目那么大，所以不容易被记住。巴尔特是从 1962 年开始接受访谈的，首次出现遗漏是在 1964 年，从 1966 年起，中间除了 1972 年外，都有被遗漏的情况，而从 1975 年至 1979 年五年间，被遗漏的访谈次数居高不下（1975 年是 5 次，

1

1976年是4次，1977年是5次，1978年是8次，1979年是5次）。这似乎可以让我们做出如下推论：一是巴尔特较早接受的访谈由于内容新颖，且采访他的媒体不多，从而让人记忆深刻，搜集起来也容易。仔细核对一下，那时正是法国结构主义处于上升和接近达到顶峰的时期，人们面对一种新的思潮或新的方法论，会积极热情地去了解。二是后来巴尔特著作繁多，特别是《恋人絮语》出版后受到热捧，对他进行访谈的媒体非常之多，搜集起来也确实有困难，于是，人们只能记住在这一时期中最为重要的访谈内容，被遗漏的自然也就多了起来。三是符号学从20世纪60年代末起进入了多元发展时期，也分散了人们对于巴尔特思想的关注。我们似乎可以这样说，本书中汇集的，应该是巴尔特被人记住的最为重要的访谈内容。这些内容有助于我们了解巴尔特的整个学术研究工作。我们也可以借助巴尔特对外围情况的阐述来加深对他某些书籍写作背景和主要理论的理解。当然，这并不是说，被遗漏的访谈就没有重要的内容，起码在我们看来，有些篇目还是很重要的，比如《结构主义与符号学》等。

第二，法国符号学自20世纪50年代发展至今，大体可以分为两个时期：一是在结构主义影响之下的符号学研究，二是60年代末出现的、后来名为巴黎符号学学派和到今天成为法国符号学研究主流的符号学研究。前者，沿用了结构语言学创始人瑞士语言学家索绪尔对符号学的定义和用词。在这一阶段中，罗兰·巴尔特是其代表性学者之一，他的贡献集中在他对索绪尔《普通语言学教程》中提出的符号学理论所进行的全面阐述和应用上，由此也开启了符号学主要概念在社会科学中的广泛运用。

索绪尔的符号学理论，是建立在其结构语言学论基础上的，而其基础则是"二元对立"原则。索绪尔把言语活动（langage）分为语言（langue）与言语（parole），认为语言是言语活动中的"形式""规则"，而言语则是对于这些形式和规则的运用。索绪尔认为，一个语言符号是由一个能指与一个所指构成的，对于能指与所指和它们之间

译者导读

关系的阐释,将构成符号学研究的重要内容。关于"形式",我们通常会把它理解为外在的,但索绪尔则对长时间以来形成的"形式"与"实质"的哲学概念做了颠覆,把前者确定为"内在结构",将后者确定为外在"物质表现"。于是,语言可以被理解为内在的"语言规则","实质"则表现为载体的物质材料和意义。这些概念,在我们这本书中频繁出现,提前对它们有所了解,对于理解全书是重要的。在我们的汉语习惯中,没有"言语活动"这个概念,所以,这三个术语的译名和对它们在各种情况下的理解,也许会让读者难以分辨。笔者在对巴尔特多部著述的翻译中,坚持使用高明凯对《普通语言学教程》的翻译中使用的上述译名,希望读者能按照上面的解释来理解它们。然而,语言(langue)在这本书中的出现,特别是到了后来,有时也指我们平时说的语言,即自然语言,在这种情况下,笔者会对其做适当注释。

按照索绪尔的理论,一个符号的"能指"和"所指"原则上是不可分开的,缺一不可构成符号。但是,在通常情况下,人们就把"能指"看成是符号或"象征",其"所指"则属于需要探讨和发现的部分。在本书的访谈中,巴尔特对能指与所指这两个概念,在多处结合具体情况做了深入阐述,对于我们观察日常事物有很大的帮助,比如把所指扩展为"意识形态",这便加深了我们的认识。

巴尔特在阐述索绪尔的符号学理论的同时,对于相关论述也提出了他自己的看法,尤其是在关于是语言学属于符号学还是符号学属于语言学的论述方面。索绪尔在其《普通语言学教程》中指出:"我们可以设想有一门研究社会生活中符号生命的科学……我们管它叫符号学(sémiologie)"。紧接着,索绪尔就明确地说"语言学不过是这门一般科学的一部分,将来符号学发现的规律也可以应用于语言学"[①]。这就很清楚地把语言学置于符号学的"下位词"的位置。但是,巴尔特在其《时尚系统》一书中这样说:"倘若服饰不借助于描述它、评价它并赋予它丰富的能指和所指的语言来建立一个意义系统

---

① 索绪尔.普通语言学教程.高明凯,译.北京:商务印书馆,1982:38.

的话，它还能有意指吗？人注定要依赖分节语言，不论采用什么样的符号学都不能忽视这一点，或许，我们应该把索绪尔的体系做一下颠倒，宣布符号学是语言学的一部分。"①巴尔特在接受访谈时，再一次明确地表明了自己的观点，他说："语言学便不再像是关于意指的总体科学的一部分：必须改变打算，而说语言学就是有关意指的总体科学，这种科学随后根据人类语言所遇到的各种对象而分别属于多种特殊的符号学。"②这显然是在强调语言学而不是符号学在研究意指过程中的"总体科学地位"，他又说："语言学为我提供了破释一个文学文本或某种符号系统的有效手段"③。20 世纪 50 年代，法国结构主义作为一种新的意识形态思潮，符号学研究作为一种新的方法论，是法国对于人类社会在认识论方面的重要贡献。作为代表性学者的巴尔特的符号学探索，就是把语言学模式移用到社会生活的多个方面，例如服饰、食物、汽车等，反过来也可以说，就是把对社会生活中诸多事物的理解与分析都纳入语言学模式之中。在他于此探索获得成功的情况下，他做出了与索绪尔的观点相反的论述，这也应该被看做当时对于符号学的一种深入认识。到了 60 年代末，符号学研究出现了多元的发展，以格雷马斯为首的"巴黎符号学学派"形成了，该学派已不再围绕着符号和符号系统进行研究，而是把符号学推向了对符号之间关系的研究，亦即在"过程"与"系统"的对立关系中偏向了对"系统"的研究，并为之采用了"sémiologie"的名称，以区别于先前在"sémiotique"名下进行的研究。让－克洛德·科凯（Jean-Claude Coquet）在其《符号学：巴黎学派》一书中这样明确地指出："符号学的计划，是建立关于意指系统的总体理论……符号首先是一种可观察之物……符号首先是一种已建对象。"④虽然语言学与符号学都是研究言语活动的科学，而且巴尔特的研究证明，语言外的许多对象都可成功地转化为语言的符号，但人们还是不敢断定所有的客观对象均可

---

① *Œuvres complètes*: Ⅱ, 1994: p.325.
② *Le grain de la voix*. Paris: Seuil, 1981: p.73.
③ 同上。
④ *Sémiotique: École de Paris*, Paris: Hachette, 1982: p.5.

做这种转化，所以，语言学仍然被认为是对自然语言或专门一个领域的符号学研究，而符号学则是对包括自然语言和语言外对象的总体研究或"总体意指系统"研究，因此认为符号学包含着语言学还是成立的。需要指出的一点是，当前的法国符号学研究，出现了 sémiologie 与 sémiotique 混为一体进行研究即相互容纳的趋势。似乎可以预见，未来的法国符号学，将是以 sémiotique 为总名称的包括两方面研究内容的一个学科。

第三，巴尔特对精神分析学特别是拉康的结构精神分析学理论的参照，在书中多篇访谈录中都有所体现，可见，精神分析学也是巴尔特符号学研究的重要组成部分。首先，是"镜像理论"（stade du miroir）。该理论是拉康1936年引入精神分析学研究中的，后来他在1966年1月10日的一个研讨班上把"镜像阶段"说成是"他进入精神分析学的一把扫帚"。确实，拉康后来据此发展和形成了多种概念。拉康是在研究高级哺乳动物和幼儿在镜子面前的一些不同行为表现时，依据"科学心理学"的观察，逐步建立起这一理论的。他发现，6个月至18个月的幼儿面对镜子时，能辨认出镜子中出现的是一个形象，而且接受这就是自己的形象，尽管这么大的幼儿仍然处于精神生理不成熟的阶段。这种辨认过程，便奠定了幼儿的"自我"（Le moi），也确定了弗洛伊德首先提出的"另一个"（第一个字母为小写的"autre"）概念，亦即"另一个自我"（alter ego）。于是，这"另一个"或"另一个自我"便成了最初的和基本的异化之地，拉康将其称为"想象之物"（imaginaire）。而在"镜像阶段"中，幼儿所进行的各种想象性辨认，便与这种想象之物建立起了关系。由于辨认对象的相异性（特别是来自父母的"感受"）的出现，第一个字母大写的"Autre"便介入进来，他将其确定为源于"象征"（Symbolique）的全部内容（"他者"甚至以"父亲"之名出现）。拉康是很看重象征结构的，他认为这种结构在精神分析学中占据着基本的位置，而且这一位置最终与言语活动混为一体，使精神分析学也与符号学研究建立起了密切联系，符号学研究中许多概念例如"像似性""陈述活动""叙

5

述特征"都在精神分析学中有所阐述。正是这一点使拉康说出这样的名句:"无意识是他者的话语","无意识是像言语活动那样被结构的"。"他者"成为拉康对精神分析学作出的重大贡献之一。由于奥地利精神分析学家弗洛伊德的作品首先被翻译和介绍到我国,他的"autre"在汉语中已经被翻译成"他者"或"他人",而不是"另一个",加之拉康的第一个字母大写的"Autre"也只能翻译成"他者"或"他人",所以,我国不少学者在使用这两位学者的这两个"他者"概念时,出现了混淆。

"意指活动"(signifiance)是自拉康以来经常被使用的一个术语,后来在克里斯蒂娃作品中也频繁出现,在一段时间里,巴尔特对于该术语的使用多于"意指"或"意指过程"(singification)。意指活动的定义在于它"意味(而不确定意义)"[①]。我国译者会在译名上难以将"signifiance"和"signification"做较为清晰的区分。实际上,在表达层面上,前者指的是某个点上的意义显现,就像克里斯蒂娃对一个诗句的每一个节点的多重"符义分析"那样;后者指的是意义的产生过程和结果。巴尔特对于"signifiance"术语的使用,见于他在接受了克里斯蒂娃的"文本理论"期间的文章中,而在此之前和之后,他都是使用"signification"(多指"意指过程")。在巴黎符号学学派的符号学研究中,已不见 signifiance 这一术语。

罗兰·巴尔特的这部访谈录,内容可谓丰富。当然,文中对于某些问题的看法,譬如对法国知识分子的身份和作用的阐述,与我们惯常的看法有较大不同,这自然是国家和文化背景的不同所致。那就由读者自己做判断吧。

本书书名《声音的种子》法文原名是 Le grain de la voix,取自收录在《显义与晦义》一书中一篇文章的题目,笔者曾将其译为《嗓音的微粒》,其中"微粒"一词,依据作者的解释,将其注释为"特质"之意。读者可根据这一提示和书中内容,来理解这一书名的全部意义。

[①] Josette Rey-Debove. *Lexique sémiotique*. Paris: PUF, 1979: p.135.

译者导读

希望上面的"导读"对读者理解这本书有用。

怀宇

2019 年 3 月 10 日于南开大学宅内

出版说明

　　读者会看到，这里汇集了对罗兰·巴尔特所做的大部分法语访谈。尽管我们很想整理得完整，但可能还会有遗漏，因为我们并没有一个精确的访谈录名单。谨请记者和读者予以谅解。

　　可以称得上是最好的序言的，难道不就是罗兰·巴尔特自己对于访谈是什么的一种描述吗？在我们看来，这样的描述并不缺少，但是我们有一篇旨在分析从"说出的话"到"誊写出的话"之过程的访谈，行文极为明确：有必要从阅读这篇访谈文字开始，以便更好地评价将书写的锋芒与声音的种子结合在一起和使它们相对立的东西。读者会在开卷伊始读到它。

目 录

从说话到书写 /1

事物能意味着什么吗？ /7

关于电影 /11

我不相信影响 /26

符号学与电影 /31

以"新批评"的名义 /39

谈《时尚系统》和叙事文的结构分析 /44

关于《时尚系统》/58

围绕一首科学长诗进行的谈话 /65

关于《S/Z》和《符号帝国》/71

《快报》与罗兰·巴尔特携行致远 /91

罗兰·巴尔特在批评 /114

东拉西扯 /118

谈话 /133

文化的必然，反－文化的极限 /156

快乐 / 写作 / 阅读 /164

形容词是对于欲望的"说出" /183

与书写工具几乎是疯狂的关系 /189

歌剧院的幽灵 /195

罗兰·巴尔特反对定见 /200

一个拒绝自我分离的社会会变成什么样子？ /208

万花筒游戏 /210

罗兰·巴尔特的 20 个关键词 /218

文学与教学 /249

超现实主义未与身体相遇 /259

真实之危机 /263

色情形象的伟大修辞家 /269

知识分子有何用？ /276

谈《恋人絮语》/301

我们时代最伟大的神话破释者与我们谈爱情 /310

谈暴力 /328

为了让人感到疑虑而说的话 /335

一种过于突然的背景 /343

罗兰·巴尔特自我表白 /345

要敢于懒散 /363

纸上的夏多布里昂 /372

从爱好到沉迷 /378

谈摄影 /381

欲望之危机 /389

从说话到书写

1974 年 3 月 1-15 日

罗兰·巴尔特的这篇文本,是为罗杰·皮约旦(Roger Pillaudin)在法兰西文化电视台主持的首批《对话》(*Dialogues*)节目所写的序言,这些节目内容后来由格勒诺布尔大学出版社(Presses universitaires de Grenoble)出版。

我们在说话,有人在为我们录音,几位聪慧的秘书在听我们的谈话内容,他们过滤这些内容,对其进行誊写,为其加上标点,据此整理出第一份手写清样交给我们,为的是让我们再一次修订,然后将其交付发表、成书、成为永恒。我们要做的,难道不就是在"为逝者美容"①吗?对于我们说过的话,我们为其熏香保存,俨然像对待一具木乃伊,以使其不朽。因为,必须要比声音延续的时间更久,必须借助于书写的戏剧手法在某个地方将其记载下来。

对于这种记载,我们能为其做点什么呢?我们失去的是什么呢?我们得到的又是什么呢?

手写活动的骗局

一般说来,首先,这就是落入手写活动骗局中的东西〔我们更愿意使用手写活动(scription)这个词,尽管它有点儿学究味,而不大喜欢用书写(écriture)这个词:因为书写并非必然就是被写东西的

---

① 在巴尔特的观念中,即便是刚刚说过、做过的事情,也属于"过去时",他谓之"逝者"(le mort)。——译注

存在方式］。首先，我们显然会失去一种纯洁性。这不是因为说话自身是新鲜的、自然的、自发的、诚实的、对于某种纯真的虚怀是富有表现力的；恰恰相反，这是因为我们的言语（特别是面对公众说的言语），直接地具有戏剧效果，它从全部的文化与演说编码中借用技巧（在该词风格学和游戏意义上讲）：说话总是讲求策略的，但是，一旦过渡到书写，我们所抹杀的，正是会听的人可以感觉到的这种策略的纯洁性，一如会读书的人们那样。纯洁性总是明显的，在重写我们已经说过的东西的时候，我们就会自我保护、自我检点、自我审查，就会删除我们说错的地方，删除我们过分表达的地方（或表达不充分的地方），删除我们犹豫不决的地方，删除我们的各种无知表现、各种自命不凡表现，甚至是删除我们无言以对的情况（在说话的时候，对于我们的对话伙伴提出的这一点或那一点，难道我们有不予理睬的权利吗？），总之，我们会删除我们的想象物的光亮、我们的自我的个人游戏。说话是危险的，因为它是直接的，它不会重说（除非是为明确而重说）；手写清样，则有的是时间，它的时间甚至足可以让人在嘴里复说多遍（谚语式的忠告从来都不是更虚假的）。在写出我们说过的话的时候，我们就会失去（也可以保存）将歇斯底里与妄想症分开的全部东西。

　　另一种损失，是我们的转换的严格性。通常，我们廉价地"编织"我们的话语。这种"编织物"，即福楼拜所厌恶的"口才"（fluen orationis），就是我们的言语的内聚性，就是我们言语自我创造的法则：当我们说话，当我们"表明"随言语活动而至的我们的思想的时候，我们会认为高声地说出我们的各种探寻之变化是正当的，因为我们毫不掩饰地在与语言[①]做着斗争，我们确信，我们的话语"取用"

[①]　根据瑞士语言学家索绪尔（Ferdinand de Saussure, 1857—1913）的语言学和符号学理论，"言语活动"（langage）分为"语言"（langue）和"言语"（parole）两个部分，前者是一种社会规约，是一种"形式"系统，现在也被译为"语言系统"或"语言规则"，更容易理解，后者是个人或一个群体对于"语言"的运用。罗兰·巴尔特是索绪尔传统的符号学家，所以，笔者严格地按照相关词语在索绪尔符号学术语中的意义来翻译，以尊重作者所要表达的思想。这里所说的与"语言"做斗争，就是与"规约"和"形式"系统做斗争、做协调。对于"言语"一词，我们有时也将其翻译成作为名词的"说话"或"说出的话"。至于文中的"话语"（discours），那是"言语"依据"语言"而形成的结果，在一般情况下，它和"文本"（texte）是同义词。以上这几个术语或概念，在后面的文字中也经常遇到，望读者有所辨析。——译注

2

和"包含"着这种斗争,确信这种话语的每一种状态都合法地带有其前面的状态。一句话,我们希望的是一种直率的产出,并且我们也以这种规范的连带关系来表明符号。由此,在我们的公开言语中,便出现了那么多的<u>但是</u>、那么多的<u>因此</u>、那么多的重复或那么多明显的否定。这并非因为这些不起眼的单词具有重要的逻辑价值;我们可以说,这是因为它们都是思想的<u>赘词</u>(explétif)。书写,在一般情况下,是对于思想的安排;书写敢于省略,而起分割作用的这种修辞格,是声音所不能承受的,就像不能承受阉割一样。

这一点与最后一种损失有关,这种损失是由于誊写言语而在言语上造成的:类似于"是不是啊?"的属于言语活动的一些碎屑——无疑,语言学家们将其与言语活动诸多功能中的一种联系了起来,那就是<u>维系功能</u>[①]或呼唤功能。当我们说话的时候,我们希望我们的对话者听我们说话,于是,我们便借助于没有意义的一些呼唤(例如"喂,喂,您听清楚我的话了吗?"等)唤起对方的注意力。这些词语或表达方式微不足道,不过,它们却有着某种隐约的戏剧性:它们是呼唤吗?是转调吗?——在想到鸟的时候,我会说是鸟的歌声吗?借助于这些,一个身体在寻找另一个身体。而正是这种不自然的、平淡的和滑稽的歌声,当其被写出的时候,在我们的书写过程之中消失了。

通过这些观察,我们理解了在誊写过程中失去的东西,简单地说就是身体——至少是正在对话的这个外在的(偶然的)身体,他在向与他同样不稳定(或狂躁)的另一个身体发送在智力上空空的讯息[②],但其唯一

[①] 维系功能(fonction phatique):或呼唤功能(fonction d'interpellation),是俄裔美籍语言学家雅各布森(Roman Jakobson, 1896—1982)为言语活动确定的六种功能之一,指的是为了维持对话而常在对话过程中说出的"喂喂""你听到了吗?"这样的词语表现。其他五种功能是:表达功能(fonction expressive)亦称情绪功能(fonction émotive)、诗意功能(fonction poétique)、意图功能(fonction conative)、指称功能(fonction référentielle)亦称认知功能(fonction cognitive)或明指功能(fonction dénotative)、元语言功能(fonfction métalinguistique)亦即解释功能。——译注

[②] 讯息(message):语言学和符号学术语,指按照一定的编码(code)组织起来的符号序列(而非意义序列),它与带有意义传递的"信息"(information)是不同的,前者属于"能指",后者属于"所指"。——译注

的功能却在于勾住（在该词性的意义上讲）另一个身体和将其维持在对话者的状态之中。

言语一旦被誊写，它便明显地改变了接收者，并因此改变了说话主体，因为在无他者①的情况下便没有主体。身体，尽管总是出现的（没有身体便没有言语活动），但它却不再与人称或者可以说与人格耦合在一起，说话者的想象物改变了空间：不再是要求、呼唤，也不再是一种联系游戏；它是在建立和再现一种分节②出现的不连续性，也就是说，它实际上是在建立和再现一种论证。这种新的计划（人们通常夸大其各种对立关系）在誊写于言语上的（在为其去掉我们前面说过的所有"糟粕"之后）增加的各种普通"意外事故"中看得很清楚（因为实际地讲，誊写具备各种手段）：首先，通常是一些真正的逻辑要点。问题不再是言语用来丰富其沉寂的那些微不足道的联系（但是、因此等），而是涉及充满真正逻辑语义成分的一些句法关系（诸如尽管、以至于）。换句话说，誊写所允许和所利用的，是口头言语活动所厌弃的一种东西，即人们在语法上称为从属关系（subordination）的东西：于是，句子变成了层级性的，人们在句子上面——就像在经典的导演中那样——安排角色与平面之间的区别。讯息在被社会化的同时（因为它向着更宽泛和更多了解它的公众过渡），便重新找到了一种顺序结构。一些"想法"，即在对话中勉强可以明确的一些"实体"（在这些实体中，那些"想法"被身体所不停地突破），在这里被安排在前面，在那里被安排在后面，而在另外的地方则被安排成对照状态。这种新的顺序（即便其出现是需要巧妙安排的）用的是两次排版技巧——正括号与反括号，括号属于书写的"增大成果"。括号并不存在于说话当中，但它可以明确地指出一种想法的二级的和有所偏离的本质，它还可以表明顿挫——要知道，这种顿挫

---

① 罗兰·巴尔特采用了精神分析学家雅克·拉康（Jacques Lacan，1901—1981）有关"他者"（Autre）的理论。这里的"他者"区别于与主体相像的"另一个"（autre）。这种书写方式指出的是，在自我的表象之外，在想象的同化对象之外，主体被完全先于他和外在于他的一种秩序所制约，而他也依赖于这种秩序，"他者"是构建"超-我"的基础。——译注

② 分节：指的是人类的语言交流都是通过喉头一个音一个音发出的现象，是一种断续的连接方式。任何"自然语言"（汉语、英语等）都是分节的言语活动。——译注

分离意义（而不分离形式和发音）。

于是，在手写过程中便出现了一种新的想象物，那便是"思想"。凡是说话与手写出现竞争的地方，书写都以某种方式意味着：我想得更好，我想得更为坚定，我很少为你着想，我想得更多的是"真理"。大概，他者总是以读者的匿名外在形象出现在那里。因此，通过手抄的各种条件（尽管这些条件非常谨慎，看起来也非常无所意味）而被安排的"思想"，仍然依赖于我想要提供给读者的自我的形象，加之一系列不可改变的已知条件和论据，便出现了一种策略性的命题空间，也就是说，最终是带有诸多立场（position）的一种空间。观念之间的论战，今天借助于大众传播的各种手段而得到极大发展，而在这种论战之中，每一个主体都必须定位自己、显示自己，都必须在智力上——亦即在政治上——确定姿态。公众"对话"的现时功能也许就在这里；与出现在其他聚会（例如司法聚会、科学聚会）的情况相反，说服，即去除一种信念，已经不再是这些新的交流礼仪的真实要旨了，它更可以说是向公众介绍有关各种想法的一种导演术（这种对演出的参照，丝毫不会影响所交流的言语的诚恳性或客观性，以及它们在教学方面或在分析方面所带来的益处）。

在我看来，这似乎就是这些对话的社会功能：它们一起构成了一种二级传播活动即一种"再现活动"与实现两种想象——身体的想象和思想的想象——之间的一种过渡。

书写并非手写

当然，一种有关言语活动的第三种实践仍然是可能的，它因这些对话的规则而未被提及，那就是书写（écriture），正确地讲，就是产生文本的书写。书写并不是说话，这种区分近些年来获得了一种理论上的确认。但是，书写也不是手写，即誊写，书写不是誊写。在说话中（以一种歇斯底里的方式）过分出现的和在誊写中（以阉割的方式）过分不出现的东西，即身体，在书写之中重返了——不过，却是通过一种间接、有度和完全是恰当的、在享乐方面不是在想象（形象）方面、富有音乐感的途径重返了。说到底，我们的三种实践（说话、手写、书写）以各自具有的方式所变化的，正是我们的身体借助于言语活动所进行的这种旅行：这种旅行是困难的、曲折的、种类繁多的。无线电播放的发展，也就是说一种既是最初的也是誊写的、既是瞬间的也是可回忆的言语的发展，今天又赋予了这种旅行一种令人振奋的成分。我确信，在此被誊写出的这些对话，它们不只是借助于大量信息、大量分析、大量观念和在覆盖智力的和科学的现实之非常广泛的领域内进行的大量论证才有价值，就像我们马上看到的那样，它们还具有关于各种言语活动的一种微观经验的价值：说话、手写和书写，每一次都引入一位不同的主体，而读者和听者都必须根据其是在说、是在用手誊写还是在用文字陈述而跟随着被分离的、不同的主体。

《文学双周刊》（*Quinzaine littéraire*），1974年3月1—15日

事物能意味着什么吗？

1962年10月13日

罗兰·巴尔特对法国小说当前状况的感受。

我是随笔作家，因为我是脑力劳动者。我也很想写作中篇小说，但是，我在为自我表白而寻找一种写法上遇到了困难。在法国，随笔作家都不得不从事另外的工作，强制性就在于此。在我的一生中给我激情的东西，便是人们使自己的世界变得可理解的方式。如果您同意我的说法，那便是对于可理解性的探索，便是有关意指[①]的问题。人们在赋予他们的写作方式某种意义。借助于一些单词，写作会创立出一种意义，而这种意义并非这些单词开始时就有的意义。正是这一点需要理解，而我尽力表达的也正是这一点。

只要想谈论 NR[②]，它就必须是需要加以明确的一种现象。必须意识到，是社会最终把作家包容了进来。作家已不再是没有社会地位的人，他已不再隶属于出钱让他写书的人，他已不再为一个确定的阶级服务。在我们的社会中，作家几乎是幸运的。这是人们观察到的情况，不可据此得出什么结论，但如果想得到理解的话，却必须去参考它。一方面，是幸运的作家；另一方面，是充满构思和矛盾的复杂社会。

---

① 意指（signification）：语言学和符号学术语，尤其是符号学理论的中心概念，指"意义的产生过程"或"所产生的意义"。在第一种情况下，一般翻译成"意指过程"，在后一种情况下，一般翻译成"意指"或"意涵"。——译注

② NR: Nouveau Roman，新小说。——译注

声音的种子

人们对于新小说都说了些什么呢？说它远远地躲避真实，说它在寻求一种技术性的同时，放弃了其责任。

当有人这样说的时候，他是在求助于文学中的那些伟大典范，例如巴尔扎克、司汤达等。必须指出，那些小说家所表现的都是一种确定的、已有固定结构的社会，于是他们的小说都是现实主义的，那些小说所意味的都是一种真实——而有时并没有经常得到强调的是——都是对于过去时的一种怀恋。

今天，政治事件、社会混乱、阿尔及利亚战争，在新小说中出现不多。有人这样说：新小说的作品都不是介入①性的。确实是这样，但是，作为个人和公民的作家们却是介入性的，并且他们勇敢地承受着这种义务。

有人这么说过：作家必须使其作品成为介入性的。但是，这属于理论范畴，因为作品无时无刻不是失败的。我们可以想一想为什么会失败……但，这仅仅是因为写作是提出问题而不是回答问题或解决问题的艺术。

唯独写作可以提出一个问题，这是因为写作带有一种力量，它可以使这个问题成为悬念。当提出的问题是真实问题的时候，它们就出现混乱。新小说完全意识到了它的角色。

卡夫卡很清楚，文学就是提出问题的方式。您认为还有什么使得巴尔扎克在今天仍然是吸引人的呢？是他描绘生活的能力吗？肯定是别的东西。也许在他不知道的情况下，他就提出了有关资产阶级社会的那些问题。

今天，我们的社会是非常难以理解的。生活在其中的人，几乎无法分析这个社会。各种阶级问题，若使用50年前的词语，根本无法去想象。我们同时生活在一个阶级社会和一个大众社会之中。那些重大的问题，即那些直接的问题，纷杂混乱。政治文化本身似乎也出现

---

① 介入（engagement）：是作家在其所处时代"进入"一种舆论思潮、一个政党观点或一种社会运动而特别是政治运动中的一种态度。作为文学现象，它在20世纪中期得到了重视和研究，尤其为萨特所推崇。——译注

事物能意味着什么吗？

了停滞。这些不同的因素影响着写作，并表现在其中。

面对今天的生活，您可想象一下与布莱希特①相似的一种精神，这种精神似乎已经由于生活的多样性而瘫痪了。世界变得冲动过多。这也是一些因素，我们不能否认。

于是，有人就提出了这样的问题：<u>新小说提出了什么问题呢？</u>它提出了一个全新的和非常简单的重大问题。它在发问："事物能意味着什么吗？"

在此之前，文学从未怀疑过事物带来的意义。在这种情况下，这里想说的是围绕着我们的全部东西，既包括一种事件，也包括一种物件。因此，文学的作用就是提出这个问题，就是借助于叙事、故事、人物或物件提出这个问题。

有人大叫了起来：为什么还包括物件呢？对此，必须做出一些解释。对于物件，人总是让其负有意义，但是相反，它却从未充当过文学素材。各种物件并不在小说中得到考虑。例如在《危险的关系》②一书中，作为可以说是问题的唯一的物件，是一把竖琴，并且它还服务于传递讯息。因此，**新小说曾尝试将物件看成是脱离其通常意指的东西**。罗伯-格里耶③曾赋予了物件一种全新的看法。他在展示物件时，毫无回忆，毫无诗意。这是一种不透明的描述，而不是现实主义的描述。物件是在无意义光环笼罩之下出现的，正是因此出现了忧郁，而这种忧郁则是一种深刻的、超验的感觉。

这是一项相当庞大的事业，一方面，它是技术性的，另一方面，又是哲学性的。其最后出路在哪里呢？我毫无所知。当一部作品获得成功的时候，它便含含糊糊地提出问题，而借助于这种方式，它又变成诗性的。

在这样的作品之间，有着很大的不同，但是它们也有着共同的不

---

① 布莱希特（Bertoit Brecht, 1898—1956）：德国剧作家和戏剧理论家。——译注

② 《危险的关系》（*Les liaisons dangereuses*）：法国作家肖德洛·德·拉克洛（Choderlos de Laclos, 1741—1803）1782 年发表的一部书信体小说。——译注

③ 阿兰·罗伯-格里耶（Alain Robbe-Grillet, 1922—2008）：法国新小说派代表作家之一。——译注

声音的种子

足：在作品的可能性与赋予作品的形式之间，存在着一种不协调。一首诗，因其短小而使人感兴趣，但一首过长的诗则失去其力量：**新小说**也会出现同样的情况。

令人惊讶的是，所有这些小说家都带给了人们客观性和确定性。不过，读者也可以提出问题。他可以提问：为什么色情从文学中不见了呢？他还可以自问：是否存在着让人感到厌倦的一种可以真也可以假的方式呢？最后，他还可以想到：为什么作家们都只想去搞电影呢？

《费加罗文学》（*Figaro littéraire*），1962年10月13日，皮埃尔·菲松（Pierre Fisson）整理

关于电影

1963 年 9 月

我们将与当代文化界一些知名见证人一起，在这里开设一系列谈话节目。

电影已经变成了与其他艺术具有同样地位的一种文化现象，所有的艺术、所有的思想，都在参照电影，而电影自然也在参照这些艺术。电影是一种相互提供信息的现象，有时是很明显的（这并非总是好的情况），通常又是很分散的，我们很想通过这些谈话，尝试着为其做出界定。

电影无处不出现，有时出现在事后，有时就出现在事件发生的当下，我们希望它将出现在更为宽阔的一种远景之中，而档案保存嗜好和偶像崇拜之风（它们也有其自己的作用）有时几乎让人忘掉这种前景。

罗兰·巴尔特，作为《写作的零度》(*Degré zéro de l'écriture*)、《神话集》(*Mythologies*)、《米什莱》(*Michelet*)、《论拉辛》(*Sur Racine*)诸书以及多篇激动人心的文章（在此之前，分散地发表于《大众喜剧》《论据》《社会学杂志》《新文学》等刊物中，我们希望它们会很快得到汇总出版）的作者，也作为布莱希特的第一位法国研究者，是我们的第一位贵客。

电影在您的生活中占据何种位置呢？您是以观看者还是以批评观看者的身份来看待电影呢？

声音的种子

也许应该从对待电影的习惯、从电影进入生活中的方式谈起。至于我，我不常去看电影，勉强一周看上一次。至于对影片的选择，实际地讲，从来都不是完全自由的。我大概更愿意一个人去看电影，因为在我看来，电影完全是一种投影活动。但是，随后，它又是一种社会生活的活动，最常见的情况是，两个人或多个人一起去看电影，而从这时开始，不论你是否愿意，选择影片就变得很是为难。如果我以纯粹自发的方式来选择的话，那我的选择就必须具有完全即兴的特征，该特征排除任何类型的文化的或潜在文化的强制性，而只是听命于我自身最为神秘力量的驱使。这就会在电影使用者的生活中提出一个问题，那便是需要看到影片的或多或少的某种道德观念，需要看到必然是源于文化的一些强制性——在人们属于一定文化领域（即便为了自由而需要反对这种领域）的情况下，这种强制性是相当严厉的。有的时候，这一点属于好的方面，即像所有的赶时髦现象那样。对于电影爱好的这种法则，我们似乎一直在与之进行着对话，但由于电影文化尚属新鲜事物，这种法则也就或许更为严厉。电影已经不再是初始的东西：现在，有人在其中区分出古典主义现象、学究派现象和先锋派现象，而且甚至由于这种艺术的演变，人们再一次处于价值游戏的中心。因此，当我选择的时候，那些必须看的影片，就与影片在我看来继续以更为明确的方式所表现出的完全不可预测和完全无法安排的想法产生了冲突，就与我自觉地想看到的但并非正在形成的这种普及性文化所选择的影片产生了冲突。

在电影方面，您如何来看待这种非常普及的文化的水平呢？

这是一种普及性文化，因为它在对象上是混杂不清的。我以此想说的是，在电影上，有某种可能的价值交错活动：知识分子们开始捍卫大众电影，而商业电影却可以很快地吸收那些先锋派影片的价值。这种文化适应过程（acculturation）只在我们的大众文化中才有，但是，它根据体裁的不同而有着不同的节奏。在电影方面，这种文化适应过程似乎非常强烈。在文学上,这种追求更为保守些:我不认为可以把正在形成的、没有某种知识甚至连一种技术知识都没有的东西纳入文学之中,因为文学的存在性就建立在它的技术性方面。总之,电影的文化现状在当前是矛盾的:它在动员一些技术性,由此,便出现了对于某种知识的要求,并且在不具备这种知识的情况下就会出现一种情感失望。但是与文学相反,电影的存在性并不在于其技术性。您能想象一种真实文学类同于一种真实电影吗?由于言语活动的介入,这会是不可能的。由于言语活动的介入,真实是不可能的。

不过,人们经常参照对一种"电影言语活动"的观念,就好像这种言语活动的存在和对于它的确定是被普遍地接受似的,人们或者在一种纯粹修辞学的意义里(例如为仰摄 [contre-plongée] 或移动摄影 [travelling] 安排的文体学规约)选用"言语活动"一词,或者在一种非常概括的意义里——就像一个能指与一个所指之间关系那样——取用该词。

在我看来,这大概是因为我未能成功地把电影纳入言语活动的范畴造成的,因为我是根据一种纯粹投影的方式而非分析方式来使用这个词的。

难道电影进入言语活动这个范围就没有——甚至不可能有——哪怕是起码的困难吗?

我们可以尝试为这种困难做一下定位。在我们看来,直到现在,所有的言语活动的模式,就是言语,即分节说出的言语活动。然而,这种分节说出的言语活动是一种编码,它在使用一种非类比性符号系统(因此,这些符号可以是而且已经是非连续性的);相反,乍看起来,电影给人一种对现实性的类比表达(而且是一种连续表达),而一种类比的和连续的表达方式,我们不知道抓住其哪一点并将其引入

声音的种子

进来,不知从哪一点开始进行一种语言学类型的分析。例如,如何来(从语义上)进行切分呢?如何使一部影片、一个影片片段的意义发生变化呢?因此,如果批评界想把电影看成一种言语活动,同时将这一术语的隐喻膨胀弃置于不顾,那么,就必须首先在影片的连续性中辨认出是否有一些成分,它们并非类比性的,或者它们具有一种变形的,或类比的、移置的、被编码的类比性,并且带有一种系统化过程,就像我们可以将它们看成一些言语活动片段那样。这是一些需要研究的具体问题,它们尚未得到探讨,它们有可能最初就是这样的,而在此之后,我们就会明白是否可能建立电影的一种即便是部分的(大概就是部分的)语义学。在使用这些结构主义方法的时候,就在于分离出一些影片成分,在于理解这些成分是如何被理解的,它们在何种情况下对应于何种所指,并且在使其出现变化的同时,看一看能指的变化在什么时刻引起所指的变化。这样一来,我们便在影片中真正地分离出了一些语言单位,接着,我们就可以构筑它们的"等级"、系统和各种变化。①

在无声影片的末尾主要是由苏联人在一种更为经验性的层面上进行的某些试验,它们都不曾是很有结论性的——这当然不包括这些言语活动成分是被某位爱森斯坦②根据一种诗学观点所采用过的情况,这样做难道不会印证这些试验吗?但是,当这些研究继续留在纯粹的修辞学层面上的时候,比如就像在普多夫金③那里那样,它们便几乎立即遭到反驳:在电影中,从人们提出一种符号学关系时起,一切都像是这种关系立即要被驳斥似的。

不管怎么说,要是能在某些明确的点上(也就是说对于一些明确

---

① 读者有兴趣的话可参阅罗兰·巴尔特最近的两篇文章:《对于符号的想象》(Imagination du signe, *Arguments*, n°27-28)和《结构主义活动》(Activité structuraliste, *Les Lettres nouvelles*, n°32)。

② 爱森斯坦(Sergueï Eisenstein, 1898—1948):苏联电影艺术和理论家。——译注

③ 普多夫金(Vsevolod Poudovkin, 1893—1953):苏联电影艺术家。——译注

的所指来讲）建立一种局部语义学的话，那么，我们就很难说明，为什么一部完整的电影就不能建构成像是包括所有不连续成分的一种并列安排。这样一来，我们就遇到了第二个问题，即符号的不连续性问题——或者是表达的连续性问题。

但是，这些语言单位并不是为了被如此感知而形成的，那么我们能最终发现它们吗？我们能对其有更清醒的意识吗？与对阅读书籍的人的影响不同，通过所指而对观看者的影响，是在另一个层级上且以另外一种方式来实现的。

对于语义现象，我们的认识大概还是非常有限的，实际上，我们最难以理解的，是那些可以称之为重大意蕴单位的东西。在语言学上也有这样的困难，因为文体学并没有获得进展（有一些属于心理学方面的文体学，但还没有结构的文体学）。电影表达大概也属于这种重大意蕴单位的范畴，因为它对应于一些总体的、分散的、潜在的所指，可是，这些所指与分节言语活动的单独和不连续的所指又不属于相同的范畴。这种在一种微观语义与一种宏观语义之间出现的对立，也许会成为把电影看作是言语活动的另外一种方式，与此同时，它放弃外延层面（我们刚才已经看到，在这种层面里探讨字面的原始单位是困难的）而过渡到内涵层面——也就是说，过渡到一些总体的、分散的和在某种程度上属于二级所指的层面。在这里，我们似乎可以从参照一些修辞学模式（而非严格的语言学的模式）来开始，这些修辞学模式是雅各布森（Roman Jakobson）独立提出来的，也是由他赋予了其扩展到分节的言语活动中的一种普遍性，并且，他也亲自将其顺便应用到了电影方面。我想说的是隐喻和换喻。隐喻，是借助相似性而可以相互替代的所有符号的典型表现；换喻，是因进入比邻关系——也可以说是进入传染关系而其意义得以复现的所有符号的典型表现。例如，一种可以翻阅的日历，就是一种隐喻；而我们似乎可以说，在电影中，整体的蒙太奇即整个的意蕴连续性就是一种换喻，并且既然电影就是蒙太奇，那么，电影便是一种换喻艺术（至少现在是如此）。

但是，难道蒙太奇不同时也是一种难以界定的要素吗？因为，从带有6个画面的一只左轮手枪的镜头，到有300人加入和30种左右交叉动作、需要5分钟完成的巨大摄影设备的运动，一切都是可进行蒙太奇操作的。然而，我们可以在这两种镜头之间依次进行，它们并不会因此将是同一个镜头。

我认为，需要做的有意思的事情，就是看一种电影手段是否可以借助于方法而转换成为一种意蕴单位，制作手段是否对应于电影的解读单位。任何批评家的梦想，都是通过他的技巧来确定一种艺术。

但是，所有的手段都是含混的。例如，传统的修辞学说，俯摄（plongée）就意味践踏（écrasement）。然而，我们见过，（至少）在200种情况里，俯摄绝对没有这种意义。

这种含混性是正常的，而且也不是这种含混性在使我们的问题复杂化。能指总是模棱两可的。所指的数量总是超过能指的数量。无此，便没有文学、没有艺术、没有历史，也没有可推动世界的任何东西。使一个能指产生力量的，不是其明确性，而是其被感知为像是能指——我要说的是，不论其意义如何，并非是事物，而是事物的位置在起作用。能指与所指的联系，远不如能指之间的组织机制更为重要。俯视是可以意味践踏的，但我们也知道，这种修辞已经过时，因为确切地说，我们感觉它是建立在"俯视"与"践踏"两个动词之间类比关系的基础上的，我们认为，这种关系在今天尤其显得天真，因为今天，一种有关"否定"的心理学告诉我们，在一种内容和它最为"自然地"相反的形式之间，可能会有一种有效的关系。在对由俯视所引起的意义的清醒认识之中，重要的，是清醒认识，而不是意义。

关于电影

确切地讲,在"类比性的"第一阶段之后,电影通过更为灵活地而不是循规蹈矩地使用"风格修辞格",不是已经处于正脱离反-类比性的这种第二阶段了吗?

我认为,如果说,象征主义的问题(因为类比性质疑象征电影)失去了其清晰性和敏锐性的话,那么,这尤其是因为,在由雅各布森所指出的两大语言轴——隐喻与换喻——之间,现在,电影似乎已经选择了换喻途径,或者说——如果您愿意的话——选择了组合关系轴,因为组合体就是符号的一个扩展的、安排好的和被现时化了的片段,简言之,它就是叙事的一个节块。令人非常震惊的是,与"什么都不发生"的文学(这种文学的典范应该是《情感教育》[*L'Éducation sentimentale*][1])相反,电影,即便不是从一开始就是大众电影的电影,而是一种话语,但根据这种话语,故事、趣闻、论证(以及其主要的结论、悬念)从来都是不缺的。甚至讲述逸闻的夸张和漫画范畴的"荒诞电影",也不是不可以与非常好的电影共存的。在电影上,"发生着某件事情",这一现象自然与我刚才谈过的换喻途径即组合关系有着一种密切的关系。一个"好的故事",实际上,按照结构术语讲,就是涉及组合关系调整(dispatching)的一种成功系列:既然是这种状况(这样的符号),那么,在其之后还有什么呢?还有一定数量的可能性,但是,这些可能性在数量上是有限的(正是这种有限性,即各种可能性的这种完结,在奠定结构分析)。每一个符号(即叙事和影片的"每一个时刻")的后面,只能跟随有某些其他的符号,即某些其他的时刻。这种过程,由于在话语中、在组合体中,是借助另一个符号来延长一个符号(根据可能性的一种限定数量,有时是非常有限的数量),所以它被称为催化作用(catalyse)。例如在言语中,我们只能通过其他数量很少的符号(号叫、睡觉、吃东西、啃咬、跑动等,但不是缝纫、起飞、扫地等)来催化狗这个符号。电影叙事,即电影组合体,它本身也服从于一些催化规则,而这

---

[1] 法国作家福楼拜(Gustave Flaubert,1821—1880)1869年发表的长篇小说。——译注

些规则,导演们大概都在根据经验来实践,批评家和分析家都在尽力找出它们。因为,每一种调度,即每一种催化,自然都对作品的最后意义负有责任。

因此,我们可予以判断的导演的态度,便是提前具有一种或多或少明确的想法,随后找出这种或多或少变化了的想法。在这个过程中,他几乎完全投入到了对最后意义的关注之外的一项工作中。导演制作一些小小的连续单位,他通过什么来引导这种制作呢?这正是需要确定的东西,他只能通过他的深在观念体系即他对于世界的态度来或多或少有意识地被引导:组合体也像符号一样对于意义负有责任,因此,电影可以成为一种换喻艺术,而不再是象征艺术——相反,这却丝毫不会失去其责任。这又使我想起,布莱希特在《大众戏剧》上提示过我们,要在他与法国年轻剧作家之间组织(书信)交流。这样做似乎就在于"把玩"一部想象性戏剧——也就是说一系列的情境——的蒙太奇,就像是在下一盘棋那样:一个人提出一个情境,另一个人选择下一个情境,自然(这里正是"游戏"的兴趣)每一步都可能还会根据最终的方向——也就是说,按照布莱希特的说法——根据意识形态方面的责任心来得到讨论。但是,法国剧作家没有这种责任心。不管怎样,您看到,布莱希特作为敏锐的理论家和意义的实践者,对于组合关系问题具有非常强烈的意识。这一切似乎证明,在语言学与电影之间,存在着一些交流可能性,条件是要选择一种有关组合体的语言学,而不是选择一种有关符号的语言学。

电影作为言语活动,对于它的探讨,也许永远都不会是完美地可实现的。但是,这种探讨同时却是必要的,为的是避免把拥有电影当作拥有一个物件的危险——这个物件毫无意义,但却属于给人以快乐、诱惑、完全没有任何根基和任何意指的一种纯粹物件。然而,不论人们是否愿意,电影总是具有某种意义,因此,电影里总会有一种言语活动成分在起作用……

关于电影

当然，作品总会有一种意义。但是，确切地讲，关于意义的科学当前取得了异常的进展（借助于某种经久不衰的时髦），这种科学不可思议地告诉我们，如果我可以这样说的话，意义并非被封闭在所指之中：能指与所指之间的关系（以及符号），最初甚至表现为任何符号学思考的基础。但是，后来，人们对于意义就有了一种更为宽广却并不集中在所指上的看法（我们对于组合体所说的一切，都迈向这一方向）：我们将这种扩展归功于结构语言学，同时，也归功于一个人，那就是列维-斯特劳斯，他指出，意义（更准确地讲是能指）是心智世界的最高范畴。实际上，是人的心智世界在使我们感兴趣。那么，对于由我们的历史和我们的社会所制定的心智世界的范畴、功能、结构，电影是如何表现或如何与之汇合的呢？一种有关电影的"符号学"可能回答的，正是这一问题。

看来，制造不可理解性是不可能的。

绝对不可能。一切都具有意义，即便是无-意义（它至少具有成为一种无-意义的二级意义）。意义对于人来说具有必然性，以至于作为自由性的艺术似乎——特别是在今天——不是尽力在生产意义，而是相反，在极力使意义悬浮起来。艺术在尽力构筑意义，但却又尽力不使意义恰好填满。

也许，我们可以再举一个例子：在布莱希特的（戏剧）导演之中，有一些言语活动成分最初并非可以找出编码。

相对于关于意义的这个问题，布莱希特的情况可以说是复杂的。一方面，就像我说过的那样，有一种对于意义各种技巧的锐敏意识（这一点相对于不太关注形式的马克思主义来说，是非常特殊的）。布莱希特知道对于最小的能指都要负起完全的责任，例如一套服装的颜色，或是一个探照灯的位置。而且，您也知道，他对东方戏剧情有独钟,因为在东方戏剧中,意指是非常规范的——最好说:是编码非常强的,因此也很少是类比性的。最后,我们细心地看到,他培养——也希望我们培养——对于"组合体"的语义责任心(他所吹捧的史诗艺术更是一种组合关系很强的艺术)。自然,整个这种技巧是根据一种政治意义来被思考的。是<u>根据</u>一种政治意义,也许并不是<u>为了</u>一种政治意义。正是在这里,我们触及了布莱希特含混性的另一方面。我在考虑,布莱希特作品中的这种<u>介入</u>意义,按照他的方式最终是否就是一种<u>悬浮</u>意义。您想一想,他的戏剧理论包含着舞台与大厅之间的某种功能区分:由作品来提出问题(显然,这是作者选定的术语:这便是负责任的艺术),由公众来找出答案(这便是布莱希特称之的<u>出路</u>),意义(根据该词的实证意义)离开舞台而走向大厅。总之,在布莱希特的戏剧里,确实有一种意义,而且是一种非常强的意义,但是,这种意义总呈现为一个问题。也许,正是这一点说明,这种戏剧——如果真的存在着一种批评的、充满问题的和介入的戏剧的话——并不是一种战斗性戏剧。

这种意图,也许在电影上被扩展了吧?

从一种艺术向另一种艺术转移一种技巧(意义便是技巧之一),似乎总是非常困难和无益的,这不是源于体裁方面的纯粹论,而是因为结构依赖于所使用的材料。演出的图像与电影图像并非由相同材料构成,演出图像并不向切分、时长和感知提供相同的方式。在我看来,戏剧似乎是更为"粗浅的",或者我们也可以说比电影(在我看来,戏剧批评似乎也比电影批评更为粗浅)更为"粗俗",因此更接近于直接的任务,更属于论争性的、颠覆性的、对立性的范畴(我不考虑充满协调、守旧、饱和的戏剧)。

几年之前,您曾经提到过,有可能通过在一部影片的理据之外研究构成其作为影片的手段,来确定其政治意指。因为大体说来,左派

关于电影

电影带有明细特征，右派电影求助于幻术。

现在，我所考虑的是，有没有从本质上和从技巧上或多或少就是逆流而动的艺术。我认为在文学上是有的。我不相信左派文学是可能的。一种问题文学，是有的，也就是说，是一种关于悬浮意义的文学：这是一种诱发回答但却不给出答案的艺术。我认为，在其最好的情况里，就是这样。至于电影，我感觉它在这一方面非常接近文学，而且从素材和结构上，它比戏剧更好地适用于有关各种形式的一种非常特殊的责任性，我将其称为有关悬浮意义的技巧。我认为，电影难以提供明确的意义，在目前状态下，它也不必要这么做。那些（我认为）最好的影片，便是最好地悬浮意义的影片。悬浮意义，是一种极为困难的操作，它既要求一种非常重要的技巧，又要求一种智力上的完全明朗性。因为这就意味着要摆脱所有的寄生意义，这一点非常困难。

您看过给过您这种印象的影片吗？

看过，比如《泯灭天使》[1]。我只相信导演布努埃尔在电影开始时说的话："我是布努埃尔，我对您说，这部影片无任何意义。"——我绝不相信这就是一种卖俏，我认为这就是关于影片的真正定义。而且，按照这种观点，影片是很不错的：人们可以看到，意义是如何在每时每刻被悬浮的，而当然不是从来就没有意义。这根本不是一部荒诞影片。这是一部充满意义的影片，它充满了拉康所称的"意指活动"[2]。它充满着意指活动，但它既没有一种意义，也没有一系列微小的意

---

[1]《泯灭天使》(*L'Ange exterminateur*)：墨西哥 1962 年生产的影片，导演是西班牙人路易斯·布努埃尔（Luis Buñuel, 1900—1983）。——译注

[2] 意指活动（signifiance）：拉康精神分析学和克里斯蒂娃符号学术语，指有所意味但不确定意义的特征，在茱莉亚·克里斯蒂娃的理论中，这一概念指语义单位自身具备有所意味的特征，而其确定的意义存在于与其他语义单位之间，甚至与各种文化编码之间的相互确定活动之中。"意指活动"不同于"意指"（signification），后者带有相对的确定性，并已取代前者，成为符号学常用的概念。——译注

声音的种子

义。而且,甚至就在此,这是一部深刻地进行着撼动活动的影片,它撼动教条论、撼动学说。在正常情况下,如果电影消费者的社会没有太被异化的话,那么,就像人们不无俗气但却恰当地所说的那样,这部影片该是"让人思考的"。此外,人们似乎应该指出——但却需要时间——在每一时刻所"取用"的那些意义,是如何在一种极为动态的、极为智慧的调整之中被掌握的,这种调整趋向下一个意义,而且下一个意义自身也从来不是确定的。

那么,影片的跌宕起伏也是这种无休止的调整的动作吗?

在这部影片中,也有一种最初的成功,这种成功确保了总体的成功:故事、想法、理据,均清晰地提供了表明其必要性的一种幻觉。给人的印象是,布努埃尔所做的,只不过就是拉了拉绳子。直到现在,我并不是非常赞同布努埃尔。但是,布努埃尔还是完整地表达了他的隐喻(因为布努埃尔总是非常喜欢使用隐喻的),表达了他个人的全部象征储库,他的一切都被吞没在这种明晰的组合关系之中,因为调整活动在每时每刻都准确无误地像其应该是的那样呈现。

此外,布努埃尔一直清晰地承认他的隐喻,一直懂得尊重在前与在后内容的重要性,以至于早就将隐喻分离了开来,早就为其加上了引号,因此也早就超越了它或破坏了它。

不幸的是,在一般喜爱布努埃尔的人看来,他尤其被他的隐喻所确定,被他"丰富的"象征所确定。但是,如果说现代电影已经有了某种方向的话,那么,正是在《泯灭天使》中可以看到这种方向。

关于"现代"电影,您看过《不朽的女人》[1]吗?

---

[1]《不朽的女人》(*L'Immortelle*):罗伯-格里耶 1963 年的电影作品。——译注

关于电影

看过……但是,我与罗伯-格里耶之间(抽象的)关系,使事情变得有点复杂。我不是很高兴;我本不希望他搞电影……你看,隐喻,它就在此。实际上,罗伯-格里耶根本不消除意义,而是使意义变得模糊。他认为,只要使意义变得模糊,就可以消除意义。消除意义,是非常困难的。

可是,他赋予越来越平庸的意义以越来越大的力量。

因为他在"变化"意义,而不是在悬浮意义。变化,可以突出一种越来越强的、属于强迫症的意义:一些数目有限的"被变化了的"能指(按照该词在音乐方面的定义来理解)可以指向同一个所指(这便是隐喻的定义)。相反,在著名的《泯灭天使》中,在不谈论对重复性(在作品的开始,在严格地重复的场面之中)的嘲弄的情况下,各种场面(即各种组合关系片段)并不构成一种不动的(即顽固的、隐喻的)接续,它们每一个场面都参与从一个快乐社会到一个限制性社会的逐渐转换,它们构成一种不可逆转的延续。

不仅如此,布努埃尔还玩起了编年游戏,非-编年的东西就成了容易的:这是对于现代性的一种错误证明。

在此,我们回过头来谈我在开始时说的内容:影片不错,是因为它有一个故事;那是一个有开始、有结尾、有悬念的故事。当前,现代性显得过于像是借助故事或心理学进行欺骗的一种方式。对于一部作品来说,现代性的最直接特征,是不要成为"心理学的"(根据对于该词传统意义上的理解)。但是同时,我们根本不知道如何清除这种著名的心理学,即人与人之间的这种著名的情感性,亦即这种关系性的诱惑特征(正是这一点是怪异的),因为其现时已经不再被艺术作品所承担,而是被社会科学和医学所承担。

声音的种子

今天,心理学只不过是处在了精神分析学之中,因为精神分析学不论其从医生们那里获得了多少智慧、扩大了多大范围,它都是由医生们来实践:"心灵"在其自身已经变成一种病理学事实。面对人与人之间的关系、个人与个人之间的关系,出现了对现代作品的某种舍弃。意识形态解放的那些重大运动——我们可以明确地说包括马克思主义——均将个体的人弃置于不顾,而且似乎也没有别的办法。然而,我们很清楚,这其中还有点混乱,还有某种没有理顺的东西:每当出现夫妻生活"场面"的时候,就会有问题向人们提出。

现代艺术的真正重大主题,是有关幸福可能性的主题。当前,在电影中,一切幸福都好像是不可能出现于现在时似的,一切都求助于将来时。也许,未来许多年中,人们会看到电影在有关幸福的观念方面有所努力。

正是这样。没有任何意识形态,没有任何重大的乌托邦,在今天担负起这种需要。我们曾经有过一种跨空间的乌托邦文学,但那就像是只对心理的和关系的乌托邦进行想象的某种微型乌托邦,这种情况绝对不存在。但是,如果有关各种需求和形式的结构主义轮回法则在这里起作用的话,那么,我们很快就会实现一种更具存在价值的艺术。也就是说,过去10年中那些反对精神分析学的重要声明(我自己也参与过那些声明,就好像必须那样做似的),似乎就该有所变化和成为过去。尽管安东尼奥尼[①]的艺术是那样的含糊,但也许正是通过这一点,他的艺术在触动我们,并让我们觉得极为重要。

换句话说,如果我们想概括一下我们现在想要说的东西的话,我们就要等待:等待组合关系影片、有故事的影片、"心理

[①] 安东尼奥尼(Michelangelo Antonioni, 1912—2007):意大利著名电影导演、编剧。——译注

学的"影片。

《电影手册》(*Cahiers du cinéma*),1963年9月,第147期,米歇尔·德拉艾(Michel Delahaye)和雅克·里韦特(Jacques Rivette)整理

我不相信影响

1964 年 4 月 16 日

我们在等他。他的朋友们在等他。他的论敌也在等他。罗兰·巴尔特的批评系统,对于当今最优秀的青年作家们施展其诱惑,有时是施展其专制,这种情况已经有十多年之久了。自从 1953 年发表《写作的零度》以来,巴尔特便重新创立了有关要求和困难的一种道德观,他对于文学作品表现出了在理解方面的疯狂和在真实方面的渴求,他在其中毫不留情地驱赶着人和故事,让人和故事服从于他的严厉与鲁莽。这是无法忍受的,因为人们已经不能静下心来写作了。而且他的一部新的论集又问世了[①]:他距离遭到报复不远了。巴尔特不再是为了顾及其未来而需要留以情面的青年作家了,也不再是因手法笨拙而无力继续的写作新手了。他已经变成了需要打倒的人,变成了碍手碍脚的证人——而这位证人一旦消失,人们便将可以重玩以前的游戏:行文雅致,激情冲动,从容潇洒,句子优美,笔端生花。

不过,罗兰·巴尔特继续勇敢地释放蔑视。他今天出版的这部批评文集,是其报刊文章、序言、对问题的答复或首次发表的思考性文字的汇编。其中,他谈到了布莱希特、罗伯-格里耶、布托尔[②],也谈到了拉布吕耶尔[③]、伏尔泰,甚至还有塔西

[①] 罗兰·巴尔特的《文艺批评文集》(*Essais critiques*, Seuil, 1964)。

[②] 布托尔(Michel Butor, 1926—2016):法国诗人、新小说家、作家、艺术批评家。——译注

[③] 拉布吕耶尔(Jean de La Bruyère, 1645—1696):法国道德说教作家,其唯一作品是《品格论》(*Les caractères*)。——译注

佗①；他谈到了戏剧服饰、结构主义与批评。表面上看来，巴尔特的这部著作所论是极为分散的，有时是非常矛盾的。他到底想干什么呢？现在轮到他被逼问了。

您的书汇集了有关一些作家和一些非常迥异的时代的文本，那么，在这些文本之间有什么共同之处吗？

我在书的序言中，解释过我不愿意为这些写于不同时间的文本提供一种可回想的一致性原因：我不觉得有必要去理顺以往的那些探索与矛盾。因此，这本书的一致性只能是这样一个问题：何谓写作以及如何写作？关于这样特定的问题，我曾尝试过多种答案，尝试过在过去10年中得以变化的一些言语活动。严格地讲，我的书是一些随笔汇编，是一些不同的却总是与同一个问题有关的诸多经验的汇编。

您经常否定以往的批评，说其源自印象、源自情绪，说其要么指责、要么容让。您认为，以这种态度，今天就可以确定一种真正的批评方法吗？

我不认为会有自在的文学批评。不会有独立于一种普通哲学的批评方法。不可能不参照心理学、社会学、美学或道德观来谈论文学：批评必定寄生在一种更为宽泛的意识形态之中。在我这一方面，对于任何公开地说明其不可避免地依赖意识形态的一种批评，我都准备承认。但是，也正是在这一点上，我坚持质疑没有这种坦率态度的任何批评。

您认为您的书会有什么影响呢？

---

① 塔西佗（Publius Cornelius Tacitus，55—120）：古罗马时期历史学家和政治家。——译注

声音的种子

从它们的形式上看，这些随笔并没有"建立学说的"意图，在我看来，它们是一种材料汇编，是为满足那些对文学和对现代性感兴趣的人们而在批评主题方面的一种"汇总"。在我看来，读者是潜在的创作者，我向其提供了一种工作工具，或者可以说（因为这并不是知识书籍），是提供了一种"参照"集锦。

此外，从更为普通的情况来看，我并不是很清楚何谓一种"影响"；按照我的理解，被传递的东西，并不是一些观念，而是一些言语活动，也就是说，是人们可以以不同的方式填充的一些形式，因此，在我看来，循环（circulation）概念比影响概念更为准确，书籍更可以说是"货币"，而不是"力量"。

您有关文学的思考，从原则上讲，使您对于作家本身、对于其作品的素材、对于言语活动存有戒心：这完全是一种负面的态度。对于与您同时代的某些作家，您是否实际地考虑施加过某种叫人感到无奈乃至无益的影响呢？

我巴不得承认有一种负面的影响，因为我并不认为在文学上的一种负面态度必然是"无益的"。对于写作的各种极限探索、各种尝试或各种不可能性的思考，是文学创作的一种基本要素，而且一百年以来，从马拉美到布朗肖①，大量重要作品都是根据这种空缺（creux）来完成的。即便是普鲁斯特的作品，在我们看来是那样"正面的""给人自由的"，但显然也是产生于难以写出的一部书籍的。

不过，我要再一次说明，不论是否是负面的，我都不相信影响。有这样的可能，那就是，我曾不经心地、部分地、也许是不顾误解地为某些当代作家的某些创作顾虑提供过一种智力的甚至是知识分子的解决途径，但是，那从来都只不过是与言语活动的一种联系。

不可思议的是，在您把作品构想为作家整个介入状况的时候，这

---

① 布朗肖（Maurice Blanchot, 1907—2003）：法国小说家、文艺批评家和哲学家。——译注

我不相信影响

样的一种态度却导致您过分宣扬那些最不介入、最为抽象和最为自我封闭的作品,例如布托尔或罗伯-格里耶的作品。

这些作家,他们通常都会这样回答您,他们根本不认为他们外在于或者是不关心他们所处的时代、他们生活在其中的人类历史。在故事与作品之间,恰恰从写作开始,有着多次的交替出现。必须致力于——这也许就是批评的任务之一——感知这些多样的交替出现,不是为了强化文学的孤立性,相反,是为了理解文学通过什么样的系列性限制与人的不幸重新结合在一起,而那些系列性限制一直就是文学真正的对象。

自那些重大文学流派以来,您所捍卫过的最近一种流派,即被称为"新小说"的流派,今天似乎进入了死胡同。您认为,这种死胡同削弱了您的批评观念吗?它是否也是您的批评方法的死胡同呢?

我从来没有为"新小说"辩护过。我为罗伯-格里耶说过好话,为布托尔说过好话,我喜欢奥利埃①、克洛德·西蒙②和娜塔丽·萨洛特③,这是与说好话不同的。我一直认为,新小说是一种社会学现象,根本不是"学说"现象。的确,这种社会学并不是无意蕴的,有一天能说出新小说是如何"登台亮相"的,那是很有意思的,但是从创作研究的观点来看,新小说的死胡同,就像它的推广一样,都是人为造成的。罗伯-格里耶也好,布托尔也好,他们的同伴也好,他们个人都没有落入"死胡同"之中,这一点是重要的:如果新小说死亡了,那么,就应该高呼每一位作者万岁!

至于我的各种"研究",它们一直关系到人们所称的有关文学的某种历史本质。因此,这些研究的食粮仅仅是现存的作品,我根据其

---

① 奥利埃(Claude Ollier,1922—2018):法国新小说派作家。——译注
② 克洛德·西蒙(Claude Simon,1913—2005):法国新小说派作家,1985年诺贝尔文学奖获得者。——译注
③ 娜塔丽·萨洛特(Nathalie Sarraute,1902—1999):俄裔法国新小说派作家。——译注

所是的情况只是想象一些界限。我保留以新的用语来捍卫和评论有可能在今天出现的作品的自由。

您根据何种标准来确定一部书籍属于或不属于真正的文学呢?

说真的,我并不根据文学上的好与坏来断然地划分书籍。某些作品比其他一些作品更赋予我发掘文学某些界限(简言之这些作品更危险)的意识,而且显然,我想要谈论的,正是这些作品——但却并非总是能够做得到。

说到这里,我认为,对文学在"好"与"坏"之间作出区分,不能根据一些简单的和决定性的标准(更准确地讲是片面的标准)来进行:这是我们一直难以摆脱的一种划分,它是自主性中的一种——我们不能在自主性面前充当判官。似乎应该以米歇尔·福柯(Michel Foucault)用以谈论理性与非理性的那种"混乱"精神来对待这种划分,而这,实际上也许就是任何关于文学的理论书籍的本质性主题。

《法兰西观察家》(*France-Observateur*),1964 年 4 月 16 日,
雷诺·马提翁(Renaud Matignon)整理

符号学与电影

1964 年 7 月

对于符号学分析,电影似乎在某种程度上是拒绝的。根据您的看法,这种现象的原因是什么?

也许应该从符号学计划谈起。符号学这个术语和这个计划源于索绪尔:他预言过有关所有符号的一种普通符号学,而语言学则是这种符号学中的一个部分——由于语言学已经得以构成,显然它是非常早出现的部分。根据这一计划,人们可以想象逐步地挖掘不同于自然语言的一定数目的符号系统。这些符号系统的不同,主要在于其符号的实质[①]不再是分节的发音。人们可以考虑其能指是由物品构成的一些基本系统。人类学曾经很认真地研究过这一领域(借助于系绳、石块、折断的树枝等建立的交流系统)。但是,当人们面对一个像我们的社会一样复杂的社会特别是一个大众社会时,"物品"即"有意蕴的材料"这种概念,就变得非常受抵触,原因非常简单,那就是这些物品服务于一些信息的交换,尤其是一些次要信息的交换。于是,人们便注意到,借助于物品进行沟通,只有在这种沟通被言语活动所代替的时候,它才具有某种丰富性。物品应该由某种话语承担起来。例如,在研究像服饰或食物那样的物品系统的时候,人们很快就注意

[①] 实质(substance):语言学和符号学术语,指的是言语活动的外在物质表现。瑞士语言学家索绪尔在其《普通语言学教程》一书中颠覆了传统的观念,把"形式"(forme)确定为内在的结构,把建立在形式基础之上的"物质表现"确定为外在的,因此,根据这一定义,"实质"就表现为语音、语调甚至可以包括意义。——译注

到，只有当人或报刊在谈论服饰或食物时，这些系统才是有意蕴的。甚至就在这一点上，尽管符号学尚未建成，人们却可以考虑，虽然它在当前社会里还没有特定的对象，但它是否已经被承认。原因是每当一种沟通系统根据不是言语活动的一种实质得以建立的时候，不管怎样，这种实质都被言语活动所替代的某一时刻。在此，人们重新发现了我们文明的基本地位，那就是，尽管有着图像的侵入，但我们的文明是一种言语文明。也正是由此，我们可以想到，符号学计划是否将很快受到超语言学的威胁？因为超语言学将承担起人们的所有话语，而人们正在谈论对象、正在借助一种分节的言语来使对象有所意味。如果我们回到图像方面，明显的是，图像是一种神秘的对象。那么，图像有所意味吗？这是一个人们正在研究的问题，但是现在，人们只能为其指出一些困难、一些不可能性和一些阻力。图像对于把自己变成意指系统的最大阻力，是人们称之为与分节的言语活动不同的类比特征。图像的这种类比特征，是与其连续性特征有关的，在电影的情境里，这种连续性特征不仅包含着空间，而且被时间的连续性即图像的接续性所强化。然而，当语言学家考虑语言的一些边缘系统的时候，例如动物的言语活动或是肢体言语活动，他们便注意到，象征系统及类比性系统都是贫瘠的系统，原因是这些系统几乎不包含任何组合规则。类比性使得丰富和精巧地组合有限数量的单位几乎成了不可能，因此，在此之前，语言学家们已经拒绝把那些象征集合——蜜蜂的言语活动、乌鸦的言语活动或者还有肢体的言语活动看作是言语活动。我把象征理解为能指与所指之间的一种类比关系，因此，它可能会避开语言学，而且甚至避开一种严格的符号学。但是，不应该因此而放弃这一计划。因为，在一部影片中——而我说的还是一种工作设想——当然有着对于现实的一种类比性再现活动，但是，在这种话语被集体所讨论的情况下，它便包含着并非直接是象征的但却已经是被解释的甚至是被赋予文化了的、被约定俗成了的一些要素，而这些要素可以构成强加在类比性话语之上的一些二级意指系统，我们可以将这些系统称为"修辞要素"或"内涵要素"。这些要素有可能构成

符号学与电影

成我们可以使之成为符号学的一种对象。

这么一来,在界定外延与内涵这两个层面时,就会出现困难。

显然是这样的,影片是以难以分辨的方式来介绍这两种要素的。例如,我最近看到了一部商业影片《里奥追踪》[①]。那好了,这样的影片充满了文化符号:当人们看到巴西建筑设计师的时候,注意到他在某种程度上"满身"都是符号,这些符号告诉我们,他是一位异想天开的建筑师,是一位工业上的骑士等。他的长发,甚至他的口音、他的着装、他的房屋等,都像是符号那样在起作用。但是,这些符号,我们只能在被摄影机所选取的一种有趣的连续性中才能体验得到。不过,一旦我作为分析者的言语活动可以使这部影片所提供的一定数量的表面或现象获得概念化,便有了符号推断。

为了使符号有所意味,您认为语言上的替代是绝对必要的吗?

这是另一方面的困难,因为这就要求,进行分析和借助他自己的言语活动而使符号出现这种区别的人,应该具有关于符号学分析的完整理论,他在任何时刻都应该明白分析者在其所描述的系统中的位置,因为他必须命名这些系统。他要使用一种元语言[②],哪怕就是为了命名那些所指。如果我要命名巴西建筑设计师的长发、服装和举动意味着什么——概括说来这种情况表现出了拉美建筑者勇于探险的一种概念——我就不得不使用非常具有文化即非常"智力的"一种言语活动。对于符号学分析来说,这有很大的困难,但同时,这又是对于这项研究有效性的一种考验。因为,我们可以想到,在人文科学里,只有那些在思考其对象的同时也思考自己言语活动的科学才是多产的。

[①] 《里奥追踪》(*L'Homme de Rio*):法国 1964 年生产的影片,导演是菲利普·德·布罗卡(Philippe de Broca, 1933—2004)。——译注

[②] 元语言(métalangage):语言学和符号学术语,指外在于被分析对象的一种分析性言语活动,诸如各种理论等。——译注

声音的种子

历史上的首例,是由马克思主义提供的,因为马克思主义是对真实的一种看法,它思考说出看法的人。第二个例子,可以说是精神分析学,因为人们在不考虑分析者在精神分析系统中所占位置的情况下,就不能进行精神分析……我们不能只用一套普通的纯粹外延的术语即一种单纯的术语,来从语义上分析像电影这样的对象。

在电影使用多种意蕴实质——我们仅提及语言实质和像似实质——的情况下,难道就不会提出另外的问题吗?在这些不同信息之间的结构关系里,难道就没有问题吗?难道一个单位不只是在内涵层级上形成吗?

直到目前,这还是一个没有答案的问题,同时,人们意识到,在程序方面的决定将会带来许多严重后果。一方面尝试重新构成一种对话系统,另一方面重新构成图像系统,随后建立扩展到这两种次要系统的一种系统,或者以一种格式塔心理学①观点进入全部的信息之中,以便为其确定一些新颖的单位,在目前需要这样做吗?人们在这一方面并不是非常确定。某些美国人,尤其是派克②,初步研究过这个问题。派克曾考虑过日常生活中的一些情境,在那些情境之中,有一种举动与词语的混合,这是一种补充性系统,而其实质有别于这些系统。

既然存在着只使用传播实质中一种实质(例如广播)的系统,那么,您难道不认为这种分析方法可能是更为合适的吗?而有些影片,它们实际上并不使用语言上的接替。

---

① 格式塔(Gestal)心理学,是西方现代心理学的主要流派之一,兴起于20世纪初的德国,根据其原意,也称为完形心理学。完形即"整体",具有两种含义,一是指形状或形式,二是指一个具体的实体和它具有一种特殊形状或形式的特征。——译注

② 请参阅肯尼斯·派克(Kenneth Pike)的《语言和统一的人类行为结构理论的关系》(*Language in Relation to Unified Theory of the Structure of Human Behaviour*, Glinsdale, 1935)。

符号学与电影

正是这样,我最近在私人放映圈内看到了巴拉捷的短片《未来的夏娃们》[①]。讲的是为商店制作模特的故事,而且没有什么评论。但是,一方面,其中的音乐显然是很重要的;另一方面,没有评论就像是某种东西的能指那样在起作用:这又为影片增加了某种含混性、某种非人性……我认为,应该首先只对图像做些研究,最大限度获得那些意指,也就是那些俗套。我们可以取用几部商业影片,从中找出那些"内涵成分"即象征–文化符号,随即为其制定出总表,然后也许就可以看得更为清楚。这样一来,我们就可以建立有关影片的某种修辞学。说其是修辞学,几乎是在贬义的意义上来说的,也就是说它是各种信息的一种俗套化夸张手法,随后,我们只需探讨偏离这种修辞编码的影片。我一一观看了《里奥追踪》和伯格曼的《沉默》[②]。明显的是,从修辞学上分析《沉默》,比前一部片子困难得多。因为在伯格曼的影片里,修辞学,作为全部被俗套化的符号,通常为了迎合另外一种更为个体的和精巧的修辞学,而不停地被挑战和偏离。因此,我们从现在就可以考虑,符号学分析的出路总有一天会是在美学方面。

您主张从"唯一的图像"方面入手。这样一来,是否就需要为了一种纯粹视觉上的消费需要而构想一些影片呢?也就是说,构想无声电影,而那样,就会提出一种历时性研究的问题。或者是否需要使用一些其音响要素被弃置一旁而不顾的当代影片呢?

我认为,在研究之初,应该不去考虑历时性方面的内容。我们可以选用10部左右两三年前的商业影片。例如,我们可以选取几部由贝尔蒙多[③]参与演出的影片:三四年以来,求助于贝尔蒙多,涉及公众和读者在编码方面所具备的大体一致性,根据阅读单位,人们就可

[①]《未来的夏娃们》(*Eves futures*):法国影片,1964年由雅克·巴拉捷(Jacques Baratier)导演。——译注

[②]《沉默》(*Silence*):由伯格曼(Ingmar Bergman)和图林(Ingrid Thulin)1963年导演的影片。——译注

[③] 贝尔蒙多(Jean-Paul Belmondo,1933—):法国著名电影演员。——译注

声音的种子

以理所当然地推论一种编码单位。对于让·迦本[①]，也是如此……人们从不考虑通过演员来实现一致，不过，这是公众一致性的一种很好的社会学要素，借此也可以获得解读方面的一致性。当然，大脑中还会出现其他单位，但是，那些单位更为复杂。例如美国西部片，或者是"非常法国式的"喜剧，在那些喜剧中，让·迦本通常扮演<u>先生</u>，人们从中可以看到典型的法国社会领域。

为了在电影内部确定各种语义场，您不认为可以按照普洛普[②]的做法来进行功能分析吗？因为这种分析也许让我们发现，借助于不同类型的电影，能在美国西部片、侦探片等影片中发现等值的功能。

这就提出了另一个问题。一方面，我们可以努力研究影片修辞学，也就是说建立一种有关不连续符号、内涵要素的汇编名单。对于这一点，语言学家们称之为聚合层面：人们会尽力重新构筑词汇。但是，另一方面，还有另外一种研究方向，这一方向在于<u>重新构建叙事结构</u>，即重新建构苏利奥[③]所称的"故事"。对于这个问题，我们有普洛普对于俄国民间故事的研究成果[④]、列维-斯特劳斯关于神话的研究成果。这两种类型的分析，尽管具有相同的复杂性，但是它们并不混同。这种功能分析也许比修辞学分析更为重要、更为丰富、更为急需。根据这种观点，人们大体可以猜想到，影片在操作方面是怎样制作的：它是某种"调整"，是对于情境和动作的某种分配网系，因为有什么样的情境就会产生什么样的接替，而人们只能选择一种可能性，依次类推。这就是普洛普为俄国民间故事所研究的东西。因此，叙事都有着宽泛的情境和动作的结构网。但是，由于这个网系是由人物即普洛普所称之<u>戏剧人物</u>支撑的，所以，每一个人物都是通过

---

① 让·迦本（Jean Gabin, 1904—1976）：法国著名电影演员。——译注
② 普洛普（Vladmir Propp, 1896—1970）：苏联文艺理论家。——译注
③ 苏利奥（Etienne Souriau, 1896—1970）：法国哲学家、美学家。——译注
④ 参阅普洛普《俄罗斯民间故事形态学》(*Morphologies of the Russian Folktale*, Indiana University Recheach Center in Anthropology, Folklore and Linguistics)。

符号学与电影

一定数量的符号归属来确定的,而这些符号本身也属于符号学。例如在《里奥追踪》中,情境最终是可以动员占据某种地位(这里没有文字游戏……)的某位 X 先生的一种时刻,而这也没有离开结构的层面;但是,从您把这位先生确定为工业巨头、冒险家、有着多种头衔的巴西建筑师的时刻起,您就使得一些符号学成分介入了进来。这位个体的属性并不是主要的,他首先被他在叙事中的位置所确定。只是在随后——当然理想地讲是在随后,他才被"拒绝",他才构成聚合体(paradigme)[①]。在次要人物的情况里,也许有点复杂;但在主要人物的情况里,就很容易看到一种可能的类型学。在由贝尔蒙多扮演的人物中,聚合体变化不大,变化出现在网系层面上。

还是根据普洛普的思想,人们大概可以想象得到,影片被分摊到一些范畴之中了,那些范畴本身并不单单是电影方面的,那些范畴中,人们还会看到民间故事、连环画、电视节目等。

绝对是这样。因此,所有的研究在其面前都有重大的未来,而特别是在对叙事形式的结构分析领域之中。因为在分析影片、广播连载小说、大众小说、连环画甚至是杂闻或过往或以后的举止等的时候,人们也许会找到相同的结构。于是,人们最后见到的是人类想象的一种人类学范畴。

不管怎样,电影作为社会学产品还是非常有别于民间故事的。正是在这种意义上,许多影片有意识地得到了生产和制作,为的是满足公众真实的或假设的需求。最后,甚至就在进行这种研究之前,难道就没有可以取用的一些预防措施吗?

[①] 语言学和符号学术语,指在组合关系轴上占据同一位置且可相互替换的处于对立关系的两个成分形成的结构体,例如正与反、好与坏、惬意与不悦等。此处,指的是人物的"确定"位置与其在变化中被"拒绝"的情况之间形成的状态。——译注

声音的种子

您提出的问题是根本性的。而且在眼下，我还不能回答。实际上，现在提出的问题，是要知道一种关于想象之物的人类学是否是可能的。如果我们在一部影片和一些古代故事中最终能重新发现那些相同的结构的话，我们就会发现人类学层面的一种重大的可能性，否则，我们就将一切归于社会学。因此，这一赌注是很重要的，这的的确确是一种赌注，因为在目前我们说不出任何东西。由此，产生了人类学与社会学之间的这种张力。似乎应该知道，叙事的某些形式是否是某些文明所特有的。

因此，您指出的所有研究方向都是建立在某种假设基础上的……

当然是。但是这一点，我们不能避免。这是一种起步假设，我们可以说，这种假设应该将其基本的勇气归功于索绪尔在语言与言语之间的划分。人们在区分编码与信息，而这种划分是非常解放性的。符号学事业或结构主义事业并不否定社会学分析的必要性。它们都只是在分析的整体之中明确各自的位置：于是，社会学变成了探讨"言语""信息"的科学，并研究其各种情境、各种社会语境、个体的和文化的各种要素等。在社会群体层面上，有一些或多或少成为俗套的、或多或少被编码的"言语"习惯，这是显而易见的事情。因此，现在，人们非常看重"个人习惯语"、文学上的"写作"概念，因为它们某种程度上就是语言与言语之间的"潜在编码"和中间状态。在电影中，也有潜在编码：有一些针对某些领域的影片，因此其结构要归因于这一或哪一领域。但是，在此之外，也许有着有关人类想象之物的一种重要"语言"。所说的问题，就在这一点上……

《图像与声音》（*Image et son*），1964年7月，菲利普·皮拉尔（Philippe Pilard）与米歇尔·塔迪（Michel Tardy）整理

以"新批评"的名义
——罗兰·巴尔特答雷蒙·皮卡尔
1965年10月14-20日

《论拉辛》曾引起过拉辛研究专家雷蒙·皮卡尔[①]的激烈批评。据此,论战扩大了,并变成了"新批评"的积极支持者与反对者之间的一种对立。

我问过罗兰·巴尔特先生,他是否愿意答复皮卡尔先生。他非常自信,不过,他难以控制住自己的恼火。

我感谢您的杂志给予我自我表白的可能。我不想放大事情,但是,我不能让皮卡尔说过的话就这么过去。他所给予这种争论的形式,具有一种过分的词语特征,这种特征无法使争论重新回到观念和方法的层面上。

有意思的是,拉辛甚至并不是论战中心,不是吗?

皮卡尔尤其指责我,因为我写了拉辛,这是他的专利,这是他的战利品。我嘛,我主张拉辛属于大家。他是作者中最具书生气的,人们对于法国国宝级天才形成的观念均可在他的身上得到反映。在拉辛

[①] 雷蒙·皮卡尔(Raymond Picard,1917—1975):大学教授,让·拉辛戏剧研究专家。——译注

身上汇聚着的全部禁忌,在我看来,最好予以取消。

但是,这么一来,皮卡尔的指责就表现得固执甚至是强迫症似的。他的批评变得"恐怖"、咬文嚼字,它建立在像"离奇的"("abracadabrant")这样的一些形容词基础上,我对此不大感兴趣。

但是,您怎么看他为驳斥您对拉辛的解释而提出的一些论据呢?

皮卡尔主张,在我有可能利用生平批评的时候,我就远离这种批评了。但是,这与说出"俄瑞斯忒斯,这就是26岁的拉辛"和重新告诉人们拉辛曾有过某种忘恩负义的行为是不一样的。忘恩负义是拉辛的被广为流传的性格,这种性格在其一些为人所知的经验中隐约可见,并且也使对于这类事情的注意变得可能:"我们了解忘恩负义在拉辛生活中作用的大小。"但是,在所有26岁的人中,有什么共同之处呢?这甚至正是生平批评的典型形式,因为这种批评在作品与作者生平之间建立了一种系统关系。所有的新心理学派都禁止做这样的解释,而某些大学教授仍在使用这种解释。

有关"明亮性"的指责,您怎么看?

按照皮卡尔的说法,拉辛的所有人物都属于不同的"明亮性"。但是,深度心理学告诉我们,要接受某些有效的替代。从一种象征出发,我可以操纵某些规则,使我可以重新找出那些共同特征,重新找出表面上不同的那些象征的深层统一性。皮卡尔拒绝这些心理学。这是他的权利。而我,根据我们时代的言语活动来谈论拉辛,同时按照该词文化的意义来使用结构的和精神分析学的分析。离题一点说,梵蒂冈方面刚刚接受了结构精神分析学的分析,我不明白为什么批评反而落后于教会。

以"新批评"的名义

说真的，您是否曾经使巴雅泽①成了一个无定见的人物呢？

为一个剧本安排一个无定见的人物，是一件最为困难的事。这丝毫不影响对这样一个人物的创造是否是不稳定的。正是巴雅泽的不稳定性使这出悲剧得以立足。

总之，您的批评体系与学院派批评体系之间的对立，最终会归结于一个方法论问题吗？

这是我恰如其分地进行的一种对立，同时也为这种对立加上了一些微小的区别。皮卡尔主张，学院派批评并不存在，这是错误的，因为学院是一种体制。它有它的言语活动、它的价值体系，这些都是通过检验被确认的。学院派有其谈论作品的方式。不过，皮卡尔自己在为"七星文库"（Pléiade）丛书中出版的《拉辛全集》写的序言中，极力反对这种学院派批评。当我指出学院派批评的存在状况的时候，我并没有想到皮卡尔，而是想到某些学院派人物，他们使用了陈旧的生平方法来书写拉辛。不管怎样，学院派不该被神圣化，人们可以予以批评。

那么，新批评寻求什么呢？

您看，下面是皮卡尔非常喜欢的作家保尔·瓦雷里（Paul Valéry）的一句话，皮卡尔对其解释得很清楚："由于批评并不只是根据其心情和爱好来发表意见，也就是说并不只是在梦想着它谈论一部作品的时候才谈论自身，所以，当它在判断的时候，它便是在作者想要做的事情与他实际上做的事情之间做出比较。只要一部作品的价值是在这部作品与某位读者之间的一种个别的、不稳定的关系之中，作者个人

---

① 巴雅泽（Bajazet）原为奥斯曼帝国的一个历史人物，后成为拉辛悲剧《巴雅泽》（*Bajazet*）中的主人公。——译注

的、固有的天分就是他自己和他意图之间的一种关系：这种天分是与其距离有关的，它是由人们在推进事业的过程中所发现的苦难来度量的。"

在这里，瓦雷里把人们可以称为对有天分之人的批评，与尽力将作品与作者公开表明的意愿结合在一起的学院派批评进行对立。对于价值的批评，即新批评所支持的批评，则以更多的关注度和细致度来发展过去的作品和现在的读者之间的关系。瓦雷里还这么说："作品可以延续，因为它可以以与作者所写的不同的样子出现。"

实际上，是我在相信，人们今天还可以阅读拉辛的作品。是我，是民族价值的真正卫士。因为，新批评提出了一个出色的问题：今天的读者可以阅读古典作家的作品吗？我的《论拉辛》，是对于不忠实性的思考，因此，它没有任何一点脱离直接使我们感兴趣的那些问题。

因此，可以忘乎所以地说，新批评并不喜欢文学，因为文学只靠对自己的喜爱来活着。它承认自己不仅有权不对这种所爱之对象有所伤害，而且要为其投入。

对于古典作者与现时读者之间的对话，"学院派批评"是予以鼓励还是相反呢？

也可能是鼓励的，但是，一部悲剧对于17世纪一位观看者的意涵，在今天的人看来，只可能会成为一种开胃品。此外，新批评值得具有与我们时代的创作相同的言语活动，一部当前的小说或多或少明显地具有马克思主义或精神分析学的背景。这是新批评所了解的一种语言。

您认为您在大学生方面的影响，没有任何危险性吗？

我无法对此进行判断。但是，我不喜欢皮卡尔那么激烈地对待与

以"新批评"的名义

我有某种连带关系的大学生们,因为他们在尽力动摇由许多陈词滥调构成的传统词汇。然而,我要清楚地说明,在行话与陈词滥调之间,我更喜欢行话。讥讽这种自由权利,是容易的,但不厚道。根据其词汇来判断某个人,是不太可取的,即便是为了使他烦恼。不存在单纯的词汇,大家都具有一些言语活动方面的怪癖。对于我来说,这并不对我有什么妨碍。在精神分析学和语言学教我们不要像泰奥迪勒·里博①过去那样来看待人的一个时代,说一个人物"语义混乱"是正常的。

因此,您赞成批评变化吗?

不论怎样,我赞成批评的历史流动性。社会在不停地发明新的言语活动,并同时发明新的批评。现时存在的批评,就是为了有一天会死去,这是很好的事情。但是,这种论战让人想到阿里斯托芬②的一部喜剧。苏格拉底待在云彩里,而阿里斯托芬在嘲笑他。如果需要做出选择的话,我还是喜欢苏格拉底的角色。

[不管他们在词汇上如何相互中伤,我确信,皮卡尔先生并不是向巴尔特先生送上毒酒的人,反过来亦然。虽然两种方法中有一种叫我喜欢,但我不会说出是哪一种。最后,重要的是,当代批评关注古典作家,并愿意在尽可能宽泛的读者方面革新对于古典作家的理解。]

《费加罗文学》(*Figaro littéraire*),1965 年 10 月 14—20 日,
居伊·勒克莱什(Guy Le Clec'h)整理

---

① 泰奥迪勒·里博(Théodule Ribot,1839—1916):法国哲学家、心理学家。——译注
② 阿里斯托芬(Aristophanes,公元前 445—前 385 和前 375 之间):古希腊诗人和喜剧作家。——译注

谈《时尚系统》和叙事文的结构分析[①]

1967年3月

关于《时尚系统》,您是在什么时候、出于何种原因、怎样构思了这样一部作品的?

写作《时尚系统》的计划,在我的生活中,正好开始于我写完《神话集》后记的第二天,因为我在《神话集》一书中发现了——或者认为发现了——对于言语活动之外的符号系统进行一种内在分析的可能性。就从这时开始,我产生了逐步重建这样一种系统的欲望,这是一种大家都在说但并非所有人都了解的自然语言。于是,我选择了服饰。一些作家,如巴尔扎克、普鲁斯特或米什莱,都早已设定过某种服饰语言的存在,不过,必须为人们轻易所称的一些"言语活动"(电影的言语活动、摄影的言语活动、绘画的言语活动等)提供一种技术的而不再是隐喻的内容。根据这种观点,服饰就是这些传播对象中的一种,一如饮食、举动、行为表现、会话,我对它们一直怀有浓厚的研究兴趣,因为一方面,它们具备日常的存在性,在我看来它们最为直接地代表着对于我们自身的一种可能的认识——这是由于我在自己的生命中对其投入了更多的关注;另一方面,也因为它们具备一种智力存在性,它们都可以借助一些形式手段而被用于一种系统分析。

---

① 这篇谈话曾于1971年被收进《其他人的书》(*Le Livre des autres*, L'Herne),并于1978年又被收进《其他人的书:谈话集》(*Le Livre des autres. Entretiens*, Christian Bourgeois, coll.《10/8》)。

谈《时尚系统》和叙事文的结构分析

您在书的前言中提到了一系列转换,那些转换曾引导您的计划实现了最终的形态。您另一方面也写道:"应该承认,这种探索已经有过。"您对此如何解释?您是经历了多少阶段,才得以深化和超越您在《神话集》中所用方法给人的直觉性的呢?

确切地讲,我是从一种属于符号学方面的计划开始的,但是在我的记忆中,类似的计划在社会学领域过去也一直存在着。因此,我认为,在第一个阶段里,我要分析大家都在穿的真实服饰语言,我甚至为此做过一些初步调查。但是,我很快就发现,除非根据一种属于结构意义的模式来工作,否则就无法很好地进行这种社会学的研究——而对于这种模式,人们要为其提供真实的由社会给出的那些观察。因此,在第二个阶段里,我对于在时尚书籍中出现的服饰产生了兴趣。于是,一种新的方法论疑虑又出现了(我想起了我与列维-斯特劳斯在这一方面的对话):我确信,不能仅以一种活动来研究混杂的系统,也就是说,不能仅以一种活动来研究同时混合有制作技术、图像(以照片形式出现)和写出的文字的对象。必须根据其特有的实质,来对各个系统分开进行分析。

因此,您就从"真实的时尚"过渡到了"书写的时尚",或者更准确地讲,过渡到了"描述的时尚",是这样吗?

是的。这后一种选择,要求在研究工作的普遍性上下功夫,因为我把研究工作局限在一个看起来比较小的领域上了。这种选择在我身上强化了我的确信:符号学从根本上讲依赖于言语活动,而所有的言语活动事实中都有言语。换言之,我可以坚持这样的观点,即时尚唯一使我们感兴趣的是其复杂性,它仅仅通过人们对于时尚所持有的话语才存在,没有这一点,我们就可能会将时尚归入一种非常基本的句法之中,而这种句法毫无丰富性可言,它就只是像一种交通规则:那些超短裙,我们看到的很少,在现实层面上,它仅仅是一种个别的追求，几乎是古怪的，但是，这种少见的特征很快就变成了一种普遍的、公众的话语对象，而这仅仅是由于它获得了一种真正社会学的和符号学的确定性：人们所说的东西，瞬间地（我几乎要说：提前地）就在人们谈及和看到的方面转移了。我认为，我的这项计划在方法上的限定，在大的方面对应了最近五年来符号学的发展：凡是有点复杂性的对象在言语活动本身之外均无所意味。

于是，当您断言并不是语言学是符号学的一部分，而是符号学是语言学的一部分的时候，您就推翻了索绪尔的命题。然而，这是因为它反映了这一类的问题，并标志着术语方面的一种演变。我可以假设，这本书在您看来，就像是"已经构成了符号学的某种历史"。

是的。这本书对应于"初期的"符号学。例如，它继续坚持使用索绪尔的图示和词汇（符号，能指，所指）。为了亲自参与其中，我知道，五年以来——这是这本书完成至今的日子——索绪尔主义已经从主要是由乔姆斯基的语言学为代表的新的语言学方面得到了"补充"（或者说"受到了争议"），但也还包括了雅各布森（R. Jakobson）和本维尼斯特（É. Benveniste）的某些分析，这种新的语言学是一种不大属于分类学的语言学，因为它不再那么关注符号的分类和分析，而是更看重言语生产的规则。我跟随了这种变化，尤其是在涉及对于文学的语言学分析的时候。但是，如果我为写出的时尚服饰而保留索绪尔的各种范畴的话，那是因为在我看来，那些范畴恰恰适合于确定和分析由大众文化所固定化和神秘化的一些对象。在文学言语层面，所指相对于能指的游戏总是落后的，但是，当涉及社会对象的时候，人们甚至会立即在一个充实的、可标记的和可命名的所指的存在之中，重新看到意识形态方面的异化。

这样一来，充实的所指，难道就是异化过程中的能指吗？

谈《时尚系统》和叙事文的结构分析

不管怎样,如果我们自摆脱异化时所能获得的意象(尽管它是乌托邦式的)最后并不破坏能指与所指之间矛盾的话,似乎就可以这样说。

您非常强调(在这一点上,这已经不是导论,而是对于您作品的确信,在某种程度上是为其做最后的祝圣了)作者即符号学家在面对或者更可以说(这需要您予以明确)在构成其研究对象的系统领域中所选择的立场。另一方面,对于这样一部作品的特定"阅读"的可能性本身,似乎与一种建筑术是有联系的,而这种建筑术在其最为确定的时候出现,正趋向于使"系统中的分析者"消失。

我的书是一种路线,是一种耐心的旅行,几乎是小心翼翼地写出的,它是由一位想尽力看到意义是怎样被建构的、人们是怎样建构意义的人完成的——在现在的情况下,这种意义就是时尚服饰的意义;就这样,这就构成了对场所的发现,就构成了意义场域的路径。不过,这种路径并不像是一种个人旅游,而像是一种语法,像是对于各种意指层次、各种单位及其组合规则的一种描述——简言之,就像是某种有关描述的句法。鉴于这本书本身也是一种组构对象,如果它以某种对应的方式能在读者眼前突显出一种新的对象,即被写出的时尚服饰的话,那么这本书就被证明是合理的。

没有插图,是在满足一种深思熟虑的意图吗?

我的研究工作,在时尚之外,基本上是谈描述的。我自愿地拒绝了求助图像、插图,因为我认为(我在此,既思考文学,也思考时尚),描述与视角无任何关系。有人始终这样说,描述能使人看到;我认为,描述根本让人看不到什么,描述属于纯粹的可理解性范畴,并因此与所有图像有所差异,因为图像只会妨碍描述、扭曲描述。

在此,您把自己放在了与列维-斯特劳斯相反的观点上了,后者把图像资料看成内在于他的分析方法中的内容,他还在对其书籍的逻辑想象性之中,赋予了这种资料一种相对重要的地位。

我的对象,完完全全是写作。不能把写作变成对图像或言语的单纯"转述",也不能将写作变成传达对象、表达对象、转述对象中的一种。写作——我说的不是言语——是一种自足系统,也许正是这一点使得它可以激发无穷无尽的探讨。

在您看来,对于时尚的描述似乎更接近文学,而不是接近神话,是这样吗?

有关时尚的文学,是一种劣质文学,但不管怎样,它也是一种写作。

超现实主义美学渴望在文学言语的内部推动摄影,为的是恰到好处地约束对这种描述的使用,在这种意义上,您如何评价超现实主义美学的这种原则呢?如果人们一方面考虑布勒东不论是在对象还是在神话思维上所给予的理论重要性,另一方面又考虑列维-斯特劳斯在神话的现代激情显露之中所看重的超现实主义,那么在我看来,相对于文学而言,超现实主义似乎与神话的包容与排他关系联系更为密切。

为了破坏描述,除了排除它,还有其他手段。写作的变革性任务,并非是排除,而是违反。然而,违反,就既是承认,也是颠倒,必须对要破坏的对象予以介绍,但同时也要否定它,写作,提前并断然地允许这种逻辑矛盾存在。超现实主义在专心于对言语活动进行简单破坏(借助于图像的介入或意义的彻底瓦解)时,尽管它有着意图上的准确性和作用上的重要性,但它仍然属于一种单向逻辑学,它采

谈《时尚系统》和叙事文的结构分析

用了这种逻辑的对立面,却不违反这种逻辑(按照我刚才说过的意义):对立面并不是反面。对立面在破坏,反面在对话和否认。在我看来,似乎唯有"颠倒的"写作在介绍直线型的言语活动和对它的争议(更为直接接说:就是滑稽模仿)的同时,可以是变革性的。至于神话,写作并不排斥它,但也并不尊重它:写作远比图像更凸显神话,同时也更质疑神话。

您在时尚与文学之间建立的这种类比性游戏,在您的研究工作的两个方向均获得了直接的反响,因为您最近发表了一篇重要的文章,该文成了《交流》杂志叙事文结构分析①专号的开篇文章,并且它似乎多少回应了您的《文艺批评文集》,这就像《时尚系统》回应了《神话集》那样,尽管一篇文章与一部书籍迥异有别。

《时尚系统》是一种符号学尝试,应用在一种明确地、彻底地得到分析的对象上。那篇关于叙事的文章,只是为了服从于启蒙式教学的考虑,也可以说是服从于预科式教学的考虑,它密切地联系着高等研究实践学院和大众传播中心一些研究人员的研究活动,它的目的基本上是启发和帮助一些研究:自然,绝对需要有后续的具体分析来采纳或纠正它。这一期只是简单地做些介绍,宽泛地讲属于分类层面的结构主义,或者如果您同意的话,属于被陈述的事物即内容的结构主义。由于我们还不具备现实的手段,尚缺乏一种关于写作的语言学。所以,在这一方面,我的文章既不研究,也不真正考虑当代文学,即便它支持文学。

另外,我们似乎可以说,这里提到的结构主义,在某种程度上适用于其所考虑的旧日作品、古典作品、大众作品,因为它并不真正地与亚里士多德文化断然割裂(亚里士多德是第一位叙事分析人),显然,相对于叙事的一种强力模式,这种结构主义有可能以差异性词语

---

① 罗兰·巴尔特:《叙事结构分析导论》(*Introduction à l'analyse structurale des récits*),1966年,《交流》杂志第八期。

（当然是非规范的词语）来描述当代文学。但是，我们也可以——大概也应该——想象一种全新的批评道路：这就在于锻就与现代作品相接触的一种分析工具，而现代作品均产生于上个世纪文学和历史方面的重大断裂之后，它们从那时起便有着可以说是从马拉美到巴塔耶的真正变革性特征，这种工具并不看重结构，而是看重结构与其以"非逻辑"途径产生的颠倒之间的<u>游戏</u>，这样一来，就有可能把这种新工具应用于过去的作品，于是，就有可能产生一种真正政治的批评，因为这种政治批评是从现代性的绝对全新基础上产生的。在我看来，我们就是要帮助这种过渡产生。

您在考虑，一方面如何掌握特定叙事文的无限细节，另一方面如何掌握所有叙事文的无限性，是这样的吗？

这是自索绪尔以来语言学本身的问题，那就是如何掌握巨大数量的单词和它们结合的问题。人们最终先是把"细节"（我说的是单位）分配为形式类别，于是便可以操作<u>这些</u>类别：例如<u>诱惑</u>和<u>欺骗</u>这两种类别，起码可以在最初的层面上，只要你找出了这两个类别的结构（此外，也更容易使其形式化），就已经让你避开了去谈所有的诱惑和所有的欺骗，这完全像动词这一类别让你避谈所有的动词那样。随后，必须找出各种结构的形式转换规则，为的是理解叙事文是如何根据形式产生的（有点像在我们那一期中托多洛夫[①]对《危险的关系》所做的分析那样）。因为，实际上，人们最终回到这样一点上：把握，即形式化。

您曾经说过，要鼓励对明确的文本进行研究。您考虑过亲自尝试一下这种分析吗？

面对世界上所有叙事文，选择是任意的。对于我来说，我一直致

[①] 托多洛夫（Zvetan Todorov, 1939—2017）：法国符号学家、文化学者。——译注

谈《时尚系统》和叙事文的结构分析

力于返回到"战斗"文学上,回到今天发生的事情上。我愿意根据一种有点古怪的观点去过问过去时间的作品。为了开始研究,我曾寻找过一种"双重的"作品,这种作品以非常严格的叙述方式来呈现,以至于它最终质疑叙事的模式本身,就好像以引语方式把叙事放进了括号里那样(我们知道,引语必须真正是引语)。一部表面上幼稚,却真正心计不凡的作品,就像司汤达作品中的人物法布里斯[1]与克劳塞维茨将军[2]一起以同一种声音讲述同一次战役一样。我认为,我已经在克莱斯特的《O 侯爵夫人》[3]中找到了这样的作品,我希望有一天能分析它。

似乎,这样一种研究工作可以让您以全新的方式设定形式与故事之间的关系,而这种关系曾为您第一批有关文学的随笔,特别是《写作的零度》提供了内容。

在我看来,这种关系是重要的,我从未让其从目光中消失,即便在我考虑到要将这种关系搁置一下的时候——如果我想要去掉故事的这种超我[4],我就临时地使这种关系停一停。

因为这种超我曾在结构主义出现之前恐吓并使法国知识界瘫痪过。然而,人们开始微微地看到了一种补偿,一种对于结构主义在面对故事时所表现出的那种耐心沉默的补偿。例如,克里斯蒂娃曾让我的研讨班上的学员们对巴赫金有所了解,因为这位苏联作者的作品尚未在法国翻译出版,多亏了对他的一些分析,我们模糊地看到了把文

---

[1] 法布里斯(Fabrice):司汤达小说《巴马修道院》(La Chartreuse de Parme)中的人物。——译注

[2] 克劳塞维茨(Cari von Clausewitz, 1780—1831):普鲁士将军,著有《战争论》(De la guerre)。——译注

[3] 克莱斯特(Heinrich von Kleist, 1777—1811):德国小说家、诗人、剧作家。《O 侯爵夫人》(La Marquise d'O)是其 1808 年发表的一部中篇小说。——译注

[4] 超我:精神分析学术语,与"本我"和"自我"一起构成弗洛伊德提出的"第二场域"理论,按照这一理论,"超我"的作用是对"自我"进行判断,它体现为社会文化与道德的规则。在这里,超我体现为对于这种形式与故事间关系的限制。——译注

学写作当作其他多种写作的对话、把一种写作的内部看作多种写作的对话来分析的可能性。陀思妥耶夫斯基、萨德、雨果的一部确定作品的写作，在词语的表面之下，包含着对其他写作的移用、滑稽模仿、回应，以至于在文学上不再谈论主体间性（intersubjectivité），而是就像茱莉亚·克里斯蒂娃在以这种方式研究洛特雷阿蒙[①]时所展示的那样，来谈论互文性（intertextualité）。如果说文学是多种写作之间的一种对话，那么显然，整个历史空间就会以我们的历史学家、社会学家或文学理论家们所意想不到的全新的方式，重新归入文学言语活动。

57　在各种写作的这种游戏内部，您没有考虑冒险地去尝试那种使故事有可能再一次消失而被萨特称为新类型的形式主义吗？

不遗余力地断言形式主义天生就是不喜欢故事，这是一种少有的固执。对我来说，我一直在尽力表明形式的历史责任。多亏了语言学和跨语言学，我们有可能最终避开社会学论和历史学论总会把我们带入的一种死胡同，而这种死胡同就在于过分地将故事压缩为参照物的故事。有一种关于形式、关于结构、关于写作的历史，这种历史有其特定的时间，或者更为准确地讲，有其各种时间：这种复数时间，恰恰被人们所抗拒。

文学的"这种特定时间"，通过形式空间似乎让人想到了长时间迂回的做法，这种做法最终几乎得出结论，布朗肖是在什么地方既是开始也是结束的。

布朗肖属于无可比拟的、无可模仿的和无法借用的一类。他身处写作之中，身处对组构文学的科学的违反之中。

[①] 洛特雷阿蒙（Comte de Lautréamont，1846—1870）：法国诗人，著有《马尔多罗之歌》（*Les Chants de Maldor*）。——译注

谈《时尚系统》和叙事文的结构分析

不过，如果布朗肖非常明显地在违反科学，那么，他就会传递给我们一种知识。但是，实际上，这里提及的是一种"关于文学的科学"。您如何看待文学与科学的这种关系呢？

在我看来，科学的地位是个问题，而我在这一点上与其他结构主义者们立场不同。大概，这一点就在于我的研究对象是文学。我认为，面对作品，不再可能后退到主观的和印象主义的立场上去，而只能相反地置身于对文学科学的一种实证主义立场之中。面对这种不可能性，我尝试阐明一些科学的做法，或多或少地感受这些做法，但从不以典型的科学的断言来下结论，因为文学科学在任何情况下和以任何方式都不能对文学说出个所以然来。还有，在我看来，根本性的问题，并非是有关文学科学的理论问题，而是文学科学的语言问题。

您是否真正地想过，这是"文学科学"特有的问题还是其他结构学科都有的问题呢？在这一点上，更为通俗地讲，您是否感觉这是对今天关于人的各种科学的一种冲击呢？

关于结构主义，从该词非常宽泛的意义上讲，我认为，与其分手的时刻到了（假设其独立存在时刻曾经有过）。在学科与各种话语（语言学、人类学、精神分析学、批评）的层级上，曾经有过重要的观念和术语上的交流，而似乎通过不同途径所获得的东西，就是彻底地质疑作为充实主体（最好说是"充满的主体"）的主体：人已经不再是结构的中心。但是，我感觉，分歧恰恰就来自科学的新地位，因为在我看来，这种地位不能脱离科学语言的地位本身。例如使列维－斯特劳斯与拉康对立和继续对立的那些区别，从今天起，就是要求人们按照他们赖以写作的方式来进行解读，也就是说根据他们在意识形态和方法论方面与写作的关系来进行解读。

我在想，这样的一种关心，不应该与您个人无关，也不应该和这

声音的种子

种科学语言即您经常谈论的元语言所保持的关系无关。

我现在对于这一方面谈的不多了。每当我写作的时候，我就感觉我在尽力建立与科学的一种游戏，即一种被掩盖的滑稽模仿的活动。我越来越认为，批评家的深层次活动就是破坏元语言，这是为了服从有关真理的一种绝对需要：写作最终不可能是"客观的"，因为客观性只不过是多种想象中的一种，科学元语言是一般言语活动的变异形式，因此，必须予以违反（这并非意味着要破坏它）。至于批评性元语言，我们只能在文学的语言与关于文学的话语之间建立某种同构性①的情况下，才能"运转"它②。关于文学的科学，就是文学。

您说过，您关于叙事的文章谈的是文学，而没有考虑当代文学。实际上，这篇文章对于当代文学给予了基本的重视，即说其是"有关言语活动的各种条件本身的言语活动"，这种言语活动"向话语展示其自己特有的结构"。您还补充说："今天，写作并不就是讲述。"实际上，您大胆地贬低叙事，或者更为准确地讲，您贬低叙事中的叙述过程。

当代文学确实不看好叙事文本吗？如果这一点在我们看来就是如此，那么，这大概是因为我们一直在以很强的模式形式来看待叙事文本，同时忘记诗歌话语也是一种叙事文本，即便我们并不这样称呼它。我们看不出有什么需要破坏，我们关注的不是叙事文本，而是强力模式的逻辑。还有，不应该不了解，当代文学的任务是多方面的、长期的和复杂的，也可能，当代文学一百年以来有某种"计划"，即

---

① 同构性（isomorphisme）：符号学术语，指两个或多个属于不同符号学平面或层次的结构形式的同一性。——译注

② "文学的语言"按照索绪尔的理论，便是指"关于文学的理论"。这句话的意思是说，当"关于文学的话语"（理论）符合文学的内在形式结构的条件下，对于文学作品进行"元语言的"批评才是可能的。——译注

谈《时尚系统》和叙事文的结构分析

某种历史规划。直到现在，这种文学一直在攻击写家[①]的问题，即陈述活动的主体的问题，因为正是在这里存在着一些令人难以相信的、明显是意识形态方面的强大阻力，这是因为"作者"的心理学主体王国仍然是非常强大的。新的叙事的时代，大概很快就会到来，它可能已经在到来，它已被马拉美的有关诗歌-虚构的观点、普鲁斯特无限偏移的结构、巴塔耶的叙事文本和索莱尔斯的研究所预示。

不过，您在您的文章末尾提到俄狄浦斯[②]，认为其是杰出的叙事文本。俄狄浦斯作为动作的链接，其中历时性与共时性实现了绝对的平衡，今天的文学不再懂得或仍然不懂得说明的，正是这一点。

俄狄浦斯是一种叙事，但是，这种叙事从来就是被当作主体的话语而为人所知的，这种话语并不以一致的独白叙事的形式（即便其叙事是独白的）来介绍主体，而是以片段、重复、无限的换喻的形式来介绍。在当代文学的现时努力之中，它处于<u>表面上</u>模糊的一种叙事的陈述活动层级，不过，这种叙事没别的场域（即其他指称对象），而只有它自己的陈述活动场域。

似乎，有关科学的话语（我想到的是弗洛伊德和列维-斯特劳斯的话语）是唯一在无懊悔的情况下，以其特殊的方式自认为可以确保真实的叙述活动，就好像为了被这样考虑的神话而如此关注就是填补分离状况的最可靠机会那样，而这种分离在赫尔曼·布洛赫[③]看来则确定了我们现代的悲剧：那便是神话的合理性与科学的合理性之间的

[①] 写家（écrivant）：罗兰·巴尔特在《文艺批评文集》的《作家与写家》（écrivain et écrivant）一文中说："在这些真正的作家周围，一个新的群体在形成和发展着，那便是公众言语活动的占有者。……我愿意在此称他们为写家（écrivants）。"说得直白一点，"写家"就是大众媒体的传播者。——译注

[②] 俄狄浦斯：古希腊神话人物，因命运而杀父娶母。——译注

[③] 赫尔曼·布洛赫（Hermann Broch, 1886—1951）：奥地利小说家、剧作家、随笔作家。——译注

分离。

作为不一定正确的结论,我想向您提出几个并非善意地并列在一起的问题,这几个问题似乎都出自前面说过的内容。

您是否有如下感觉:

——某一种现代叙事的重大裂痕,在一种对于意义的不可取消、一如在这种意义的不可构成之中,找到了其根源:一方面,是因为它最终不能达到马拉美所要求的而您恰好当作言语活动之结构来谈的"微不足道",即达不到布朗肖在把文学神话确定为不可能的"未来的书籍"时,偶尔标志和体现出的绝对是共时性的超级模式;另一方面,是因为现代叙事进入了一种被破坏的言语活动的历时性维度之中,它被认为不能将这种言语活动控制在共时性之内,而叙事的强力模式却可以如您所说,在隐性的或是在扭曲的模式上独自构成这种共时性。

——相反,某些智力话语却根据显性形式构成这类叙事的强力模式,因为这些话语的目的,恰恰在于让人理解逻辑性与时间性在一些对象中所呈现的藏而不露的平衡,而这些话语旨在以最为真实的真理、根据类比模式来提供这些对象的分析性表象。

——您在文学领域所致力实施的这种计划,如果您最终不是在讲求修辞学的、心理学的或社会学的法国文学中选取了您的对象,而是在对陈述活动的主体从未有过如此强烈和如此专注的德国文学中选择了您的对象,那么这并不是偶然的。因为德国文学也是根据观念的结构性先天知识和对其在叙述方面的解释,从一开始就关注神话思维的,原因是,这种先天的知识在文学、科学和哲学发展的两个世纪之中,曾尽力依靠神话来平衡作为文化之普遍性的自然生活的表象。

真是这样,法国文学无休止地、更多地与人即位于中心的主体进行争论,而不是与神话。同样真实的是,法国文学的语言本身也是在修辞学、古典主义和耶稣会教义的模具中铸成的。因此,其真实性在今天便在于脱离这种模具,而其过去的情况甚至也强加给了它一些古

谈《时尚系统》和叙事文的结构分析

怪的脱离途径。我们的文学所缺乏的这种神话空间,恰恰是应该被利用起来的东西。神话并不仅仅与强力模式、规范叙事、意蕴叙述活动(在该词的通常意义上讲)紧密连接在一起。

还有,在我们这里,直到有新的规定之前,神话完全是小资产阶级的,它必然是可被求助的,也可以是被批评的,言语活动必须得到颠倒。在这个社会里,在我看来,没有任何东西在无滑稽模仿考虑的情况下可以是变革性的——我曾谈论过对这种滑稽模仿的考虑,它在超现实主义方面是极度缺乏的,没有任何东西可以在无两面性的情况下进行变革,没有任何东西可以在结构与写作的游戏之外写成。对于神话,资产阶级社会,或技术社会,或消费社会,将会一直努力恢复它。只有一样东西,作家可以从这个社会中去除:他的言语活动。但是,在破坏言语活动之前,必须从其身上"偷走"言语活动,在我看来,正是这种"偷窃"在明确地确定智力话语和文学话语同时并且交替地采取的所有新的违反途径。

《法国文学》(*Les Lettres françaises*),1967 年 5 月,
雷蒙·贝鲁尔(Raymond Bellour)整理

关于《时尚系统》

1967年6月5日

罗兰·巴尔特,您刚刚出版了一部书,书名为《时尚系统》,这一书名有点糊弄人,甚至可以说带有挑衅味道。人们本认为在书中会发现一种尖锐的评论,就像在《神话集》一书中那样,或者是发现源于社会学的一种分析。根本不是这样。实际上,这是一部科学著述,很是高深,我承认,它的不少篇幅使我不无扫兴地想到我童年时的代数课本或语法分析!

我首先要说,我的书籍的名称并非是一种挑衅,因为我的计划并非是为时尚提出新的观点,而只是进行一种研究工作。此外,这项工作属于当前呈发展趋势的一种总体研究,人们将其汇总在"结构主义"的名下。这是一种新的思想和分析运动,它通过某些极为精准的方法,既在古代社会里,也在我们现代的技术社会里,努力发现社会事物、文化形象、常规俗套的结构。

对于我来说,我对我们社会的一些现象很感兴趣,在此,我用"全部有用的事物"这种相当模糊的术语来概括这些现象,它们是:食物,就是喂养我们的食物;房屋,就是我们住的房屋;城市街道,就是行走的街道;时尚,就是我们穿戴的服饰。

说到底,您既然建立起了时尚系统,您也本可以建立"一种居住系统"或是一种"食物系统"啊?

关于《时尚系统》

如果从很早就知道这些"事物"具有很明确且迥异的功能的话，我们今天就该确信，它们对于我们人类来说也构成了交流的手段和意指的载体。是索绪尔首先设定存在着一种有关符号的一般科学；他当时认为，语言学是这种科学的一部分。多亏了作为人类言语活动之科学，同时也是在今天得到很好建构的这种科学的语言学的发展，这种设定随后被人们采用，而语言学则充当了结构主义的模式。这就在于将语言学的各种概念和各种描述规则应用于不再属于分节的言语活动的诸多对象方面，并且使这些对象服从一种分析——这种分析就像当人们想了解一种语言的语法时对这种语言的分析那样。

关于时尚，您自愿地将您的分析文字局限于女性服饰，就像人们在专业的妇女杂志中读到的一些文章那样，因此，您的分析局限于对时尚的文字描述。然而，对于妇女，我在此是以这些时尚杂志所针对的成千上万女性读者的名义来说话的，没有任何东西比图像更能说服人；虽然有文本、图例说明陪伴着图像，但是，它们只不过是请你更好地去看图像。作为证明，我要说，没有一个女人不是在试穿一下之后才购买一件连衣裙的，换句话说，没有一个女人不是在抛开纯粹的词语劝说后去购买一件连衣裙的。

对于身上穿的服装，我并不完全拒绝其带有极大的丰富性。我之所以局限于文字描述，完全是出于方法和社会学方面的原因。方法上的原因：实际上，时尚在多种表达系统之间建立起了联系，它们是材料、摄影和言语活动。并且，我无法对一种混合性较强的材料进行严格的分析。如果我无区别地从图像过渡到文字描述和从这种描述过渡到对我自己原本可以在大街上做到的观察的话，我不可能进行细致的工作。既然符号学的方法就是把一个对象切分成诸多要素和将这些要素分配到一般的形式分类之中，那么，我就想选择一种尽可能匀质的单纯材料。再就是，我认为这种选择是正确的，因为在今天，各种时尚杂志都做到了真正的大量发行，它们属于大众文化的一部分。对

声音的种子

于这一点,所有的统计均予以了证实。因此,时尚杂志上描述的服装,相对于在大街上看到的服饰,虽然在您看来也许不太真实、不太让人感兴趣,但它作为集体想象物的投影却获得了诸多新的维度。它承载着一些图像、一些套路、诸多确实而非真实但却属于幻想类型的要素。在这一点上,它等同于电影、连环画,或者还有大众小说。最后,这还是一种俗套化的女性形象,而这种形象就掩盖在时尚杂志的虚词浮语之中。

为了描述这种形象,您特别地放弃抽象和纯粹的形式分析。为什么要违反——如果我可以这样说的话——您已经确定的计划呢?

我在表明这种描述可能占据的系统位置方面,比在我认为是多余的描述方面做的多。因为,在阅读一种时尚杂志或将对其进行的所有阅读的记忆都联系起来的时候,每一个人都很清楚这些杂志所设想的女性的标准形象。必须承认,这种形象基本上是矛盾的,因为这位女性同时应该是<u>一切</u>,才能代表尽可能多的女性读者。不过,这位女性作为总经理的秘书,她可以出现在当年和当天的所有节庆活动里。她每个周末都会外出,她无时无刻不在旅行,去卡普里岛①、加那利群岛②、塔希提岛③,不过每一次旅行时,她都会去法国南部。从帕斯卡尔到酷派爵士乐,她都喜欢。她既不知道通奸,也不懂得私情;她只与她的丈夫一起旅行;她由于囊中羞涩,从不说话。简言之,她既是女性读者之所是,也是女性读者梦想之所是。在这一点上,时尚等同于过去年轻女孩们阅读的文学;这是母亲为"防备"女儿与邪恶有任何接触的一种言语活动。

您真的相信一位女性读者会感知人们向其送出的这众多符号吗?

---

① 卡普里岛(Capri):意大利那不勒斯海湾中的一个岛屿,旅游胜地。——译注
② 加那利群岛(Canarias):大西洋中属于西班牙的一个群岛,旅游胜地。——译注
③ 塔希提岛(Tahiti):太平洋南端的一个法属岛屿,旅游胜地。——译注

关于《时尚系统》

很有可能的是，她在其中找到了滋养她想象力的某种东西；但是，时尚杂志，一如其他杂志，也是一种商业企业，它们不会忘记，除了一些特殊情况，妇女们不会远离杂志可能让她们假设的东西。一个制衣集团曾经向年轻女孩提出过一些问题。那些问卷结果还没有完全揭晓，不过，我们已经可以对整体的回答有了一种相当明确的预测：她们的裙子长度就停止在距离膝盖"一个巴掌"的地方；当天气冷的时候，她们不穿"可爱的小"皮毛外套，而是穿简单的毛线外套；跳舞的时候，她们穿一件连衣裙，而不是"晚睡衣"等。这差不多就是一种装聋卖傻的契约。

时尚方面的女读者，有点像是身处两位对话者中间。当他们对话时，他们很清楚相互之间想说什么。但同时，他们并不对他们的话做语法分析。同样，时尚杂志的女读者们对于产生这些符号的机制没有意识，但是她们就这样接受。此外，这些符号非常多样。当然，每一个人都知道，我们正是通过服饰来交流一些相当基本的信息，不仅仅是交流关于我们社会或专业情况的信息，还有人类学家们说的有关年龄、档次的信息，而且还有关于社会习俗、仪礼、工作内容的信息：例如晚礼服、商店闲逛裙、春装裙、大学生女裙、大方少女裙等。另一方面，时尚杂志还尽力使我们自己想要表达的东西与所描述的服装一致起来，这是我们在社会上想要扮演的复合角色。例如，一个亦步亦趋地跟随着青少年们的时尚、"军人时尚"的青少年，就向其周围所有人传递出这样一种信息，即他打算让人看出他属于某个军团，并具有军团的气质和价值。

按照您的说法，我们一方面可以在一种服饰上解读出您所称的一般基本意涵，另一方面，还可以解读出一些个人所占有的意涵。就这个问题的这一方面，原本可以向您提出一个技术性问题。您的计划曾经是为某些文章中所包含的符号学单位建立一种总表，由于我是个外行，所以似乎难以在个人层面上来定位这种分析工作。

67

声音的种子

面对所有个体，我们都有这种幻想，当然，我们也需要这种信念或幻想来活着。但是，实际上，一旦人们从一开始就研究相当多的事实和对那些事实采用一种科学态度，就不会有任何个人能抗拒一种分类的可能。心理学的验证在证实这一点。我们也注意到，人可以将不论什么样的意义赋予不管什么样的形式。可见形式与内容之间不存在稳定的关系。例如，我们可以取短裙为例。今天，有人说短裙释放色情。但是，在50年前，人们对于长裙使用的恰恰是同一个形容词。今天，人们就是借助一种色情要素来使超短裙合理化。

不过，人们通常说，现在的时尚是一种变革的标志，或者更可以说是女性变化的标志。女骑手短裙下面露出的下肢，更可以说是另一种外形，几乎是另外一个女人。让人模模糊糊地看到的，完全是由影子和神秘构成的一种女性特征。服饰的传统特征，某些裘皮衣装，某些首饰，今天都过时了。标志一个时代结束的，还有另外一种现象：人们经常参照的款式，不再是华贵的款式，而是富有青春活力的款式。短裙并未走到大街上，短裙最初是在英国出现的。

我不认为这种时尚是适合某种社会秩序的现象。我认为，我们打算借助来解释或验证一种服饰的所有理由，都是伪-理由。一种符号秩序在一种理由秩序中转换，以合理化的名称在其他地方为人所知：换句话说，人们会在事后因为完全不同的原因和一些形式上的原因来使一种事实合理化。弗吕格尔（Flügel）在为服饰建立精神分析学的时候，曾举例说明符号向着理性发展的这种社会转化现象：长而尖的皮鞋，并没有被社会当作男性生殖器的符号来接受和理解，它的穿用仅仅出于卫生方面的道理。我们再举一个不大依赖精神分析学符号的例子：在1830年的时候，古板的领带被认为有益于舒适与卫生。在这两个例子中，有的人甚至看出一种倾向，这种倾向把符号的存在理由变为其实际位置的反面也许并非是偶然的：障碍反而成为舒适。因此，必须强调的便是，如果服饰实际上总是被构想为一种通常的符号

关于《时尚系统》

系统的话,那么,这个系统的意涵就不是稳定的。它在演变,而且过渡为历史的意愿。

如果您在 50 年前就写了这部著述的话,那么,您的态度还会是一样的吗?

绝对一样。我并没有描述一种特殊的时尚。我只是制作了一个不顾时尚内容的形式总表。时尚是一种结合规则,该结合规则包含着无数转换要素和转换原则。时尚的全部特征,每一年都在像是语法那样的全部限制和规则中被用尽了。在我们看来,如果时尚像是不可预测的话,那是因为我们把自己放在了人的回忆层面上了。但是,如果您移动一下观察尺度,如果您把自己放在 40 或 50 年前的话,您就会观察到一些非常规范的现象。一位名叫克罗伯(A.L. Kroeber)的美国人类学家以完全不可拒绝的方式证实了这一点:时尚的变化节奏不仅是常态化的(变化的幅度大约为半个世纪,完全的变化为一个世纪),而且它还使各种形式根据一种合理的顺序交替变化。例如,裙子和号码的宽幅总是处于一种相反的关系之中:当一个方面窄了,另一个方面宽了。总之,在一个较长的时间内,时尚是一种有序的现象,而这种顺序,时尚是从自己方面获得的。

在这一点上,我还是要打断您,原因是,从金属长裙到宇宙服,中间经过古朴风格,当前在时尚上似乎有一阵不像任何风的狂风在呼啸。一切都是可能的,时尚的荒诞表现达到了这样的程度,即人们几乎想闭上双眼而根本不去看什么。我再一次举超短裙为例:我在史前时期之外没有找到可以看到下装如此之短的其他时代。

这些都是相对的,而在某种意义上,超短裙的榜样为时尚的大节奏预测提供了理据。因为,需要考虑的,并不是维度本身,而仅仅是裙子的相对维度。于是,人们完全可以很好地根据从前的情况来预

声音的种子

测到当前的现象，即相对于裙长 50 年前大约在 1900 年的时候所达到的、其本身也是相对的长这一极，裙子今天终于实现了尽可能短的状态。换句话说，在我们看来，超短裙可以说是太短了，但是，对其进行分析则只考虑这样的情况：它并不是非常短，但相对于整个循环周期来说，它是最短的。的确，历史仍在构成一种力量，这种力量保留着其自由，也为人安排一些惊喜。但是，在正常情况下，如果时尚的节奏继续是常态的，那么，短裙子就该从今天起借助节气的变化而逐渐地变长。我们可以假设，到了 2020 年或 2025 年，裙子就该会是非常长的。

这就破坏了许多思想家和诗人长期以来赞同的有关时尚的观点，这种观点将时尚变成了自由创作、反复无常和轻薄浮躁的一种选择领域。您的书籍的价值之一，是揭示了这种观点。尽管这样，这种揭示还是有点让人悲叹的……

但是，我并不绝对地否定制衣人可能向他们的款式中投入的创作和发明自由。只不过，当人们将时尚扩大到其历史维度的时候，所发现的仅仅是一种非常深在的规则性。

法兰西论坛（*France-Forum*），1967 年 6 月 5 日，
塞西耶·德朗热（Cécile Delanghe）整理

围绕一首科学长诗进行的谈话

1967年7月8日

您有关时尚的分析,是基于何种考虑和研究呢?

我到现在所写的全部的东西,可能带有所涉对象的多样性特征,因为我既谈了文学,也谈了日常生活之谜或是广告,我还从共同性方面谈到了主体,因为从我的第一部随笔集《写作的零度》起,我所一直关注的,就是文化对象的意指问题,显然我更为关注文学这种特殊文化对象。最初,我曾把这种研究用于意指方面,当然是采用了语言文化的方法,但是直到为《神话集》(*Mythologies*)一书写后记之前,我一直没有意识到二级意指可以成为一种科学的研究对象,而这种科学本身也源于语言学,源于一种真正的方法学探索。

从那时开始,我想我注意到,有可能对文化对象的意指问题进行带有明确方法的系统思考。对于这一点,多亏了关于意指的科学,它已经存在,那就是语言学。于是,至少是在设想上,我便从意义角度开始对一定数量的文化对象进行系统研究,我首先是从服饰起步的。

至于这样的一种研究,在当代人文科学整体中的地位,您想必也知道,在这种个人计划(这一计划的构想,是在语言学对许多研究者来说尚未变成权威模式的时候出现的)实施的同时,多亏了一定数量的学者所做的无论是联合的还是独立的努力,表现出了对语言学的兴趣,出现了语言学方法在应用领域方面的扩展,这当中首先要提到的是克洛德·列维-斯特劳斯。因此,这本书,应属于一部分人文科学

声音的种子

在与语言学接触之后的新成果之列。

您的书一开始,就让读者遇到了多个属于言语活动方面的基础性断言:"人的言语活动不仅是意义的模式,而且也是意义的基础",或者"真正的理由要求,人们要从构成性言语过渡到言语所构成的真实",或者还有,要言语成为"任何意蕴秩序的必然替代"等。这些论题,其意义似乎是很大的,但却并不直白易懂,是否有必要对其进行一下介绍呢?

首先,对这些做并非重要的解释,涉及书的成书过程:最初,我构想的是对女性在街上或在家中穿着的真实服饰的研究,于是,我便对这种确实是真实的服饰应用了一种分析方法,为的是了解它是怎样有所意味的。因为我们知道,实际上,服饰并不仅仅是用来自我保护、自我美化的,它也被用以沟通信息,因此在这一点上,它明显地具有一种言语活动,原则上,它应该适用于一种语言学分析,尽管这种素材并非是一种分节性言语活动①。后来,随着我克服了属于意义本身技术性的某些真实困难,我逐渐地意识到,服饰的言语活动的确存在,但确实是非常笼统的。这种言语活动勉强地包含着几项内容,而且,尽管服饰的形式明显地多种多样,但其能指仍然是非常贫瘠的。② 真实服饰的编码存在着,但实际上,这种编码与为汽车司机们建立的有关公路意指的编码比起来,既不更为丰富,也说不上更让人感兴趣。

真实编码的这种贫瘠和不足,是与我们知道的从集体展示中获得的丰富性、与意义在社会内部的繁复性、与服饰世界的真实重要性是

---

① 分节性言语活动:语言学和符号学术语。根据法国语言学家马丁内(Martinet A., 1908—1999)的理论,自然语言是一种分节发出声音和展示意义的机制,这种机制包含两个层次,一个是位于语素层即带有意义的符号层,另一个是位于语音层充当语构成要素但不具备意义的音位层,因此,自然语言具有"双重分节"的结构。——译注

② 根据索绪尔语言学理论,"形式"指的是"内在结构",与内容有关;"能指"是外在呈现。所以,在这里,巴尔特将两者对立了起来。——译注

相矛盾的。正是非常贫瘠的真实编码与非常丰富的世界之间的这种距离，导致我改变了主意，并让我意识到，服饰只有在其被人类言语活动所承载的情况下，才真正有所意味。我们有多种方式来谈论服饰，这不仅仅因为服饰是一种谈话对象，尤其是因为它还是一种广告对象、评论对象和商品目录对象。在任何时刻，分节性言语活动都会向服饰之中进行渗透，而在没有言语活动就没有思想和没有内在性的情况下，这种渗透更多：思考服饰，这已经是向服饰之中渗透言语活动了。因此，在一种被说出的和被写出的分节言语活动之外去思考一种文化对象，是不可能的，因为这种文化对象就沐浴在这种分节言语活动之中。于是，语言学便不再像是关于意指的总体科学的一部分：必须改变打算，语言学就是有关意指的总体科学，这种科学根据人类语言所遇到的各种对象而分别属于多种特殊的符号学。

在您的书中，您把风格说成是个人的，把写作说成是集体的，而且，您所分析的是有关服饰的写作。但是，这样一来，在服饰杂志的那些匿名文章中，是谁在说话呢？我们能否说是社会在谈论有关服饰的写作呢？

可以说，是整个社会在谈服饰语言的形式，并且，只有很少的人去谈内容。有关术语和谈论服饰的言语活动所赖以产生的各种关系的总体编码，是由社会所产生的，而在其是形式的情况下，这种编码几乎具有普遍性特征。是整个社会在建立关于服饰的语言。但是，当然，如果您用语言来陈述一些特殊内容的话，您就限制了讯息的传递，而且实际上，我们完全可以说，只有社会上的一组人例如服饰生产商或杂志的编辑们，<u>才</u>说这种关于服饰的一般语言，并用特殊内容来填充这种语言。可是，我没有研究过内容，我一直进行着一种完全是形式的分析。我根据"语言"的本意研究服饰的语言，也就是说，这种语言就像是抽象的系统，完全就像是我们在一种语言中研究名词、形容词、动词、冠词、从句等那样，而不考虑全部的特殊句子。我没有研究某一种服饰，而是研究了作为纯粹形式之关系系统的<u>整体服饰</u>。

面对这些结构的和形式的分析，读者可能会有这样的印象，即在更带有倾向性和说教意味的《神话集》之后，罗兰·巴尔特作品中有某种东西丢掉了，那么，您该做何回答呢？

首先，没有任何东西最终地失去了：对于一种生命的整体研究工作不会停止，而且我们知道，为了在一种著述中实现某种整体性，必须接受把这种整体性变成相续的时刻，而这些时刻通常都像是自相矛盾的，但是不管怎样，它们恰恰像是在自我消失和自我放弃。在我生命的这个时候，我就需要以某种彻底的方式把一种系统的和完全是形式论的计划坚持到底。这恰恰是因为我过去享有一心发掘内容所带来的太多的方便性。① 但是，我的计划又向前迈进了，现在，我将过渡到另一种事物方面。

其次，我也想说，对于世界的攻取，在一种形式研究工作中，与在像《神话集》中那样的研究工作相比，当然是更不直接的。但是，我们可以攻取世界，也可以在多个层面上攻取我们每一天的世界的异化：《时尚系统》也包含着对服饰的伦理断言，其与在《神话集》中是一样的，那就是有一种弊病，一种与不坦率承认自己是符号系统的那些符号系统相关的社会的和意识形态的弊病。资产阶级社会不承认文化是一种无动机的意指系统，而总是提供一些似乎被自然和理性所验证过的一些符号。正是在这种意义上，《神话集》和

---

① 这句话道出了他在写作《时尚系统》时，已经步入了新的研究方法之中。《神话集》一书，主要探讨的是从"外延"符号即"一级符号"到"内涵"符号即"二级符号"的过程，基本上没有离开内容。而《时尚系统》则是通过内容探讨支撑内容的"内在形式"即"结构系统"，从而带来了与前者不同的结果，当然也更困难些。而这后一种方法则为格雷马斯开启的"巴黎符号学学派"的研究工作开了先河，所以，罗兰·巴尔特也被称为后一学派的"先驱者之一"。——译注

围绕一首科学长诗进行的谈话

《时尚系统》两书中对一种对象有着相同的阐述——在这一点上，确实，这种对象相比更能激起集体情绪的政治事件或社会现象就逊色多了。

确切地说，人们无法避免在这本书（服饰杂志上的文章）与所使用的方法之间出现不对称的情感。符号学，为了严谨，必须只用于无意蕴的、无关紧要的或微不足道的对象吗？

当然不是！我偶然也会首先说，我想进行的是一种方法展示。因此，对象并不重要。对象越是微小、无用，那就越容易获得它，并越容易显示它只是其载体的那种方法。其次，在更深的层次上，我要说，人们也可以把《时尚系统》看作是一种诗学计划，它恰恰在于以微小或很少一点东西来构成一种智力对象，在于在读者的眼皮底下随着阅读而制造出一种智力对象，而这种对象会逐渐地在其复杂性和全部关系中显示出来。这样一来，我们可以说（在此书成功的情况下，那再理想不过）：起初，没有什么，时尚服饰并不存在，这是一种毫无用处的东西，是分析使这种东西得以构成。正是在这一点上，我们可以说，这是一种诗学计划，也就是说，是在制作一种对象。在这里，我们有可能遇到一些有关某种虚无的哲学、有关需要对世界之虚无的兴趣进行研究的可贵先例。这不仅仅因为有关空虚或有关结构之分散的论题在当前的思想中有多么重要，而且也涉及服饰方面，因为像马拉美那样的人恰恰已经做了我本想做的事情。他所主编和参与写作的《最后时尚》（*La Dernière Mode*）杂志，实际上，是以他的方式对微小论题即马拉美所称的小玩意的一种富有激情的变化说法。

如果我们相信对意指有着一种历史激情，如果意义确实有着人类学方面的重要性的话——而这可不是一种微小的对象——那么，对于意义的这种激情就依据与微小非常接近的诸多对象而模范地确立了。这种情况，一方面，应该属于削弱在表面上显得重要的那些对象的重大批评运动；另一方面，应该属于表明人如何以微小来创造意义的一种运动。我就多多少少是根据这种观点来安排我的研究工作甚至来考虑我的研究成果的。

《七天》(*Sept Jours*)杂志，1967年8月8日，洛朗·科隆布尔格（Laurent Colombourg）整理

关于《S/Z》和《符号帝国》[①]

1970 年 5 月 20 日

"从总体上讲,文本就像一个既平整又深邃的天空,它平滑、无边。就像预言家在天空中用棍子的一头画出一个虚构的长方形并根据某些原则来揣摩鸟的飞行那样,评论者沿着文本画出一些阅读区域,为的是观察意义的移动、编码的显露、引文的过渡。"

《S/Z》就是可比之于天空的一本书(布朗肖说得极好,在儒贝尔[②]和马拉美看来,天空就具体地表现为有关书籍、有关所有书籍从一本向另一本过渡的观念)。它能够确认,相比叙事文本或诗歌来说,智力话语在今天更为肯定地占据着那些有违规范和出奇不俗的重大作品的地位(如果这种地位有必要被占据的话),因为那些作品都以其评论的粗暴表现突出显示着西方话语的历史。

在此,我只想点出有关对话的常规所禁止的东西。罗兰·巴尔特最近的两本书——《S/Z》和《符号帝国》(*L'Empire des signes*)——在自《写作的零度》出版以来(到现在 17 年了)的这种开放性创作中,都为按照符号科学要求所反思过的有关文学的激情的各种反常情况,提供了有关写作与思考的、带有全新灵感的、非常好的说明。首先,这是因为评论的重复性活动经历了一个加倍严格与从容的阶段,直至为分析打开了带有一种无限调

[①] 这篇谈话曾于 1971 年被收进《其他人的书》(*Le Livre des autres*),出版社为 L'Herne,并于 1978 年又被收进《其他人的书:谈话集》(*Le Livre des autres. Entretiens*),出版社为 Christian Bourgeois。

[②] 儒贝尔(Joseph Joubert, 1754—1824):法国哲学家。——译注

声音的种子

换性的领域,而这种调换性只有趣味游戏所特有的享乐才能提供。其次,这是因为这种活动在最不起眼的资料关系方式上与传统结合在了一起,而这种传统从乔纳森·斯威夫特[①]到萨德,再到傅立叶,让人对一种无理性可言的理性之狂热与怀恋有了理解:关于乌托邦的话语,在这里被表述为对符号的一种被编码的嗜好的梦幻般要求,也是对所有社会交换的理想消费以及对自恋的一种变化的梦幻般要求,这种自恋又与有关主体、有关作为欲望的象征和首字母缩写形式的名称、有关名称空间的书籍的深层含混性联系在了一起。

这是一种极端的矛盾,巴尔特为了溢美乌托邦的真实,在《S/Z》与《符号帝国》中,在作家的自恋与所写的自恋之间建立的诱人的、恰当的关系的情况下,必然自认为可以支持这种矛盾。

《S/Z》的书名,就像是一种趣味游戏,这个书名表明了您对于巴尔扎克一篇并不出名的中篇小说《萨拉辛》(*Sarrasine*)的解读工作。那么,这个书名代表了什么呢?

首先,我必须说,我开始写作关于《萨拉辛》的书的那一年,即我在高等研究实践学院举办研讨班的那一年(书是在研讨班之后出版的),也许是我研究生涯中最丰富和最快乐的一年。我愉快地感觉到,我当时所攻取的,严格地讲是某种真正全新的东西,也就是说,是从来没有过的东西。为了提出叙事文本的结构分析,长时间以来,我曾想投身于一种细微的分析之中,即一种耐心的、逐步的但却不是彻底的分析,因为关键是无法穷尽所有的意义:就像一种可以反复使用的日历那样,那是一种可以常用的分析。我非常高兴,我因此可以完全地置身于轻松愉快之中,可以进入另一种性质的文本与批评的实质之中,它不同于人们按照习惯评论一本书时所经常遇到的情况——不管这种评论表现得多么新颖。因此,在我看来,《S/Z》首先是研究工作

[①] 乔纳森·斯威夫特(Jonathan Swift, 1667—1745):爱尔兰小说家。——译注

关于《S/Z》和《符号帝国》

和写作方面的一种快乐与享受。

我假设，这种快乐源于这样的一种决定性事实，那就是，这是您第一次得以打破一直存在于作品与对其评论之间的基本上是叫人失望的谨慎态度，而且是毫无保留地让文本进入您的解读所构成的解释之中。但是，为什么是《萨拉辛》呢？三年前，在第一次采访您时，您曾经说过是试图根据《O侯爵夫人》[1]来开始您的研究工作的。

这一选择有多重偶然性，尽管在涉及阉割的一部中篇小说时，对无意识的决定作用装聋作哑是很困难的。不过，我当时需要一篇从一开始就是用法语写成的作品，为的是增多我的解读机会，加深我对内涵的把握，尤其是加深在风格上的了解。尽管我现在在拉巴特（Rabat）对埃德加·爱伦·坡（Edgar Allan Poe）的一部短篇小说做着相似的研究，但确实，那是波德莱尔翻译过来的。另外，我在巴尔的摩（Baltimore）时，曾用相同的方法研究过福楼拜的《淳朴的心》（*Un coeur simple*）的前三页。随后，我停了下来，因为我认为那样做有点枯燥，没有一点我在巴尔扎克作品中发现的那种象征性荒诞内容。

不管怎样，我认为选择的任意性只能随着动机的强化而变化。

绝对是这样，而且，不应该觉得有什么不妥。

不过，您的做法让人相信，选择似乎就只限于一种古典文本。

实际上，我并不确信我可以一步一步地去评论一个现代文本，这有两个结构方面的原因。第一个原因是，渐进分析（我称之为<u>一步一步的评论</u>）要求有一种强制性的从前到后的解读顺序，简言之，就是

---

[1]《O侯爵夫人》（*La Marquise d'O*）：德国作家克莱斯特（Heinrich von Kleist, 1777—1811）1808年发表的中篇小说。——译注

声音的种子

作为支柱的文本的某种不可逆性。然而，只有古典文本是不可逆的。第二个原因是，现代的文本由于都旨在对意义进行某种解构，所以并不具备联想意义、内涵意义。当然，在使现代文本"爆炸开来"的情况下，也可以对其进行谈论：德里达、普莱内（Pleynet）、茱莉亚·克里斯蒂娃都在阿尔托（Artaud）、洛特雷阿蒙、索莱尔斯（Sollers）的作品中这样做了。但是，我敢这么说，只有古典文本可以解读、可以浏览、可以品味。解读方法制约对文本的选择，这是批评的多元性特点之一。

在您决定采用一种严格的渐进分析的时候，您实际上引爆了您自己以论战性词语对于结构分析所提出的问题："从哪儿开始呢？"[1] 那么，您是如何证明您对文本的切分是正确的呢？

这种依随中篇小说进行的渐进分析，切分了能指，即切分了实际文本，它跟随着文本，就像文本自己接续的情况那样。每一个解读单位——或词汇单位——大体上对应于一个句子，有时比句子大一些，有时比句子小一些。在能指不对其自身构成问题的情况下，切分可以是任意的、纯粹经验性的，而不关系到理论。实际上，阅读巴尔扎克的作品，我们就会置身于一种关于所指的文学之中，这种文学具有一种意义或多种意义，因此它可以让我们在考虑所指的情况下去切分能指。切分的基本功能是找出一些单位，而借助这些单位，就会出现一些理性的意义：一个、二个、三个、四个。因为，如果我们通过段落来切分，我们就会失去一些分节情况，而我们最终还要将这些分节情况重新放入这些单位之中，这样一来，每一次都会有太多的意义出现。

在这本书的构成中，有一种东西在这一点上引人注意：在把分析做这样的切分、将其截成这样一系列非常短小的段落（从 1 到 561），以便在这些段落的出现之中去记录所有意义的时候，您得以保护了您

---

[1] Poétique, n°1, Seuil, 1970.

关于《S/Z》和《符号帝国》

的理论介入（从 I 到 XCIII），这些介入构成了您书籍中最为丰富、最为缜密的部分，它们似乎总是出现在对文本进行评论的时候，这样一来便把这种批评方法纳入一种故事性的结构之中了，而这种结构又会成倍地增加对象的结构。

在这一点上，我服从于一种冲动，它说明了我在写作这本书时所获得的惬意。这就满足了一种惰性，满足了一种厌弃，满足了一种宽容，我现在大概在一种短暂的纯粹个人的方面感受到了对于论述、对于解释的论述形式有了这种宽容。我不再可能也没有兴趣去写作一个受制于某些事物的力量而屈从于或多或少属于修辞学的文本，或者或多或少属于三段论的文本。有些事物是非常美、非常必要的，甚至在当前也是如此。我自己大概以后也还会回到这些事物方面，但是今天，我只打算拆毁、破坏、分解论述性话语，以得到一种不连续话语。

在我看来，这似乎已经是列维－斯特劳斯对其《神话学》所做的事情，也是克莱芒丝·拉莫努①在对赫拉克利特②一些片段的评论中所做的事情，他们都是根据不同的对象做着相当不同的重复性工作。

因为，这是一种相同的活动，而且除了您刚才列举的姓名之外，我们还可以很容易地加上拉康、德里达、茱莉亚·克里斯蒂娃，还有以其理论著述出现的索莱尔斯。在一些人那里，例如列维－斯特劳斯，那是对话语的一种全新的布局，这种布局在于尽力超越论述的单调性，而趋向一种复调布局；在另一些人那里，例如拉康，他破除了迫使任何"智力"文本不得有文采、各种表达方式不得有突然变化的陈旧禁令：在法国，不曾有过像尼采那样敢于在行文中文采飞扬、起伏跌宕的人。这正是我的计划之一，那就是探讨对于智力文本、对于有关科学写作的分析（比如我对《萨拉辛》的叙述所做的工作）。

---
① 克莱芒丝·拉莫努（Clémence Ramnoux, 1905—1997）：法国哲学史家。——译注
② 赫拉克利特（Héraclite, 公元前 535—前 475）：古希腊哲学家。——译注

声音的种子

我还要补充一点：在把文本分解的同时，我原本想我可能会在这种不连续的研究工作中失去对重要结构的把握，就像有人对一本书制订非常富有智力的计划时会出现的那样。然而，这种分解过程并没有对我造成任何妨碍，而且，我感受到，对文本的结构化过程在出色地进行着，即便离开修辞学模式的时候也是如此，这种结构化非常适合，我们甚至可以予以构想。这些分析的收获之一，恰恰是我可以谈论文本，而不需要为其制订计划，并且从未感受到有去做的必要。因此，实际上，在这项研究工作中，除了我的解读外，没有别的什么结构，进行一种解读就像是进行结构化。简言之，我彻底地放弃了所谓批评性话语，而进入了一种解读性话语，即一种解读性写作。

在我看来，似乎您用下面的话做了概括："实际上，不在于显现一种结构，而是尽可能地产生一种结构化。"

我不是唯一将结构与结构化进行对立的人。这种对立在历史游戏中属于文学符号学。实际上，这关系到要超越初期符号学的静态，因为初期的符号学恰恰在于在一个文本中尽力找出结构、结构产品、对象空间，以便发现茱莉亚·克里斯蒂娃所说的那种能产性，也就是说对于言语活动的无限变化进行研究、利用和衔接。这就需要准确地评估文本的封闭程度。传统的文本是封闭的，但却是局部封闭的，而我想借助于与这种假设相适应的一种方法来理解文本是如何——即便是以某种有限的方式——进入言语活动的无限能产性之中的。

不过，我担心这种超越性的操作不被看作是当前话语的必要方式，也担心读者在实际上会扭转这一活动，而以使人放心的文本解释为借口来接受这种方式。

我在想，您通过"一切都在意味"这种有争议的说法表明，您所考虑的，就是这种无限的能产性，而这种说法自相矛盾的要求，通常会在被分析的文本与您的评论之间导致一些冗余效果。

关于《S/Z》和《符号帝国》

这种表述方式很想绕过某种疑难、某种不可能性，那就是，如果并不是一切都在意味，那么在一个文本中就可能有无意蕴的东西。这么一来，无意蕴的东西的本质是什么呢？属于自然性吗？属于无用吗？我敢说，这都不是科学观念，这就向我提出了一个非常重要的理论问题，甚至可以说是无解的问题。

不过，文本也有可能在某些时刻（也许不像您所感觉的那么多），其陈述的文字性即外延在某种程度上足以穷尽其意义。这样一来，我们就会注意到，即便是在这个层面上，也至少有一种附带意义，那便是：请您从文字上解读我吧。于是，外延的力量便排除了语义的另外脱离。说"一切都在意味"，即是指出，如果一个句子在解释层面上缺乏意义，那么，这个句子就是在语言本身的层面上有所意味。因此，"一切都在意味"指的是这样一种简单的却是基本的思想，即文本完全地渗透着、包含着意指活动，亦即文本在各个部分都被淹没在某种无限的相互意义之中，而这种相互意义在语言与世界之间铺展着。①

为了更好地评价这些断言为解释和分析所包含的内容，您可以明确地解释一下在您看来主导《萨拉辛》中意义产生的那五个编码吗？

实际上，我区分出了五大语义领域或编码。我承认我并不知道这种切分是否具有某种理论的稳定性。对于这一点，似乎还应该在其他文本上进行相似的试验。

1. 叙述动作编码（或布局编码，这是从亚里士多德修辞学中借用而来的术语）。这种编码可以使我们准确地阅读这部中篇小说，将其看作一个故事、一种情节接续。

2. 真正语义编码。这种编码汇聚或多或少属于性格方面、心理方

---

① 这一段是想说明，当一个句子无内涵意义即"另外脱离"的语义，而其外延（即字面意义）足以说明这个句子的时候，就需要从组成这个句子的语言（这里的"语言"是索绪尔结构语言学的概念，指文字所呈现的"形式"系统）的各个部分间相互给予的意义层面来理解"一切都在意味"这句话。文中"意指活动"（signifiance）的概念，见前面的注释。——译注

面和因情绪而引起的气氛方面的所指。这便是通常意义的一些内涵。例如，当一个人物肖像明显地旨在传递"他激动了"这一讯息，但"激动"这个词却没有说出的时候，激动就变成了肖像的所指。

3. 文化编码。是在非常广泛的意义上来理解的，也就是说，话语所依靠的是对一个时代的全部参照和知识总体。比如心理学知识、社会逻辑学知识、医学知识等。这些编码通常是强有力的，在巴尔扎克的作品里更是如此。

4. 阐释学编码。这种编码包含建立一种难解之谜和发现这种难解之谜所安排的真实。

从总的方面来讲，就是主导建立在侦探模式基础上的所有情节的编码。

5. 象征领域编码。就像人们所知道的那样，这种编码的逻辑完全有别于推理或经验逻辑。

它的逻辑，借助一些无时间性特征、替代特征、可逆性特征，从而被确定为梦幻逻辑。

似乎您曾经想表示这些不同编码之间的关系，而又不在它们之间建立真正的等级，但是象征编码却似乎是优先被考虑的对象，因为这种编码既在书名——指向阉割的缩写字母《S/Z》——之中，也在解释的风格诱惑性之中。您自己也这样说："有描述这种编码的某种乐趣，就像是在显示对象征系统的重视那样。"

实际上，我曾尝试在这些不同的方面维持某种不确定的等级或者至少是某种浮动的等级，而我们则可以根据这些等级来阅读文本。但是，这种等级就像是依据其自身重建起来似的，哪怕在古典文本恰恰为这些编码分出等级的情况下，这种重建也首先是借助结构的区分过程来进行的。阐释学编码和叙述动作编码似乎主导了其他编码，因为故事的"线索"就依赖于这两种编码。由于它们的逻辑性基本上是不可逆的，必须服从于时间逻辑性编码的压力，而这种编码则构成了作

关于《S/Z》和《符号帝国》

为可读性叙事文的古典叙事文所特有的决定因素。反过来,其他编码是可逆的,并关系到一种不同的逻辑:它们是由一些微小的意义构成的,而整个文本都布满了这种微小意义。就这样,我一点一点地接近纯粹能指的一种顺序,而这种顺序在文化和心理学所指层面上仍然是非常异化的,但是,在象征领域的层面上,这种顺序却带有这些词语的极高可逆性、非-逻辑性,即其自身带有使文本爆炸的能量,一种能力的新的逻辑,而这种逻辑的现代性正在构成其利益所在。

另一方面,可以肯定的是,如果我努力在这些编码之间保持相等的平衡,以便突出文本的语义多元性,那么,仍然会显示出象征领域编码的一种优越性。这种优越性基本上可以用两种原因来说明。

1. 这部中篇小说的内容,讲的是一个主体与一位受过阉割的人之间的争论,从文字本身来讲,这个内容属于一下子就占据了整个争论的象征:难道阉割条件即偶然条件就不继续求助于作为十足的象征主题的阉割吗?

2. 我认为,在今天,象征性解读或精神分析学上的解读毫无疑问地对我们是有诱惑力的,因为这些解读明显具有一种俘获价值。正是我们的身体自身在这里首先提出了象征。

我在想,这种优先性是否并不显示象征编码,实际上就是其他编码所赖以排序的那种编码,而在其他编码掩饰这种编码的情况下,这种编码是否就是验证其他编码的编码。您在书中倒数第二部分以"对照""金子"和"身体"为名称综合地描述了象征领域的"三种入口"即言语活动、经济和精神分析,这一部分在评述结尾时实际上构成了一种解释。难道不预先考虑对这些"入口"进行任何连接(这种连接使用精神分析学、马克思主义和有关言语活动及基础结构和上层建筑的理论之间的理论关系),就能把这种象征编码不看成对象而是看成支持和引起作为动力整体的文本结构化的生产体吗?

在人们把象征领域确定为包含着文本所使用的全部替代的情况

下,您说的是对的。这正是我在有关分析的课堂上做的事情,同时,我在同一领域中汇集了宽泛意义上的象征体系——对照的所有变化、金子的所有变化和身体的所有变化,也把这种领域与其他更为直接地是文化的因此也是更为表面上的所有编码对立起来。象征在带有了这种总体意义之后,便肯定压倒那些小编码,也正像您所说的那样,它会使文本结构化:金子、对照和身体,正是这三种象征之间的特殊关系在确保着文本的动态。

但是,在这种宽阔的象征领域内部,按照我刚才说的宽泛意义,我倾向于把属于身体、性别、阉割等精神分析学的内容指定为"更为真正"属于象征的东西。这便是我在将"象征"一词压缩至您指出的最后解释之中的情况下所做的事情。我说过,可以通过三种"入口"来进入对文本的完全象征体系之中:一种修辞或诗学入口(对照)、一种经济学入口(金子)和一种按照该词局部的和明确的意义来理解的象征入口(身体即精神分析学解读)。在我看来,重要的是平等地看待这三种入口:没有一种入口高于其他、主导其他入口。第三种入口,即精神分析学的象征论入口,比起其他入口来说,可能显得更宽、更重要,我说过其原因。但是,在我看来,入口的平等原则是应该捍卫的关键原则,因为正是这种原则可以让人辨认出意义的多元性和一个不同的故事在文本上的持续发展:马克思、弗洛伊德甚至有时还有亚里士多德,都可以同时谈论这个文本,而每个人都可以说得振振有词。所取论据都是文本中的,在文本中,还有一些或多或少狭窄的门口,但却没有<u>主要的门口</u>,这是一种更为凡俗的而非结构的意象。

关于这种在其狭隘意义上理解的象征编码,我还想强调一点。在不离开术语学的象征层面上,您使用了一种明显是弗洛伊德和拉康的词汇,例如您用了 acting out(表演)或 hystérie de conversion(转化上的歇斯底里)来说明叙述者的朋友把手放在被阉割人身上时的举动,您还补充说:"他的触摸动作恰恰是能指在象征的临界之处对真实的侵入,这是一种精神病行为。"但是,您另外还写道:"我在

关于《S/Z》和《符号帝国》

此以精神病名称所标志的,并不属于一种精神分析学知识。"因此,您的整个分析都在连续地表明一种诱惑和退缩,且趋向于精神分析学的解释。

在《论拉辛》一书中,我已经使用了精神分析学方面的言语活动,将其当作是某种**共同语言**(koïné),即某种文化经典。在这一点上,我想说的是,一般说来,虽然我并不太喜欢在批评工作中使用"随笔"(essai)一词(随笔就像是搞科学研究的某种伴作审慎的方式),但是,在将其理解为"对于一种对象、一个文本尝试一种言语活动"的情况下,我接受这个词:尝试一种言语活动,就像尝试穿一件衣服。越是贴近,即越是深入,我就越是快乐。我求助于精神分析学的言语活动,一如我求助于任何其他的个人习惯用语,属于出自游戏和引用的考虑,而且我相信大家也都是如此,也都是出自一定的善意。人们从来就不是某种言语活动的占有者。一种言语活动,都只是"被人借用",都只是"相互传递",就像一种疾病或货币。您在《S/Z》中已经看到,与任何道义论相反,我没有"注明我的引文出处"(除了关于让·勒布尔 [Jean Reboul] 的那一条,我感谢他让我知道了这部中篇小说)。我之所以没有注明引文作者(拉康、茱莉亚·克里斯蒂娃、德里达、德勒兹 [Deleuse]、索莱尔斯,还有塞尔 [Serres])——而且我知道他们理解我这样做,是为了指出,在我看来,整个文本从头到尾都是援引性的。我在我的介绍文字中说过这一点,是提醒大家想到中世纪编纂者(compilator)和撰写者(auctor)的角色。

总而言之,并且为了在您据以提出问题的那些术语(它们是言语活动的"真实"术语)中不去回避问题,我对精神分析学的游戏态度有可能包含着一种可能性,或者被这种可能性所支持,那就是在当前就可以探讨的精神分析学的意识形态责任:精神分析学仍然还是针对<u>主体</u>和<u>他者</u>的心理学吗?或者,它是否已经接触到一种无主体言语活动无限变化的游戏了呢?大概,这正是拉康与《原样》(*Tel Quel*)杂志现在争论或将要争论的东西。在我看来,当前,在这两个方向里,

声音的种子

在我尚不能预见所有选择的结果的情况下，可以说，我是在"正当地"迂回表达。由此，在我的研究工作中，产生了一种游戏立场和一种镜像游戏，它们至少倾向于避免独白、避免教条，并且倾向于返回至一种单一的所指。

我不明白，一种更为明确地属于精神分析学的、在意义和非－意义的形成之中谈论某种真实的解释，为什么应该必然地成为独白和反对破释的多元性的原因。

您断言这部中篇小说的价值，就在于其"潜在性"从一开始就占据着所显示文字的整个过程，并以此为这个文本做了理论解析。我在想，您是否在借助这种漂亮而必要的细心处理，但最终并不以恰恰避开文本的某种东西来结束解析，因为这种东西在文本自身的显示与潜在之间建立起了某种关系。在您的分析中，您对朗蒂（Lanty）家族的某些方面给予了一定尊重和重视。这些方面来自在他们府邸中以神秘老头儿形象出现的那位隐蔽的被阉割者，我对此很是惊讶。巴尔扎克尤其指出了马丽亚尼娜（Marianina）和菲利波（Filippo）与他们的母亲即朗蒂夫人的相像之处，而母亲就是被阉割者的侄女，她就像是巴尔扎克的女性模特：妻子、母亲和欲望对象。在我看来，与血统有联系的这种自恋型关系网系，将一种乱伦的和俄狄浦斯情结的参照引入了文本之中（这可以通过下面的句子得到了明证："这个神秘的家族有着拜伦诗歌般的完全诱惑力"。这个句子既像是象征性标示也像是文学参照那样在发挥作用），它有可能在以相对于阉割的中心形式来确定欲望系统时有其重要作用，因为欲望是象征发源地，它支持和确定着文本的生产本身。

俄狄浦斯情结，既像是存在于写作方面也像是存在于主体欲望结构形式的解读方面。我们大体上可以说，对于俄狄浦斯情结的这种沉默，似乎在症候上就表现在您坚持排除作者即陈述活动主体的方式中，在这里，这一主体就是巴尔扎克，他是叙事文本的可以标记的源头，这种源头在文本中既被其特征（即与这种源头有关的一切）也被

关于《S/Z》和《符号帝国》

体现在叙述者那里的重复活动表现了出来。当您说想要在写作之中辨认出"一种衔接方式而不是一种联系方式"——也就是说消除对于源头、对于父亲（就像我们在弗洛伊德作品中、在拉康作品中和最近在居伊·罗索拉托[①]《论象征》中所看到的那样）的任何参照的时候，就已经点出了这一点。我不明白，这两种为什么可能会是对立的或排斥的：难道在象征领域本身将其对立起来就不会有损于编码的多元性吗？

您的质疑性问题证实了您在某种程度上是列维-斯特劳斯的一位认真读者，因为他在您显然不可能不知道的一封个人信件中让我知道了一种令人惊讶和信服的演示过程，在这种演示过程中，他恰好重建了《萨拉辛》中的乱伦情况。不过，他的演示过程是列维-斯特劳斯式的，而不是弗洛伊德式的。此外，在对俄狄浦斯情结方面的贡献上，您能确信，这后一位的拉康就像您所认为的那样占据着决定性地位吗？

关于作者，我之所以在我的评论中排除了巴尔扎克（顺便说一下，为此就把我的研究工作看做"对巴尔扎克的一种阅读"是错误的：因为这是一种对于阅读的解读），是因为我相信"彻底地"谈论一个文本而又不去确定它是重要的。此外，即便保留这种限定，它也只会是诸多评论编码中的一种。在我的研究工作中，我甚至开始对巴尔扎克的生活和其作品的所有可能的参照都进行了编码，将这些参照当作大学教学编码，特别是当作文化编码的单位：文学史家和文学心理学家会对此比对我的沉默更感兴趣吗？我在作者方面所拒绝的，是有关一种所有权的场所，是延续、承袭和遵循法则。但是，如果有一天需要放开限定而考虑一种复合文本、一种衔接机制的话，那就要重新理解作者，并将其当做是纸上的人名，将其看作只以登记的名义出现在他的文本之中（在这一点上，我列举了普鲁斯特和让·日奈）。我

[①] 居伊·罗索拉托（Guy Rosolato，1924—2012）：法国精神分析学家，《论象征》(*Essais sur le symbolique*) 是其 1969 年在加里玛出版社（Gallimard）出版的书。——译注

甚至要说，我希望会有这种情况出现。我很愿意有一天能写一部传记。

这种明确的躲避限定的愿望，在评论的语言本身中产生了强烈的反响。实际上，根据求助于您已经谈论的这种列举情况，有关概念的某种持续游戏已经出现了，就好像一个概念在其不被立即破坏、立即模糊的情况下，可以说就不会被引入文本的推进与闪耀之中。

如果您说的是真的话，那么，我就已经处在我所希望的写作之中了。因为，对我来说，根本不能接受的东西，是唯科学论，也就是说，是自认为是科学的那种科学话语，但这种话语却是以话语自居的一种审查。只有一种方式可以辩证地看待研究工作，那便是，尽可能严格地接受写作，并进入写作的活动之中。概念的浮动不需要由有能力的读者的共同接受来批准。这种浮动被作者、被其个人习惯语所持有，只需要那些概念在话语的内部与之间配合恰当即可，以便使另一个文本即原有文本，亦即人们据以写作的以原样出现的对象，只是被言语活动从侧面所触及，而不是从正面被探究。

在这样的条件下，您认为这种类型的分析具有一种方法学的模式价值吗？能够带来一些可能的应用吗？

我不认为——也不希望——我的研究工作具有可以应用到其他文本的一种科学模式价值。或者，这种方法的各种变形可以被认为是丰富的。这种评论，可能在一个更小的层面上——不是在方法学层面而是在教学层面上——具有某种前途。例如，它有可能临时地为有关文学的教学提供（我说是临时地，因为没有任何说法要求应该继续"教授文学"）——不是提供一种模式，而是提供一种——可能性，即放开解释、使解释进入阅读空间，在教学中为象征赋予一种具有完整权利的可能性。

关于《S/Z》和《符号帝国》

一部只有 30 页的中篇小说向其自身要求获得一种 220 页的评论,从这一刻起,我们该怎样去构想这种可能性呢?

这恰恰是我要研究的一个问题:如何从一部只有 30 页的中篇小说过渡到一部具有正常厚度的小说呢?

您不认为,这种扩展几乎从其自身就会返回到一种宽泛的、综合性的编码过程中吗?

我认为会的。我几乎要从总体上制订小说计划,以便避免不堪入目的重复。因为,在很大篇幅上,像在任何语言中那样,编码、符号都是在重复着——这在《萨拉辛》中已经看到:赘言很多,而这很快就让人感到厌倦。在我看来,这不是一个理论问题,而是一个布局问题。如何来展开陈述这种分析呢?

不管怎样,小说也好,短的中篇也好,如果想继续进行这种分析,就必须找到一些文本,它们在某种程度上讲既不是呆板的,也不是怪异的,它们在这一方面恰好让人可以解释其对多元性写作的抗拒。可以肯定的是,《萨拉辛》是我遇到的一个非常合适的文本。

您是这样来进行理论化的:"没有什么来证明一种解读,除了其系统性能力和持久性表现。"在评论操作作为文学经验或像您所说的那样作为解读的话语即解读性写作的情况下,这种操作所考虑的,就是为文学价值重新制定等级,能这样来理解吗?

是的,而且不应有任何担心。换个方式来说,中世纪是在重读古代文本即古希腊文本或拉丁文本中度过的。也许,文学现在也将是这样的情况:它是一种可做多种评论的对象,是其他多种言语活动的一种保护地,是一个点,就是这些。谁知道呢?

85

声音的种子

为了以另外一种观点来说明这全部断言,我希望您现在陈述一下《S/Z》这本当代书籍所提供的经验是什么,也可以谈谈《符号帝国》,因为在这本书中,您以更有争议和更为个人的方式探讨了意义的地位这一棘手问题。

这本书,我选定来谈论日本即我的日本,也就是说来谈论我称之为日本的一个符号系统的一本书。

在我看来,对于日本的这种爱似乎保护了另一种更为根本性的爱:对于意义的偏爱。

我认为,我在日本生活的众多特征之中,读出了某种意义规律,在我看来,这种规律有点像是理想的规律。自从我做这项研究以来,我也继续在一些其他的领域对符号、意义、意指进行写作。我自己对符号和意义形成了一种伦理学,这种伦理学在那里得到了表述,这是正常的事情。

您如何来定义这种伦理学呢?

简单地说吧,但这会引起更多的问题,远远超出其所能解决的情况。这是一种有关空虚符号的伦理学,日本提供了一种文明之典范,而在这种文明之中,符号之间的连接是非常细腻、非常成熟的,没有任何东西属于非-符号。但是,这一语义层面由于表现为对能指的极为细腻的处理,所以,它不想说出任何东西,某种程度上就是什么都不说:这一层面不指向任何所指,而特别是不指向任何最后的所指,在我看来,这就表达了一个既是严格的语义上的,也是严格的无神论的世界的乌托邦。我像我们当中许多人一样,拒绝我的文明,直至对其恶心。这本书表达了对一种完全变异的绝对要求,因为这种变异在我看来是必需的,唯有它可以引发象征体系——我们的象征体系——

关于《S/Z》和《符号帝国》

的裂痕。

有一种矛盾现象，它让您在一种社会里可以辨认出意义与非-意义的一种和谐相处的、理想的和极端自由主义的形象，而这种社会的经济现实和意识形态价值则构成了与我们自己社会的整体一样是压迫性的一种整体。您如何解释这种现象呢？

日本提供了一种有关封建性的非常特别的形象，这种封建性在不到一个世纪的时间里经历了非常特殊的经济发展。封建性在伦理方面的表现在这个非常技术化——而非真正地美国化——的社会里，维持着一种价值体系，即一种生活艺术，这种体系历史地讲是相当脆弱的，因此必须另外将其归于根本就没有一神论这一情况。一种几乎完全淹没在能指之中的系统，也在对所指的退缩方面起作用，而这，正是我尝试在日常生活的基本层面（既包含食物，也包含居住，还包含化妆和祝词系统）上想说明的东西。对能指即象征系统的这种加工，尽管属于一种资本主义类型的使用制度，但却表明了一种文明之所以成功的原因，并且在这一点上，它也表明了我们西方社会的一种局部的但却是无可争辩的优越性，因为在我们的社会里，对能指的解放两千多年以来受阻于一神论神学和其各种实体（"科学""人类"）的形成与发展。

于是，在对《萨拉辛》的评论中，我便实施了以另外的方式来兑现的一种要求：对于各个层面尝试某种多元化的分析，也就是说，在各种有区别的限定之间去想象某种独立的辩证法。当一种历史要求在马克思主义理论层面本身出现的时候，我曾认为就可以在很短的尝试时间里把我定位在一个层面上，也就是说，它直接就是某种生活片段，而这种片段显然不应该被放入传统上被称为上层建筑的形象中（但是，您知道，有关上与下的形象让我为难）。

最后，我想说，这种尝试出现在我生命中的某一时刻，而在这种时刻中，我感觉必须完全地进入能指之中，也就是说，我必须脱离作

声音的种子

为所指，作为几乎返回所指、返回神学、返回一神论和法律的意识的形态时段。这本书有点像是一种进入——不是进入小说，而是进入故事性之中，也就是说，进入能指之中和所指的退缩之中，尽管从其政治本质上讲，这种故事性也是很值得高度评价的。

我们在您提及全学联（Zengakuren）的大学生们时，看到了对于这种划分的令人激动的说明，由于这种说明位于书的末尾，所以更有意义：

"最后，符号大胆之极，以至于有时斗争者有节奏地喊出口号，不是行动的原因、主题（斗争所赞同和反对的内容）——就是使传说再次成为某个理由的表达、某种正当权利的保障——而仅仅是这个行动本身（全学联在战斗），这样，行动不再是由语言来梳理、指引、证明和辩解——就像戴着弗里吉亚软帽的马赛女人，似乎就是有一种外在于和高于斗争的神圣性——而是重叠着一种有声的纯粹活动，它仅仅为暴力的体重又增加了一个动作、一块肌肉。"

您从前表述过您的核心关注，并将其说成是对形式、对形式与故事之间的关系、对探讨一种实践的可能性的政治义务。那么，这种分离，难道不是在表明与您从前关注的某种决裂吗？

虽然我在这一点上有了变化，但那只是一种移动，而非一种改弦更张。现在，我不再可能像我从前对《神话集》一书所做的那样，只满足于在形式与意识形态内容之间建立关系了。我不认为这是错误的，但是，那种类型的关系在今天已经为人们所知了：今天，大家都可以揭示一种形式的小资产阶级特征了。现在，必须把努力推向更远，必须试图分裂——不是分裂符号（一边是能指，另一边是所指），而是分裂有关符号的观念本身：这是我称为符号分层（sémioclastie）的一种操作。今天应该分裂的，就是西方话语以现在的样子出现的基础和基本形式。

关于《S/Z》和《符号帝国》

在这种意义上，您借助具体的政治义务来否认对研究的任何限定。

如果停留在这种关系的直接层面上，我们就只能重复，就只能是俗套不断。我们甚至不在知识之中，而是在对知识的重复之中，也就是说在信条之中。我们不能发明，不能移动。我认为，发明应该位于之外。在我们西方，在我们的文化中，在我们的语言和言语活动中，必须与所指进行一场殊死的斗争、一场历史性斗争。这是主导今天谈话的问题。我们可以称之为"对西方的解构"，在该词的几乎是尼采的意义上来说这依据的是一种虚无主义的观点，因为这是作为斗争、作为"一种新的感觉方式""一种新的思维方式"的基本的、不可或缺的、无法避免的一个阶段。

在我看来，这就触及写作与政治的关系的极限了，一如触及写作与科学的极限那样。

在您拒绝任何限定的时候，您让人将马拉美以模糊的"文学"名义所表述的真实理解为对智力话语的矛盾要求：写作，作为欲望的能指，它自己就构成了其自身解放的封闭领域。从逻辑学上讲，它包含着政治词语，没有政治词语就不能自我思考，但却是以乌托邦的名义来思考，而其动作，为了完全地保留，就只能作为"有限的动作"来进行，并且只能与故事维持着纯粹属于问题性的关系，即"要么延迟，要么不为"。

于是，您便将自己封闭在《符号帝国》之中了，即封闭在"符号的办公室"之中了，对此，您准确地说其是"马拉美式的住所"。您是文本的偶像崇拜者，您不接受任何外来的例如马克思或弗洛伊德的知识，因为这种知识会切割文本的"编织"——就像索莱尔斯所倾向于做的那样，它也会对于您的文本产生某种意识形态的压力。

当您在《S/Z》的封底文字中提及（集体）建立关于能指的一种解放性理论时，您强调了"理论"这个词，您认为它适用于这个运动

声音的种子

吗？或者换个说法，排除认识的话语，不可避免地比其他话语更局限于概述阉割举动，而这种举动会把偶像崇拜者置于知识的领域之中，难道这样做不是更容易导致这种情况吗？

我不认为<u>等待</u>即为封闭。请注意，在我们这里，提出终结总会被说成像是一种指责。我们仍在实践对于广阔、开放、整体和重大激情的一种浪漫神学、阿尔卑斯山神学。但是，反-终结并不一定是开放，而更有可能是排除中心。这恰恰是我认为从日本学到的东西：住房，就像日本的住房，在最终能将其腾空，将其家具清除，使其没有了中心、没有了方向、没有了源头的情况下，它是可以令人承受的，甚至是感觉美好的。这种空虚，我在上面称其为"虚无"（对于尼采的一种参照），既是必要的，也是传递性的。在我看来，这就是对我们社会中的意识形态斗争在当下的假设：为时太晚，以至于不能按照古典文本和浪漫文本来把文本看作是偶像。为时<u>已</u>晚，以至于不能像科学论者、实证论者和有时像马克思主义论者那样，用阉割的刀子来切分偶像文本了。为时却<u>还</u>是太早了，以至于不能切割断口，不能割断知识，除非这样做相对于政治真实的东西而言，就像是一种二次阉割，即对于阉割的一种阉割。我们就处在这个阶段，我们应该生活在不可居住之中。就像布莱希特所说的那样，而且您会想到，我们在他身上不能怀疑希望与革命信念的减退：<u>世界就这样前行，可是并不顺利</u>。

《法国文学》（*Les Lettres françaises*），1970 年 5 月 20 日，
雷蒙·贝卢尔（Raymond Bellour）整理

《快报》与罗兰·巴尔特携行致远

1970 年 5 月 31 日

罗兰·巴尔特，54 岁，高等研究实践学院研究部主任，他是公众所不了解的人物之一，但是自从他的第一部著作《写作的零度》出版以来，他在法国和国外知识界已经声名鹊起。在法国，他是符号学或符号科学的首创者，他刚刚出版了阅读起来非常困难的一部论著《S/Z》（色伊出版社）和一本关于日本的读起来较为容易的《符号帝国》（斯基拉出版社）。他使用的语言有时是艰涩难懂的。但是，有必要努力去关注他，而且这种努力不是没有回报的……

您刚刚出版了一部作品，完全是分析巴尔扎克一部不长的中篇小说《萨拉辛》的，为什么选择分析这个文本呢？

因为《萨拉辛》是一个极限文本，巴尔扎克在其中涉入很深，直至一些他也不太懂的领域，但他又没有从智力和道德观念上对这些领域进行理解，尽管这些领域都在他的文字中出现过。

也还因为我曾想为解读——也就是说为这个文本的全部解读——勾画某种形式上的栅网[①]。我所做的，就是一种影片的慢放。我为《萨拉辛》提供了一种慢放的形象。就像一位电影工作者那样，把电影分解为一个个片段，将其放慢展示。

[①] 栅网（grille）：这是罗兰·巴尔特从列维-斯特劳斯那里借用的一个词语，指事物内部的结构关系；文中所说"形式上的栅网"，仍然是索绪尔语言学理论中所说的"内在形式系统"。——译注

声音的种子

为什么您说这是一个极限文本呢?

这部中篇小说的叙述者,并不是巴尔扎克,他宣称:"其实,也许是我臆造了这个故事。"而他在故事中就是这么说的。让我说出它是一个极限文本的,正是对这种异乎寻常的"也许"的关注。

我所试图表明的,是这部中篇小说属于一种高品质的类型,因为在其中,叙事本身自成系统、自成因果,并且作为叙事而自我表征。对于这部中篇小说所能做的概述之一就是,小说的叙述者爱上了一位年轻的女人——德·罗什菲德夫人,他是在一次舞会上认识她的,他掌握着她不知道但她又很想知道的一个秘密,而他又想与这个年轻女人过上一夜。一种默契建立起来了:用一个美丽的故事换取一次夜欢。双赢。

就像在《一千零一夜》中那样。

就像在《一千零一夜》中那样,书中的讲故事同样也是一种交换。为什么要讲故事呢?是为了自我消遣吗?是像17世纪人们所说为了"学习知识"吗?故事反映或表达了马克思主义意义上的一种意识形态吗?在我看来,所有这些在今天都过时了。任何叙事都自认为是一种商品。在《一千零一夜》中,人们以讲一个故事来换取多活一天。而在这本书里,则是换取一夜情爱。

同样,在萨德[①]那里也是如此。在他的小说中,在狂喜的场面与属于玄学的考虑之间,有一种几乎顽固的交换情况,人们通常细心地跳过这种场面。例如,如果阅读《闺房哲学》[②]一书的读者是从一端到另一端地阅读此书,那么,他就是真正地在以一种哲学论文的价值来

[①] 萨德(Marquis de Sade, 1740—1814):法国色情作家,《闺房哲学》(*La Philosophie dans le boudoir*)是其1795年的作品。——译注

[②] 该书全名为《闺房中的哲学或缺德的小学教师们》(*La Philosophie dans le boudoir ou Les Instituteurs immoraux*),副标题为《与年少女孩们的对话》(*Dialogues destinés à des jeunes demoiselles*)。——译注

换取一种狂喜场面了，或者是反过来。

这部中篇小说处于巴尔扎克整个创作中的什么时间呢？

巴尔扎克是在 1850 年去世的，《萨拉辛》发表于 1830 年，因此，相对地讲，是在他整个创作的早期。他自己也将这部中篇小说放在了《巴黎生活场景》(*Scène de la vie parsienne*) 之中。

既然叙事可以成为一种交换对象，您能为我们讲述一下《萨拉辛》吗？

当然可以。其第一部分内容，完完全全发生在法国王朝复辟时期的一个沙龙里，而这部中篇的主题就是批判资产阶级社会。巴尔扎克依据其拥护君主政体的观念，批判投机所获取的金钱和财富新贵们的金钱，而他把这种金钱置于一种象征系统之中，该系统便是无源头的金钱的系统，它未获得过尊严就像贵族因拥有土地而获得的那样。

在第二部分，《萨拉辛》变成了对阉割的叙事。作为这个谜之核心人物的赞比内拉（Zambinella），是一位被阉割之人。他的姓名意味着"小下肢"，或是"小娃娃"，甚至在我看来就意味着"小阴茎"。而那些财富新贵们的无源头的金钱，几乎就是借助炼丹术变来的，因为他们的金钱源于虚无，这恰恰与一无所是的赞比内拉相一致，原因在于他是一个假的女人，是一个被阉割的人。

我绝不想在被阉割之人的空虚与新的巴黎人金钱的空虚之间建立一种紧密的联系，并以此牵强地给出解释。

看得出是的。但是，作为这部中篇小说名称的人物萨拉辛，在叙事中我们了解到他是一位雕刻家，他因喜欢上了赞比内拉并认为他是个女人而遭杀害。您的解释几乎无法符合一般读者的解释，他们就只是阅读巴尔扎克的作品，而且"这样习惯了"。

声音的种子

可是,当我阅读巴尔扎克作品时,我自己就"习惯于"深入,请相信。不管怎样,至少有两个阅读层面。您所说的读者是单纯的读者,他们只是无意地阅读巴尔扎克,只是阅读起来觉得快乐,只是认为故事有趣,便很想读完和知道结局是什么。

这类读者,在时间的展开之中,即从这一页到另一页、从这个月到另一个月、从这一年到另一年的过程中,消费的是趣闻逸事。说真的,他们阅读文本是按照一种古老的逻辑来进行的,因为对于我们西方人来说,这种逻辑,你可以追溯到《伊利亚特》和《奥德赛》,后来大体延续到海明威。

还有一种读者,注重象征论,他深入文本,进入叙事的象征丰富性之中。

这两种读者,在您身上都有所体现吗?

当然,而且这种情况在任何人身上都会有,不可能会有其他情况。但是,既然第二个阅读层面是无意识的,那么,单纯的读者从定义上讲只能对其毫无所知。

与第二个层面的阅读所共存的象征秩序,一如弗洛伊德清楚地指出过的那样,是这样的一种秩序:它不具备相同的时间逻辑性,因此,就像在梦中那样,在前与在后都不存在。它的时间是可逆转的,它是力量、情结和意象的象征外形。相反,单纯读者的时间基本上是不可逆转的。

象征论读者是这样的读者:他分析文本,并从文本中找出意蕴结构。这恰恰可以使他能阐述单纯读者的做法,能理解为什么单纯读者"有那样的习惯"。

换句话说,按照您对于第二种读者的定义,您正在确定的,是批评。

是的，但条件是，读者要开始阅读，他自身要投入到阅读之中。而且，还需要的条件是，批评并非是一种心血来潮的问题，就像其经常呈现的那样。

依您看，何谓批评？

在我看来，就是对于文本的一种破释活动，我在此尤其想到的是人们习惯上称的"新批评"。因为，旧的批评实际上是不破释的，它甚至不提及破释的问题。

整个的"新批评"都可以参照这种观点来定位。马克思主义类型的破释，精神分析学、主题学、存在论类型等的破释，存在于多种风格之中，并且依附于一些不同的意识形态，但目的却总是相同的：尽力把握文本的真正意义，以便发现其结构、其秘密、其本质。

就拿佩因特①的《普鲁斯特传》来比较，您将其置于何种位置呢？是属于旧批评吗？

它不属于批评，而是一种传记。写得很好。

几代高中生都是通过朗松和特吕弗②的文学史教材来接触文学的，您怎么看这种教材呢？

哦！您提出了文学教学方面的问题，这有点不同。

我一直感到惊讶的是，文学史教材的作者们都是两个人合作：朗松和特吕弗的教材，卡泰斯与叙雷的教材，拉加德与米沙尔的教材，

---

① 佩因特（Georges D. Painter，1914—2005）：英国作家，尤其以《普鲁斯特传》（Le Proust）著名。——译注

② 朗松（Lanson）与特吕弗（Truffaut）是中学文学史教材的两位作者，下面提到的卡泰斯（Catex）、叙雷（Surer），拉加德（Lagarde）与米沙尔（Michard），分别是两套大学文学史教材的作者。——译注

声音的种子

就像是同时上电梯一样。他们的选择显然是局部的。他们在制作文学史，也就是说，他们在使文学成为文化的和封闭的对象，这种对象有着内在于自己的历史。一些价值在其中得到了保持，俨然植入我们体制中的一些偶像。

也许，从高中生开始就需要做的事情，是足够多地去撼动关于文学的自身观念，是思考文学是什么，是知道是否可以将疯子的文本、记者的文本等也包括进来。

您把批评看做破释，这种破释有什么用呢？

用于破坏。在我目前还不知道是否有其他事可做的情况下，就是这样。但确实是按照该词的宽泛意义来说的，就像有人谈论抽象神学①那样。

控制论说这是：扰乱。

正是这样。扰乱，颠覆。为了回答您的问题，我认为，批评可以参与一种集体的举动，即集体行为，由我周围的其他人来进行。这种行为的格言非常简单，而且具有无限颠覆能力，那就是尼采的名言："一种新的感觉方式，一种新的思维方式。"

从作为"小阴茎"象征的赞比内拉开始，我们现在就处于重塑社会的时刻了。您不认为您还是有点夸大象征活动的作用吗？

没有夸大，我不认为是夸大了，因为我只是把拉康的思想变成我的思想：并非是人在构成象征系统，而是象征系统在构成人。在人进入世界的时候，他便进入了已经存在的象征系统了。

---

① 抽象神学（théologie négative，亦译为"否定神学"）：是指更强调上帝"不"存在的一种神学研究。——译注

如果人不进入象征系统之中，他便不能成为人。

您是想说，人一出生，他就融合于一种饮食、一种教育、一种社会阶层，也就是说他就承担着已经形成的体制了吗？

还不完全是。一种体制总是在文化层面上得以形成，它涉及编码、程序、一种言语活动。象征系统更为古老、更为基础。

拉康对我们说过，幼儿从6个月起开始在镜子中认出自己的形象，并从此进入象征系统之中。这便是镜像阶段，也就是说，这是幼儿第一次理解他自己的完整身体的时刻。如您所知，幼儿是过早出生的动物：从生理学上讲，他是早产儿。在随后的几个月时间中，他会出现一种运动上和发音上的无能力状态、一种生理上的不协调和无法完成动作的状态。这样一来，对这种在生理方面确定人之根本的状态，当幼儿看到自己的形象在镜子中得到反照的时候，他便以象征的方式去补偿！

而他所感受到的像是分块呈现的身体状态，突然地就向他显示为像是另一个人的形象。就从这一时刻起，主体之间的关系、自我的想象性建构便贯穿了其整个的历程。

那在还没有镜子的古代社会，又会是怎样的呢？

对于拉康来说，他的论证显然具有跨越历史的价值。镜子更可以说是一种譬喻。重要的是，这是幼儿在一种完整的形象中理解了自己的身体。但是，一切都在强化象征系统的重要性，而不只是一位精神分析学家的理论思考。

例如，心身医学已经确定了这样的情况，即哮喘和胃溃疡总是由象征过程的混乱所引起的。心身疾病并不具备足够的象征性。治愈这种病的理想方法，是向其注入象征系统，因此就是使其具有神经官能症。

声音的种子

就是采用神经官能症的治疗方法。您所提到的这种医学,似乎并不多么离奇。

当然,根本不离奇。此外,这也不是我提出的,而是心身医学医生提出的。

神经官能症患者,是这样的患者:其在精神方面的阻滞是由多种旨在去除其所有象征符号的查禁所引起的。他的沉默,就是查禁带来的沉默。心身病患者,与此完全相反。他并不使其身体得到象征性的表现,因为他的身体继续无光泽,因此也就没有反射。他的沉默,是一种空虚的沉默。只有当人们在其身上成功地恢复象征功能的时候,他才会被治愈。而在精神病的情况下,象征功能恰恰是被过分扩大了的。

象征系统的重要性,说到底,就是您在《神话集》一书中开始表明的东西,到现在,已经快四年了。

从局部来说,是的。那些神话起因于一种激情感受。当时,我被报刊、广告——总的说来是被人们称为大众传播的东西所激励。当然,激励和感兴趣同时都有。

我所不同意的,是人们根据某种自然的隐性心理学来介绍事件。就好像人们所说的事件会自然地呈现那样,也好像事件与其意指自然会耦合那样。

为什么?它们不会耦合吗?

不会,我给您举个例子。我想起来了,在我的《神话集》前几篇文章中,有一篇是写度假中的作家的。在那篇文章中,为了把作家神圣化,有人告诉我们,并不是一般人的作家也像工人或雇员那样去度假了。这恰好与把国王或王后介绍为有人性表现、有家庭态度或有夫妻生活的招数完全一样。在此，话语是伪造的，因为人们说他们就像一般人一样，是为了说他们并非与一般人一样。

他们的平庸性肯定和确认了他们的特殊性。我尽力呈现的，正是这样的机制之一。我不仅想重建社会制定意义的过程，而且想指出社会是如何实际地以表面上自然的方式来强化这种意义的。

您也涉猎洗衣粉、导游指南、环法自行车赛的明星、塑料玩具。

是的，我想，我总共写了50篇左右的"神话"。其中有一种主题曾使我非常感兴趣，而且我好长时间都在写它，那就是时尚。现实中的时尚与女性杂志中提供的描述，两者之间有着根本性的区别。

每个人都看到，服饰的意义存在着，而且这种意义是不小的，因为其触及色情、触及社会生活、触及一大堆事物。然而，时尚本身在无传递系统，即无图像、无照片、无样图、无写出的文本甚至无在大街上穿出的衣裙的情况下，是不存在的。而且，既然人们要重构我们了解不多的一种实质的语法，那么，时尚就成了很难把握的东西。

因此，时尚除了作为意指系统外，它不具存在性。

正是这样，不过，它同时也是一种相当贫瘠的意指系统，也就是说，着装的重大区别性指的是诸多情境的区别性，而那些情境的名单上列的项目少得可怜。

可是，这种名单在女性方面是太多了。

这种名单只在杂志上是丰富的，杂志会区分下午5点、晚上8点、中午11点至12点、出席鸡尾酒会、在剧院里等不同时间或场合的服饰。在现实中，不存在下午5点的服饰。从社会学和统计学观点上讲，在我们的国家里，不久前还只有两种着装，即工作日的着装和周末的着装。

那么今天呢？

现在，在我们的社会里，这方面变得复杂起来了，因为恰恰是大众文化把这种意识形态即各种上层建筑混合为一体。大众文化让那些不具备消费产品能力的阶层去消费，而那些阶层通常又只能消费产品的图像。

在不想提出简单要求的情况下，专业杂志中出现的时尚的语义世界，其丰富性和巧妙性是完全不真实的。

可以放弃神话吗？

当然不可以，更不可放弃象征功能。

唯一不形成二级意义的言语活动，是数学，因为数学是完全地被形式化的。一个代数公式不包含任何联想意义。除非是将其放入一块黑板之中而后拍照并将其放入关于爱因斯坦的一篇文章之中。在这种时刻，就会有一种二级意义出现，就会有内涵出现，而公式则意味着："我是科学家，我是数学家。"

在数学之外，有无可能想象一种纯粹的、无内涵的言语活动呢？

不可能，我认为这种想法是一种乌托邦。根据马克思主义的某种观念，神话与一些想象的和单纯的生产活动相关，它与人类的特定阶段联系紧密，而在这个阶段中，人类不懂得也尚不能解决现实中的矛盾。于是，人类便依靠建立故事来解决矛盾，而在故事中，那些矛盾是靠想象来克服的。马克思主义的推理便是，一旦我们通过社会主义科学地解决了这些矛盾，到那时，神话也就消失了。

这个问题很大，而我不想随随便便地谈论它。马克思主义似乎可以很好地设想，一种社会主义社会将可以借助于在我们看来完全是前所未闻的、不可想象的方式来重塑言语活动的地图。但是这样一来，我甚至设想，那还将会延存广义上的一种无法克服的矛盾：死亡的矛盾。而只要有死亡，就会有神话。

在这种条件下，您为什么指责我们社会的这些神话呢？

因为，虽然到处都是符号，而且这种情况又是不可避免的，但我们却又不愿把这些符号当作符号来接受。我对于西方所不满意的，就是西方在制造符号，而同时又拒绝符号。

原因是什么呢？

原因大概是历史方面的，在很大程度上与资产阶级的发展密切关联。显然，资产阶级制定了一种普世的意识形态，而这种意识形态或者得到了"上帝的"担保，或者得到了"本性的"担保，或者最后还获得了"科学的"担保，并且，所有这些借口都像是一些伪装，都像是一些强加给符号的面具。

因此，您的整个意图，在其各种层面上——不论是社会学层面，还是文学批评层面——都是在考虑破解神话。

并不真正地想破解神话，因为我有什么权利来谈论真实呢？但是，不知疲倦地动摇符号的自然性，是这样的！

您知道，这是一种很古老的奋斗，其某些形式现在看显得有点陈旧了，但在18世纪，就有过与中国人的信仰、波斯人的信仰、休伦人①的信仰相比较而使当时的法国人信仰相对化的想法，一些人如伏尔泰就已经这么做过。对于我们西方人来说，既然我们不承认符号就

---

① 休伦人（Huron）：北美印第安人的一支。——译注

是它们所是的任意符号，那么，重大的危险就是因循守旧，就是关闭开向类似说教的那些限制、开向道德法则、开向来自多数人的限制的大门。

与西方相比，您更喜欢东方，而且特别喜欢日本，为什么？

是的，日本让我感兴趣的是一个差不多属于伦理学的古老问题，即我与符号间的各种关系的问题。因为我解读日本，就像是在解读一个文本。

指的是什么呢？

指的是对于日常生活的标记和日常生活中的举动，指的是城市中的细小习俗，指的是通信地址、食物、建立符号的戏剧和作为符号的张贴画，而在我们这里，这些都是建立在表达性基础上的。在我看来，一切都像是一个文本的特征和意外事件。在日本，我处于一种持续的解读之中。

但是，说真的，这些符号并非是写出来的。

它们不是在书中写出来的，但是，它们是写在了生活的绢面上的。那里吸引我的是，从灵巧、雅致方面来看，所有符号系统均具备一种特殊的高超特征，也均具备力量，以便最终成为虚无。它们是虚无的，因为它们并不指向最后的所指，一如在我们这里，这种所指是以上帝、科学、理性、法律等名字来体现的。

您竟然说是虚无的符号。这不太容易理解。

确实如此，我给您举个例子，您马上就会理解，那就是词典的例子。一部词典是由能指构成的，也就是，是由浓墨印刷的醒目单词组成的，而每个单词均带有具备所指价值的一种定义。然而，词典的这些所指、这些定义本身又是由其他单词构成的，以此直至无限。

一部词典是一种非常异样和令人晕眩的对象，它既是被结构的，也是不确定的，它实际上是一部非常重要的范例，因为它是一种无中心的无限结构，原因是介绍内容的字母顺序不涉及任何中心。

换句话说，您对日本感兴趣的，是您可以毫无固定秩序地解读日本，就像人们在翻看一部词典那样。

是的，但在西方，会出现一个时间点。词典，如果您愿意的话，或者可说其是对世界上所有事物的一种总汇表，会停止在上帝这一点上，上帝成了"打开苍天的钥匙"，因为上帝只能是一种所指——他从来就不是一个能指：难道我能接受他可以意味他自己之外的其他事物吗？而在日本，就像我所解读的那样，就没有可以中断符号链的最高所指，就没有"打开苍天的钥匙"，这就可以使符号巧妙和非常自由地得到发展。

所有信奉一神教的文明，最终都必然被拖入一元论的束缚之中，这些文明会在某一时刻使符号游戏停止下来。而这，正是我们文明的结构限制。因此，您会理解，我看重任何摆脱单一中心主义的倾向，而看重面向多元性的一种可能形象的东西的原因。

对于如此诱惑您的日本的一种符号系统做更深入的探讨，是值得的。

没有比这再容易的了。在日本，符号到处都凸显着。不管怎样，其中一种较为显性的符号就是饮食。

但是，一种符号系统是怎样运行的呢？自索绪尔以来，经典的比喻是对国际象棋游戏的比喻：它有着人们在棋盘上移动的一些棋子，

声音的种子

也有着一些移动规则,即有些移动是允许的,有些是禁止的。把这种游戏规则转移到饮食上,那就意味着要从感知特征、感知各个部分来开始。

在日本的饮食中,构成要素是多种多样的:有生吃食物,这种生吃情况在多种菜品中都有,是一种极为常见的特征;有切分食物,一般是切成很小的块;也有带有颜色的食物,一盘日本食物就是一幅绘画。您明白,我一下子就置身于一个非常形式的层面。我没有说过:米饭意味着这个,鱼意味着别的。据此,我们就可以理解系统如何在起作用,系统的各种要素如何连接在一起。

我们也是如此,我们也有生吃食物、熟吃食物、切分食物等。

当然,但是,我们的菜肴的组成部分并不以与日本相同的方式来组合。西方的菜单在组成上和在其消费顺序上非常僵化。

只需走进餐馆,人们就会毫无变化地按照难以撼动的顺序来为您提供头菜、烧烤食物、奶酪、甜食。这是一种属于古典叙事的逻辑 — 时间顺序,无法对其进行改变。这是在《伊利亚特》《奥德赛》《危险的关系》[①]或特鲁瓦亚最近小说中不可逆转的顺序。

而在日本,一种菜肴,便像是罗伯-格里耶的书了。

远比罗伯-格里耶的书更妙。在日本的餐馆中,顾客会拿到一个端盘,上面有饭菜和用来夹取的筷子。筷子是绝妙的夹取饭菜的工具,是不像我们用的叉子那样的取物器、抓物器。就这样,人们夹取米饭、夹取酸泡蔬菜,又回过来夹取米饭,随后,喝一口汤,等等。每一个人都以总是绝对自由的和可逆的方式来构筑自己的饮食话语。

而这样做,非常有利于会话。不像我们这里,用餐中的每一时

[①] 《危险的关系》(*Les Liaisons dangereuses*):法国作家拉克洛(Choderlos de Laclos,1741—1803)1782 年的作品。——译注

刻，都安排主题。就像我们恰如其分地所说的那样，比如工作餐——在工作餐期间，讨论的要点则是闲聊。会话的展开产生于饭菜的可逆的顺序。

从文明角度看，您从日本烹饪对照于我们的烹饪这一现象中得出的推论是什么呢？

自然，不应由此推论出，与一神论或单一中心论相比，日本的饮食是多神论的！但是所有这些符号系统，都越来越属于一种非常大的心理结构。

有一种日本菜肴叫寿喜烧（soukiyaki），在我看来，它完全是可以说明问题的。它是一种没完没了的荤杂烩。每人面前有一只不小的锅，随着吃饭，随时加放上生的东西。在您的身后，站着一位女服务员，我可以说，她既为锅里添加食物，也为大家的聊天助兴。但是，坦率地讲，我不懂日语，而要最为直接地知悉日本人的心理结构，就只能借助于语言。①

因为是语言承载着观念。

换句话说，尤其是因为不能想象有一种符号系统，分节的言语活动不会在某些时刻介入进来。

索绪尔，作为现代语言学的主要奠基人，他曾经认为，语言学是一种更为宽泛的符号科学的一部分。这无疑是起引导作用的一部分，但也仅仅是一部分，因为它的其他分支今后会在符号学名下得到发展。

不过今天，我终于注意到，即便有人探讨分节的言语活动之外的其他符号系统，比如饮食，或者是我们刚才谈到的服饰，人们也还是

---

① 这里所说的"语言"，指的是"自然语言"，即人们用以表达观念的各个语种，在这里就是指"日语"。——译注

声音的种子

能觉察到，这些系统自身也绝对地被言语活动所渗透。

什么是符号学呢？

从规范的意义上讲，是一种研究符号、研究意指的学科。

在您看来，语言学，即关于言语活动的科学，在什么方面是最基础性的呢？

说明这一点，几乎有点俗气，但是在操作层面上，语言学给了我们一些非常确定的概念，这些概念具有一种无可争辩的价值，至少在人文科学研究的现时历史阶段中是这样。在我看来，语言学为我们提供了破释文学文本或某种符号系统的有效手段。

另外，语言学 15 年以来在各方面的发展，使得人们发现了被称为无中心结构的东西。

是什么呢？

请您允许我再回到词典的形象方面来。当前的语言学告诉我们，有一些声音和意义集合体，它们在其之间得到了组织，并因此具有了一些结构特征，而无须指出结构据以得到建构的中心。

结构主义的敌人以嘲笑的口吻说，结构观念一直存在着，他们不明白为什么围绕着这一观念出现了这么多事情。当然，结构主义在一种意义上是古老的：世界是一种结构，各种事物、文明都是结构。人们很久以来就知道这个。不管怎么说，完全新的东西，是感知这种无中心性。从一种古典文化，如我们的文化开始，这是非常难以接受的。

原因是什么呢？

因为我们的语言，在 17 世纪被一小群人赋予了编码之后，就像我们的套餐一样，是非常刚性的，是非常中心论的。

直到里瓦罗尔[①]之前，人们称之为"法兰西语言之精髓"的东西，实际上包含着一种确信，即法语——由于它的主语在谓语之前，谓语在宾语之前——是世界上最好的语言。古典作家都信服，法语具有惊人的、有逻辑的和自然的秩序。正是基于这种信服，法国的语言民族主义得以建立了起来。

现在，没有人这么想了。

大概是的，而且在某些大学教学计划中也是这样的，现在，人们开始研究一些对照性语言，例如汉语和日语，为的是迫使未来的语言学家们清楚地意识到，还存在着与我们的印—欧语言完全无关系的其他一些语言。

在 16 世纪，蒙田还在说"Ce suis-je"，而不是"Je suis cela"[②]，这在当时是完全正当合法的，因为主语是由走向它和它所组成的全部成分构成的。只在最后，主语才真正是它自己，就如同一种产品那样。

似乎，您很看重言语活动的无中心现象，您愿意再对这种现象做些说明吗？

当然愿意。如果我说"我走进了楼里"，我的这句话，虽然很平庸，但它在服从属于法语语法的一些建构规则的意义上，是被结构了的。主语采用的是第一人称的形式，有谓语，有状语，这便是不少的限制。就像在国际象棋游戏中那样，有棋子，也有规则。不过，这个

[①] 里瓦罗尔（Antoine de Rivarol，1753—1801）：法国作家和记者。——译注
[②] 两个句子均为"我是这个"之意，但前一个句子的顺序是"表语＋系动词＋主语"，为古代法语的句法结构顺序，后一个句子的顺序是"主语＋系动词＋表语"，是现代法语的句法结构顺序。——译注

被结构了的句子同时也不是具体事物。它不是具体事物的证据,就是我们可以无限地为其增加成分。

例如,它可以变成这样的句子:"我讨厌登楼梯,由于外面下雨,我便走进了位于贝里街5号的那栋楼里。"在智力活动范围内,按照惯用的说法,借助于依随一种理论上是无限的程序,想到一个句子从来就不是饱和的,想到一个句子是可以催化的,这真是很不错的事情。于是,中心便无限地被移动了。

我不知是哪一位语言学家真切但也很模糊地这样说过:"我们中的每一个人,都只说着唯有死亡才可中断的一句话。"这句话,让人顿生对于整个认识的一种诗意震颤。

这么说来,言语活动就像是一种结合规则,它与游戏概念有某种关系。

是的,是一种结合规则,但条件是,当人们使用这个词时,必须提及它的禁忌,因为相对于某种人文理想来说,这个词带有一点贬义的东西。相反,我完全赞成游戏概念。

我喜欢游戏这个词,有两个原因。一方面因为它让人想到一种真正属于娱乐的活动,另一方面也因为游戏同样是一种仪器的游戏、一种机器的游戏,有可以调整其各个要素的一种完整的自由。

言语活动是一种在制作和运行方面的享受。它依靠对快感的一种精神分析学,同时,依靠主导部件间的运行与调整的一种既是约束也是灵活的动力。我们似乎也可以说,它是一种俗套。

是一种俗套?

是的,我想说的是,它是一种空间,它根据不同的距离和大小来安排思维和情感。如果我说"请进,并关好门",显然,这并不是包含着许多俗套的一个句子。但是,一个文学文本,则真正是俗套性的。

《快报》与罗兰·巴尔特携行致远

比如《萨拉辛》。

当然。巴尔扎克的每一个句子,总是有其意义之大小和意义之范围的,这是无可怀疑的。我们来看他这部中篇小说的一个段落……

或许看一下它的题目《萨拉辛》也就够了。

是的,很好。看上去,这就是一个无意蕴可言的题目,萨拉辛是一个单词,是一种声音。如果展开其所包含的总体意义,如果揭示其整个范围,这本书就立即展开了一个问题:萨拉辛,是什么?是一个普通名词还是一个专有名词[①]?而如果是一个专有名词,那它是一个男人的名字还是一个女人的名字?这些问题,并不是可以马上回答的。

因此,这便是第一种意义。有一个问题是开放的,这个问题本身就已经是很大的了,因为它必须借助于像是给草莓压苗的方法来完备它自己。这个问题随即要破土萌芽,但其枝茎在这部中篇的整个第一部分中暴露在空气之中,直至很晚——当人们准确地知道萨拉辛是一位雕塑家——才会被栽入逻辑时间之内。

在《萨拉辛》中,也有某种属于粗暴的性欲的东西。于是当这部中篇讲述一个撒拉逊人[②]强暴一个女人时,我们就不会感到惊讶了。

的确如此。在法语中,以"e"结尾的单词,多数情况下标志着阴性。因此,在知道萨拉辛(Sarasine)是个男人之前,我们只能把这个男人的阴性表现变得模糊一些。这样做不是没有道理的,因为一种

[①] 专有名词(nom propre),与"普通名词"相对提出,通常指"姓名",也指"地点名词""称谓名词"等。——译注

[②] 撒拉逊人(Sarrasin):欧洲古代对于阿拉伯人的蔑称,这部中篇小说的名称《萨拉辛》(*Sarrasine*),因其以"e"结尾的阴性形式出现的,实际上应该翻译成《撒拉逊女人》。——译注

声音的种子

性欲问题逐步显示在这个叙事的过程中。显然,还有其他可能的展述方式。

您此前曾在写家与作家两个概念之间做了区分。这是怎么回事?

写家是认为言语活动纯粹是一种思维工具的人,他在言语活动中只是看到了一种工具。相反,作家则认为,言语活动是事物被形成和被破坏的一种辩证的场所,在这个场所中,言语活动自身的主观性会被沉没或被破坏。

那么,批评家是一位写家还是一位作家呢?

这要看情况。

您自己是一位作家还是一位写家呢?

我愿意是一位作家。在不考虑任何价值的情况下,我不会对我的写作结果说些什么,但我会在我的写作计划中说话。因为,作家的写作在于风格。

我们在手工艺层面上来谈一下。一位写作社会学文章的社会学家,当其拒绝某种修辞学辞格——例如反衬法——的时候,他就是一位写家。如果您阅读一些社会学家的文本、人口学家的文本、历史学家的文本的话,您就会看到这种情况的展示。这些学者不会像雨果那样把两个互相反衬的词语放在同一个句子中。他们也不会使用相同的隐喻,或者说,不管怎样,如果他们的文字中偶尔出现隐喻,他们就将其当作缺乏明确性、可能偏离真实的东西来接受。

而一位作家,他在我们上面谈到的言语活动的整体之中工作。他不接受透明的、工具性的写作所提供的担保。

《快报》与罗兰·巴尔特携行致远

您说过,是作家或者不是作家,并非风格的问题,也不是语言晦涩的问题。

显然不是,但还是要冒险去做。在我看来,就像有人在语言学方面所说的那样,对于操作文本——也就是说书写文本、加工文本——的人来说,其重要的成功标志之一,是为一个句子引入两个或多个编码,并以此使读者不能在任何情况下决定谁有理或谁无理、是谁或者是什么好于其他,等等。

例如,叙述者知道他所讲故事的秘密,也就是说萨拉辛所钟情的赞比内拉只是一位被阉割者,但在《萨拉辛》这部中篇的前半部分的某处,叙述者拒绝说出他所知道的秘密。面对那位年轻女人提问的谁是实际上的被阉割的老人时,叙述者的回答是"他是……",对于知道小说结尾的人来说,这个省略号就等于单词"被阉割者"。

换句话说,写作最终等于懂得安排一种悬念。

不只是这样,因为有不少平庸作品包含着许多悬念,在大众文学里尤其擅长。

在《萨拉辛》中,巴尔扎克之所以安排了一个省略号来代替"被阉割者",那是因为有两个不好确定的理由。第一个理由属于象征层面的:因为在"被阉割者"一词上有一种禁忌。第二个理由属于操作层面的:在那个地方,如果作者写出了"被阉割者"的话,整个叙事也就结束了。因此,在这个地方有两个层面,一个是象征层面,另一个是操作层面。优秀的叙述者是懂得混合这两个层面的人,而无须人们来决定哪一个层面是真的。作家的写作基本上是依靠不确定性标准的。

您的两种标准,难道不狭窄吗?

111

声音的种子

当然不是。还可以有另外一种解释，我们可以动用其他编码，例如历史编码，尽管在我们所从事工作的情况里是不可能的。不管怎样，在写家那里不出现的东西，至少在作家那里有编码的多元性和不确定性。

最后一个问题。您为分析《萨拉辛》所写的文字，为什么神秘地取名为《S/Z》？

这个书名这样写，是为了让人们为其引入更多可能的意义，而在这种情况下，这个书名代表着一种写书计划，该计划在于说明进行一种多元批评的可能性，这种批评可以让人根据一个经典文本找出多种意义。至于 S 与 Z 之间的斜线，这是来自语言学的一个符号，指的是一个聚合体中的两个术语的交替出现。严格地说，应该读成 S 对立于 Z，就像在语言学专用语中说的那样，与 S 对立的是 Z。

是的，但是，这两个词项之间为什么正好是对立的呢？

因为我很想提供一种字母交织图案，它可以标志巴尔扎克的整个这部中篇。S 是雕塑家萨拉辛的第一个字母，Z 是换上女装的被阉割者赞比内拉的第一个字母。在书中，我说明了如何从象征观点来分析这两个字母，因为根据一种非常巴尔扎克式的有点深奥的考虑，应该考虑 Z 这个字母的魔咒特征，它属于异常的字母、偏斜的字母。

在姓名中，用一个 S 却不是用一个 Z 来写出 Sarrasine，而在法语人名研究中，一般是用一个 Z 来写出 Sarrazin，这一情况是弗洛伊德意义上的典型的笔误，也就是说，它是一种非常小的事件，似乎没有什么重要性，实际上却有着深刻的意蕴。还有，在巴尔扎克（Balzac）这一姓名中，也有 Z 这个字母。

而在巴尔特（Barthes）这一姓名中，则有 S 这个字母。

《快报》与罗兰·巴尔特携行致远

是的,我习惯有人出于某种圈套考虑而丢掉我的家姓(Barthes)结尾处的字母 S。然而,您很清楚,触动一个专有名词,是严重的事情:是损害占有权(我并不在乎),而且也损害完整性——对于这一点,我猜想,没有人是无动于衷的,特别是当人们刚刚阅读过一个阉割的故事之后。

《快报》(*Express*),1970 年 5 月 31 日

罗兰·巴尔特在批评

1971年2月6日

您——罗兰·巴尔特——所进行的文学批评，是想成为一种实验室式的批评。我的理解是，这种批评探讨其对象、探讨文本，但它没有属于审美的、伦理学的或政治方面的意识形态标准，而是依据文本去揭示主导文本的那些规则。我想问您的是，这种方法本身是否就没有意识形态，因为在文本中，它还是要寻找一种或多种意义的。

您问的这个问题，经常有人提出，而我在我周围看到的是，越来越多的研究课题为了意识形态方面的原因而指责这样或那样的文本。但是，这无济于事！意识形态渗透进了社会，直至言语活动之中，但它不享有可以判断外部的任何特权。因此，必须确定所谈论的领域，或者消除话语而缄默无声，就像某些极左派的所为那样。

根据这种实际局面，如果说有一种包括意识形态的话语的话，那就正好是符号学，因为它作为关于符号的一种科学，只能通过对符号——因此也是对其自身的言语活动——的批评来前进。由此，这门科学被启用了，它获得了快速的发展，其勉强得到确定的理论性言语活动也因滥用而受到了损害。

一位女大学生调皮地建议我做一项工作，那就是对符号学的意识形态进行批评。我对她说可以。为什么不可以呢？但是，在这方面唯一有效的研究工作，作为对符号学的符号学批评，只能在符号学的内部来进行。不这样的话，我们就只能反复地说，符号学是没有根据其自身术语而证明其所是的一种意识形态。

以一种意识形态来批评另一种意识形态，我们还是不要搞这种装聋作哑的对话吧！我们就待在符号学里，特别是以有关符号的科学赖以探讨一个文学文本的那种方式待在符号学里——这个文本是提供给阅读的，您称之为一个可读的文本。

我们首先要理解什么是一个可读的文本。我们不得不讲一点历史，即文化史和法语的教学史。直到福楼拜之前，一直有修辞学教学、写作艺术教学。从福楼拜开始，阅读与写作分开了。民主化在向读者的消费提供资产阶级早先产生的文化对象的同时，使得写作艺术消失了。当然，命题作文教学保留了下来，但却像是一种练习课，教师全凭个人兴趣来批改练习，对文本的解释占了上风。学习阅读、学习很好地阅读，有着积极的方面，但也有消极的方面，因为这样一来，在少数的写作人与大多数阅读却不转换其作品上阅读到的东西之间出现了分离。使习惯的文本分析与结构分析相分离的东西，是在寻找主导一个文本和其各种转换的那些编码的同时，可以让我们重写一些文本的东西。

重写同一个文本……就像翻译机根据狄更斯的风格来翻译一切那样，因为人们所学到的就是那种风格。但是，仿作的艺术并不真正地属于文学，而为了一个新文本的突现，就必须重新引入主观性吗？

您要知道，在今天，主观性也是被确定的。在一个文本与另一个文本之间，只有一些欲望差异，而没有天赋差异。或者说，天职是一种实现了的幻觉：比如您从12岁就梦想成为乐队指挥，而您变成了乐队指挥。

再就是，您让我们认为，借助于对文本的一种越来越细微的结构分析，有可能找到一种奠基性文本、一种模式，而所有的文学文本都

声音的种子

只不过是这种文本、这种模式的派生情况，可以这样设想吗？

在这一点上，我完全地做了改变。实际上，我想过，在最初阶段，应该是可以根据文本首先找出一个或几个模式。我也想过，我们可以借助归纳法追溯一下这些模式，然后通过演绎法再回到作品上来。有一些人，例如格雷马斯或托多洛夫，他们所寻找的，正是这种科学模式。但是，对于尼采的解读（他说过科学无差异），对于我来讲，是非常重要的。而拉康和德里达已经向我证明了必须予以相信的一种反论：那就是，任何文本在其区别之中都是独一无二的，哪怕它满是重复和俗套，满是文化编码和象征编码。

因此，您的反论重新落入了结构主义认为已经压缩了的另一种反论之中，那就是有关主体存在方式的反论。

不是这样的……但也是！法语在sujet（主体、主题）这个单词中制造了不幸的（又何尝不是幸运的！）混乱，而在英语中则是两个单词：subject（主体）、topic（主题）。

我们不谈这个反论了，因为它会把我们引向很远。在《S/Z》中，您把文学文本划分为两个类别：一是可读的文本，这种文本随时可以阅读，也就是说，从总体上讲，就是直到今天的整个文学；二是可写的文本，是要求每一位读者重写的文本……

……是提供给写作的文本。但是，这种文学尚不存在，或者说刚刚出现。这就是那些未来的文本。在上个世纪和本世纪，出现过断痕，当然，总还是会回到那些相同的人名身上：洛特雷阿蒙、阿尔托，有时还要算上巴塔耶——他自称是可读性很强的，但是他的那些文本通常带有不可读部分，因为它们触及一种综合逻辑。

这样一来，谁还来读书呢？由谁来阅读和阅读什么以及如何来阅读呢？

依我看来，应该是什么都阅读。我有兴趣阅读，而且我也不像《原样》杂志编辑部的某些人那样漫无边际地阅读。我认为，应该根据对于未来文本的一种欲望来阅读，应该根据一种虚无论观点来阅读过去的文本，从某种程度上讲，应该根据尚不存在的原则来阅读。

这让我想到那些音乐曲谱，每一位乐器演奏者都或多或少根据其自己的意愿，来解释曲谱上那些符号、那些点所代表的意义。

是的。就像在音乐会上，听众被邀请进入乐队的空间，由他们自己来演奏。但是，我不大信任主动性，因为它直接依赖俗套、习惯。在当前的状态下，对于创作者来说，只有在编码上弄虚作假和绕过编码，才能颠覆编码，才能说明编码和破坏编码。

这就成了无限循环。为了使我从一种编码中摆脱出来，我就使用另一种编码的智慧，而这后一种编码又会表明其有限的或有压制力的编码习惯，多亏了后面的编码，这样一来，就会无限循环下去……

不过，不会有其他交替出现的情况。您知道，极限、顺序、野蛮，总是可能的。曾有人讨论："社会主义还是野蛮主义？"我们也可以在看到一种俗套文化在大众文化中固定下来的时候，是社会主义<u>还是野蛮主义</u>。这样一来，就必须继续下去，我们将会看到接下来是什么。

《洛桑报》（*La Gazette de Lausanne*），1971年2月6日，
埃德加·特里佩（Edgar Tripet）整理

东拉西扯

1971 年

> 这种在外（东方），实际上是借助于我们的在内——当然是依据历史和逻辑——来实现过渡的，而这种历史和逻辑则使这种过渡变成了一种盲目行为的历史和逻辑。
>
> ——菲利普·索莱尔斯

如果您愿意的话，我们就从有关东方的提问来谈起，也就是说，从我们对于东方的不了解，即我们对于东方的盲从来谈起，这似乎又回到了过问导致这种盲从出现的意识形态——我们面对东方时表现出的帝国主义和基督教义——方面来了，这就使得一种文本在此开启了，它远比一种简单的"地理学"陆地更为广阔，而我们要做的恰好就是介绍其中心问题。

您在斯基拉出版社出版的《符号帝国》，毫无争议地在这种稳定的无知之中打开了一个缺口：您肯定了这样一点，那就是，您在书中所解读的日本，是"一种特征宝库"，或者说，是"象征论的裂隙本身"（缺口也好，裂隙也好，从现在起，我们都要懂得将其与阿尔托关于巴利人戏剧的文本、布莱希特关于中国戏剧的文本、爱森斯坦关于日本歌舞伎剧的文本联系起来，这样做俨然在受到压抑的外部世界打开了一个缺口，即一种文化的投入，或者就像您所写的那样就是"在象征系统属性中进行的革命"）。缺口也好，裂隙也好，我们都会请您为我们展开来阐述或生动地讲一讲，这就好比进行紧急外科手术那样。

这种举动，也掺杂着"对论述即阐释的各种论述形式的一种厌倦，这几乎是……一种反感，总之是一种不能容忍……"。由于这种不能容忍,您指出,必须"对论述性话语给予解体、破坏、分散,而让位于不连续性"。对此,我们将不会要求对您进行一次"访谈",也不会要求您写出一些文章来(这是诸多对所指的展述和加载的修辞学方式),但是,我们一定程度上将要求您按照罗滕贝格(P.Rottenberg)的说法,提供与某些"阅读标记"即与您在书中加入的那些阅读标志相一致的东西。为此,我们希望这些标志就像在音乐方面那样能使另一种文本系列在这"其中"得以展开,而在这种情况下,象征系统就会出现裂隙,于是,所写文字在此就像是有了一道很深的伤口。

第一点。解读一种矛盾,但这种矛盾也许更需要强化,而不是去"平复":日本,从书的标题开始,就被介绍成符号帝国,甚至在书的整体布局中被介绍成属于另外一种意蕴结合规则的"前所未闻的、我们的系统对之完全不屑一顾的象征系统",它最终被解读为像是一种书写,像是对一种多重实践的过度铺展,这恰恰就像是符号的空间(从其基础等级算起:能指、所指、指涉对象)——我们也可以说是一种接合处的空间,在这种空间里,意义大量涌入,又立即退出,既给出意义又拒绝意义,是在浓密的森林里面对着另一副面孔而向这一副面孔提出的无休止的发问(任何所指已经处在能指的位置上)。这是对于"编码"的明确编制,也是那种奠基"编码"概念的等级的消失。这一点,在文本中有所提到:"是那样的明亮,那样的微弱,以至于在不管何种所指有时间形成之前就消失了";"符号帝国?是的,只要理解符号是空无的,而礼仪是无神谕的,就是这样。"

对于您在文本中呈现的问题,假设是这样的:在索绪尔与德里达之间,对于东方的任何阅读,都关系到"形式主义的"(实证主义的、机械论的)各种可能性的终结问题。对于这个区域,主流意识形态一直在枉然地试图控制它,认为它是一种无法挽回地崩溃的地方。

1. 形式主义。不能确定的是,<u>形式主义</u>一词是否必须立即取消,

声音的种子

因为形式主义的那些敌人就是我们的敌人,他们是:科学论者、因果论者、唯灵论者、功能论者、自发论者。对于形式主义的攻击,总是以内容、主体、原因(这个词,讽刺性地是含混的,因为它既指向一种信仰,也指向一种决心,就好像它们是同一种情况)的名义来进行的,也就是说,是以所指、以实名的名义来进行的。对于形式主义,我们不需要与之保持距离,而仅仅是我们的满足感要与之保持距离(满足属于欲望,它比属于审查的距离更具有颠覆性)。我所思考的形式主义,不在于"忘却""忽视""压缩"内容(即"人"),而仅仅在于不止步于内容(我们暂时保留该词)的初步意义,内容恰恰是使形式主义感兴趣的东西,因为形式主义没完没了的任务就是,在每一种情况下都根据诸多接续形式的游戏来使内容出现退缩、出现移动。发生在物理科学本身的事情,自牛顿以来,就是无休止地使物质退缩,不是让位于"精神",而是让位于偶然性(我们会想到凡尔纳引用的爱伦·坡的句子:"一种巧合应该永不停歇地成为一种严格计算的物质")。属于唯物主义的东西,并非是"物质",而是削减,是去掉外在的东西;属于形式主义的东西,并非是"形式",而是所有内容的相对的和延迟的时间,是各种标记的不稳定性表现。

为了使我们摆脱有关所指即停止的一切哲学(或神学)——因为我们这些"文人"并不具备最终的形式主义即数学的形式主义——我们必须使用尽可能多的隐喻,原因是隐喻是通向能指的一条道路,由于缺少算法,只有隐喻可以让所指离开,特别是当人们得以使隐喻脱离其起因的时候,更是这样。[①]我今天提出这样的隐喻:世界的舞台(世界就像是舞台)被含有诸多"布景"(文本)的一种游戏所占据:去掉一幕,后面的一幕就会出现,以此类推。为了进一步说明问题,

---

[①] 我把一种替代链称作无起因的隐喻,因为在这种隐喻里,人们不去标记首个词语,即基础词语。有的时候,语言本身会产生一些比较,甚至是无起因的比较,或起码是相反的比较:火绒(amadou)是一种易燃物质,该词的名称起源于(普罗旺斯语的)"热恋中的情人"(amoureux)一语。是"情感性"可以让我们命名"物质性"。(在符号学中"替代"是指处于同一聚合体关系中的各个词项在语链同一位置上的互相替换操作,这种替换并不改变句子的意义,却可以使之变得丰富和有诗意,这通常就是隐喻的操作。——译者补注)

东拉西扯

我们将两部戏剧对照起来做一下比较。在皮兰德娄（Pirandello）的《六个寻找剧作家的角色》一剧中，剧情是在剧场"光秃秃"背景中上演的：无布景，只有墙壁、幕后的滑轮和绳索。人物是根据借助其压缩的性格、内在的性格、因果特征来确定的一种"真实"[1]而逐渐地得以构成的。这其中有一种机械装置，主体是毫无主见的人。因此，在不考虑其现代风格（在同一个舞台上，无布景演出）的情况下，这种戏剧仍然是属于精神论方面的：它把原因、背景、内容的"实际"与对布景、绘画、效果的"幻觉"对立了起来。在马克斯兄弟（Marx Brothers）的《歌剧院之夜》（*Une nuit à l'Opéra*）一剧中，探讨的是同一问题（显然是根据荒诞方式探讨的：补加的真实保证）：在（奇妙的）最后一幕中，北方抒情诗诗人的老妖婆，被她自己搞得可笑不堪，镇静地唱着歌，背对着作为布景的整场华尔兹舞。一些人疾快地上台，另一些人疾快地下台。老妖婆背后相继是不相关的迥异"背景"（剧目表上罗列的所有作品，提供着转瞬即逝的背景画面），她自己都不知道这些背景的变化情况：她说出的每一句话都不合情理。这种嘈杂声充满了各种标志、图案。没有背景，却代之以多重布景的转动、多重（产生于歌剧院剧目表的）语境的编码和它们的滑稽显示、令人心碎的多义性，最后代之以主体的幻觉：主体在看着他的他者（观众）的同时，唱诵着其想象的东西，并认为他是背靠着一个单一的世界（幕布）在说话。完全是一种多元性的场面，这种场面使主体处于被嘲笑的境地，也使他被分解。

第二点。在无中心处理上，思想全新（不过，是被马克思和弗洛伊德所开启的）：城市的中心是空的，居民们都无"住所"，而且，在

---

[1] 这里的"真实"（réel），应该是结构精神分析学家拉康确立的概念。按照拉康的理论，"真实"与"象征"和"想象"一起，构成精神分析学的三个基本语域，或三个"基本界"。"真实"是通过象征而得以建立的，并对应于象征在其自身建立过程中所排除的东西，拉康说："不出现在象征中的东西，便出现在真实之中"，相对于"象征"和"想象"，"真实"实际上是一种言语效果，可以体会得到，但又无法命名之。若用语言符号学的一个术语来说，它该类似于"标示"（indice）符号，即尚不能说出其"所指"的符号。——译注

文本的文字中，表意文字"無（无）"意味着"空"。

或者还有："关于意义的震动：这种意义是被撕裂的、减弱的，甚至到了其无法替代的空洞程度，而不需要对象在某个时刻停止成为所希望的能指。总之，书写以它的方式成了一种顿悟，顿悟（属于禅方面的事件）是或多或少强烈的（毫无郑重可言的）震荡，这种震荡使得认识、主体发生动摇：它引起一种空洞言语。正是这种空洞言语在构成写作。"

对于一个西方人来讲，没有比（我们全身心都要借助于无法摆脱的男性生殖器、父亲、"咒文"来填补的）这种空洞更难以接受的了。这是一种强烈的对立——也是避免任何无意识操纵的绝对的需要，这种无意识操纵会在一种神秘性减弱的过程中，使这种空洞变成一个中心，而在这一过程中，西方的宗教观念将会几乎是合法地重新找到其权力。如何躲避所指的这种"演绎的"和间接的回返呢？如何在不"说明的"情况下就可以写作这种空洞呢？在进行废除的实践过程中，这是些关键的问题，而"废除"概念自马拉美（他以"虚无"这种表述违反了"废除"这种概念）以来，就成了我们所有言语的威胁性的和沉寂的反面。

2. 城市。当然，中心偏移（décentrement）观念远比空洞观念更为重要。后一个观念有点模糊：某些宗教经验可以很好地满足于一种空洞中心（对于东京，我曾借提醒大家注意这个城市的中心被皇宫占据一事，暗示过这种含混性）。还是在此，必须不停地重新组织我们的隐喻。首先，我们在充实（plein）中所厌恶的，不仅仅是由一种最终的物质、一种不可拆分的密实度所给出的形象，而且也是和尤其是（至少在我看来）一种不好的形式——充实。从主观上讲，是（对于过去、对于父亲的）记忆；从神经官能症上讲，是重复；而从社会角度讲，则是俗套（这种俗套在所谓的大众文化中即在这种多格扎式①的文明——我们的文明——中特别繁荣）。相反，空洞则不应该

---

① 多格扎（doxa）：罗兰·巴尔特著述中经常使用的一个概念，他说"**多格扎这个词会经常出现，即公共舆论，即多数人的精神，即小资产阶级的一致意见**"（Roland Barthes par Roland Barthes, Paris, Seuil, 1975, 1995, p.53）。

被构想(被想象)为一种缺乏(缺乏身体、缺乏事物、缺乏情感、缺乏词语等:一无所有)之形式——而我们则是旧时物理学的受害者,我们对于空洞有着一点化学方面的观念。空洞,更可以说是一种新颖,是新颖之返回(它是重复的反面)。最近,我在一种科学百科全书中(我所知道的,显然不会超出这一全书)读到对(我认为是最新的)物理学理论的一种解释,这种解释给了我对于我一直在思考的这种著名的空洞的某种想法(我越来越相信科学所带来的隐喻价值),这便是杰弗里·丘(Chew)和曼德尔斯塔姆(Mandelstam)的理论(1961),即所谓的靴袢理论(théorie de bootstrap)(bootstrap 是长靴上的袢,借助于这个袢,可以将长靴提起,方便穿靴,因此,便有了下面的成语:"用你自己的袢儿将自己提起来"),"宇宙中的各种粒子,并非是根据某些比其他粒子更为基础的粒子产生的(系谱和决定论的陈旧恐怖被清除了),但是,它们却是在特定时刻相互作用的结果(世界是由各种区别组成的一种临时系统)。<u>换句话说,粒子集合是由其自身产生的</u>(自我-内聚作用)。"[①] 总之,我们所谈论的空洞,就是世界的<u>自我-内聚作用</u>的结果。

第三点。症候(就像索莱尔斯所说的那样,按照该词在一种真正文化<u>回想</u>中的意义),您在对<u>俳句</u>的解读中提到了这个词。在您某种程度上根据其不清楚的基础而改变的对俳句的印象派解释,甚至是<u>超现实主义</u>的解释之中(我们知道布勒东在其对意象的<u>唯心主义</u>辩护中对俳句的使用——参阅收入《自由行动》中的"上行符号"),清楚地指出,"所考虑的东西,是符号的基础,即其分类情况",同时明确了任何解释的高度都取决于决定论的特征,而"这种意义在隐喻的无限之中、在象征的范围内并不分解,并不内化,并不脱离",或者更可以说:"什么都未曾获得,单词的石块被毫无效果地抛出:既

[①] 引自《关于自然的规律》,见《博尔达百科全书》(*Bordas Encyclopédie*)。(这种理论,也被称为"超级绳系理论,指的是大自然中所有基本粒子和基本力量之存在性的一种努力"。——译者补注)

声音的种子

无意义的浪涌，也无意义的流动。"——这是松尾芭蕉指出过的东西：

> 因为是令人赞赏的
> 那无法想象的东西：
> "生命是转瞬即逝的"
> 就像看到一道闪电！

问题就在于，知道这种聚合时位[①]的不存在是否必然会让我们脱离符号的空间——这就需要联系俳句进入我们文化中，且恰好是进入我们诗歌话语中的情况（就是在这里，恰好是在活跃的复杂性之中、在意蕴的深层次之中，而不是在能指与所指的相适性之中，符号在起作用和减弱）。

3. 可读的。意义被清除了，一切都需要去做，因为言语活动还在继续（"一切都需要去做"这种表述，显然指的是研究工作）。在我看来（也许我曾讲过的并不足够多），俳句的价值恰恰相反，正是在这一点上，那就是它是可读的。至少在我们的充实世界之中，使我们躲避符号的东西，并非是符号的对立物，即非-符号、非-意义（即通常所说的不可读的），因为这种非-意义会很快地被意义所补救（作为非-意义的意义），依靠破坏句法来颠覆语言，是毫无意义的。实际上，那是一种很弱的颠覆，而且，这种颠覆远不是无辜的，因为正像有人说的那样，"小的颠覆制造大的因循守旧"。意义，不能借简单地断言其反面而直接地进攻，必须选择、施以计谋、加以细化（依据该词的两种理解：提炼一种特性和使之消失），也就是说，必要时可以去模仿，而更好的是去伪造。俳句，借助于整套技巧及一种对称编码，使所指消失，而只剩下了能指的一层薄薄云雾，而似

[①] 时位（instance）：语言学与符号学术语，指被研究的对象所处层次、方面或时段。——译注

乎就是在这一时刻，借助于最后的努力，这一能指取用了可读的面具，即复制品，不过同时取消了任何参照，取消了"好的"（文学）讯息的所有属性：明确、简洁、优美、细腻。我们今天所考虑的写作工作，既不在于改善交流，也不在于破坏交流，而是将其拉成丝状。这大概就是古典写作（精心）所为。不过，在19世纪的某个时期，一个新的阶段开始了，而在这个阶段里，已经不是意义在唯一的编码（即"成功写作"的编码）内部（自由地）成为多义的，而是言语活动（作为编码和逻辑的"变动的等级"）的整体本身被考虑、被加工了。这种情况还应该在交流的表面上进行，因为解放一种言语活动的社会和历史条件（相对于所指和话语的特性）在任何地方都还没有得到足够的聚集。由此，产生了像程序、皮亚杰、互文性、伪可读性等诸多（指导性的）理论概念在当前表现出的重要性。

第四点。在前三点中，可读的东西，大概就是"日本"这个词所指定的写作的实际固位[①]问题——我们可以根据一种分节的复杂实践（相对于其与主导性和确定性的关系来讲，而在其层次中相对独立和可调整的一些系列：在此，一如"烹饪"和"戏剧"，"斗争"和"诗歌"，"礼貌"和"拓扑学"）来确定这种固位，也可以根据语言来确定这种固位。这就突然地使我们在感受我们与语言之间关系的方式中，去面对一切具有意识形态和无意识形态的东西（我们知道，语言并非是一种上层建筑，以及您所说的"父系语言"也不是，它是被名词的时位所主导的）。在此，语言的问题，相对于交流的困扰来说，不仅仅像是"去中心"——由此为一般的写作痕迹和举动留下了位置，而且也在所标记的意蕴实践中被辩证地安排的"范围"中留下了位置。

4. 语言。"语言并非是一种上层建筑"。在这一方面，有两点严

[①] 固位（ancrage）：符号学术语，指的是所谈事件的时空所在，一般可说"历史固位""空间固位"。——译注

格的限定。首先,当"上层建筑"概念并不明确的时候,这样说就不可能是确定的,而且在当前的情况下,这种说法(至少)充满着变化。其次,如果有人构想一种"里程碑式的"历史的话,那么在整体的结构论中,极有可能就是语言,就是各种语言:有(对立于东方语言的)一种印-欧的语言结构,这种结构与这种文明范围之制度密切相关,在印度与中国之间,在印-欧语系与亚洲语言之间,在佛教与道教或禅(禅表面上是佛教论的,但是它并不属于佛教)之间,有一种很大的断裂。我所说的划分,并非是宗教史上的划分;恰恰是语言上的划分、言语活动上的划分。

不管怎样,即便语言不是一种上层建筑,其与语言的关系也是政治性的。这一点,也许在像法国这样的于历史和文化上有所"积淀的"国家中,并不明显:在这样的国家里,语言不是一种政治主题;不过,只需重提这个问题(借助不论何种研究:制定一种介入性的社会-语言学,或者只是一期普通的杂志专号),也许就会对它的明显性、重要性和尖锐性感到惊讶了(法国人,相对于他们的语言,诚实地被几个世纪的传统权威性所蒙蔽或所麻醉了);不过,在一些不大富裕的国家,与语言的关系是很棘手的;在从前被殖民的那些阿拉伯国家,语言是一个国家问题,带有着整个的政治观念。此外,我很不肯定人们已经准备好解决这个问题,原因是还没有关于言语活动的一种政治理论,即一种方法学,而这种方法学可以让我们建立把语言占为己有的程序和研究陈述活动之手段的"特性",就像是语言科学的某种资本那样(在我看来,这样的一种理论将会依据符号学现时的初步探索逐渐地得到制定,而这将是语言科学的部分历史意义)。这种(政治方面的)理论,决定了在语言需要停止在某个地方的情况下,它会停止在何处;当前,在某些尚被过去的殖民语言(法语)所困扰的国家里,占上风的逆潮流而动的观念是,可以把语言与"文学"分开,可以讲授一种语言(作为外语),而拒绝(被誉为"资产阶级的")另一种。不幸的是,不存在语言的起步点,我们也无法停止语言;人们在必要时可以关闭、脱离语法(因此,可以规范地教授),

却不可关闭和脱离词汇,也不可能关闭和脱离联想领域、内涵领域。一位学习法语的外国人,在接受了很好的法语教育的情况下,会很快或至少应该很快地面对与一位法国人面对自己语言时所遇到的相同的那些问题。文学从来都仅仅是对于语言的深化和扩张,在这一点上,它是最开阔的意识形态领域,而我开始时谈的结构问题就需要在这一领域内讨论(我这么说,是基于我在摩洛哥的经验)。

语言是无限的(即无尽头的),应该从这一点上得出结论。语言开始于语言之前,这正是我在日本方面想要说的。同时,我要称赞我在那里所进行的交流,这种交流甚至是在我所不懂的语言之外、在感受这种不懂的语言的涓流和情绪呼吸之中进行的。在一个不懂其语言的国家里生活,而且是在旅游驻地之外开放地生活,是冒险(按照这种表达方式在青年小说中可能具有的意义来说);(对于"主体"来讲)这是比面对热带丛林更具风险的,因为必须超越语言,待在其边缘处,也就是说待在其深不可测的无限之中。如果是让我来构想一位新的鲁滨孙的话,我不会把他放在一个荒岛上,而是将其放进他既不能辨析其言语也看不懂其文字的一个拥有1 200万人口的城市里。我认为,他就该待在这种地方,那将是神话的现代形式。

第五点。您写道:"在这个我称之为日本的国度里,性欲表现只存在于生殖器中,而不在其他方面",而且您还说:"在那里,身体存在着,舒展着,动作着,相互给予,无歇斯底里表现,无自恋表现,但却是按照一种色情的计划来进行的",或者是按照"身体间的最大组合体"来进行的。这一切的过程,就好像我们借助于身体表达(即心灵/肉体的二元对立的表达)的变化和用工作(例如同性恋者,并不"模仿"女人,而是模仿其面部)来面对着结束那样,这种变化和工作一如任何局限于崇拜和移情的空间的变化与工作。这就是这种性游戏之讲究的也许是滑稽的问题(这种游戏,脱离了与之类似的在西方例如在萨德的文本中所涉及的那种可怕的和激烈的暴力)。

声音的种子

5. 性欲表现。在我看来，讲究性游戏，这是西方一种非常重要的和完全不为人所知的观念（这是人们对此感兴趣的主要原因）。道理是简单的。在西方，性欲表现只非常微弱地顺从于一种违反行为的言语活动；但是，在把性欲表现变为违反行为领域，仍然是将其当作一种二元对立关系（赞成/反对）、一种聚合体、一种意义的附庸。把性欲表现看作是一个黑色大陆，这还是让其服从于意义（白色/黑色）。性欲表现的异化，同质地与意义的异化联系在一起，并通过意义而实现异化。困难在于，并非是根据或多或少放荡的计划来解放性欲，而是使性欲与意义脱离，包括脱离作为意义的违反行为。在一些国家，人们借助于方便的同性恋做法，就很容易地违反"正常"性欲的某些规则（条件是不能将其说出来，但是，这又是另外的问题了，即关于性欲的无限大的词语化问题，因为这种词语化不存在于"正常的"文明之中。不过，这同一种词语化是被"有罪感"文明所珍视的，因此有忏悔和淫秽表现）；但是，这种违反行为不可避免地服从于严格的意义规定，于是，同性恋，作为违反行为的实践，便直接地在其自身（借助于某种自卫性的阻滞，或某种受惊的反射）产生人们所能想象的最纯粹的聚合体，即主动性/被动性、具有/被具有、占有/被占有、敲打者/被敲打者的聚合体（这些"黑腐病"单词，在此都带有场所特征，还要考虑到语言的意识形态价值）。然而，聚合体，便是意义；而且，在这些国家，任何超出轮换、过分不和睦的行为，都属于同样的被禁止的和无法理解的行为。性欲的"讲究"不是在违反行为方面而是在意义方面对立于这些实践的粗野特征的，我们可以把这种讲究定义为对于意义的干扰，其陈述活动的途径，或者是"礼貌"仪式，或者是一些肉感技巧，或者是对于色情"时间"的一种新概念。我们可以用另外的方式来说出这一切：性欲的禁止完全被取消了，不是为了一种神秘的"解放"（这个概念在满足所谓大众社会的腼腆的幻觉方面是很恰当的），而是为了那些空洞的编码，这就把性欲表现排除在主动谎言之外了。萨德很清楚地看到了这一点，他所讲述的性实践均服从于一种严格的组合规律；不过，那些实践依然带有纯属西方的一种神秘成分，那便是某种亢奋、某种极度兴奋，我们恰如其分地称之为<u>热性欲</u>，而且，这还是在使性欲成为对象——不是成为享乐主义的对象，而是成为一种<u>热情</u>的对象（是神在主导热情和使其活跃）——的情况下，将其神圣化。

第六点。关键的一点：准确地把书写标记为就像是借助日本文乐木偶戏的演出：书写工作进入了再现的整体之中，并超出了再现。也许，就是在此，最为准确地标记了有层次和相对立的意蕴实践网系的构成过程——而从不顺从于编码的形成、其"一体化"和分出等级。正是在这里，在布娃娃和木娃娃与操纵它们的表演人之间、在木质身体或肉体与变了声的侧面声音之间，明显地有了一种新的空间，它是带有一种书写的、一种不停止的文本性的戏剧："整体的却是被分开的演出"对立于"在戏剧的整个空间展现的一种组合规则的游戏"。正是在这里，借助于"引言"的主导，"借助于编码、参照、得出的确认"，我们进入另一场景，即被我们摆脱不掉的西方戏剧所明显地压抑的场所，甚至通过内心化或模仿而压抑至其细微的"争论"之中的场所。您写道："书写工作替代内心性"；您还写道："内在已不再主导外在"。这只能重新让我们回到马克思所开启的辩证逻辑上来，正像阿尔都塞所指出的那样："在外与在内之间的通常区别消失了，完全就像与其可见乱象相对立的那些现象有了内在联系那样：我们面对着另一种意象，面对着一种几乎是全新的概念。这种意象和概念都最终摆脱了那种惊人的主观性和基本的内在性的经验矛盾，面对着在其最为具体的确定方面，通过其组配与机械装置的规则而被调整过的客观系统。"与马克思主义话语的这种接触点，可以让我们再一次对这种场景提出问题：像您所说的那样，"能指"只能"像是一只手套那样返回自身"吗？或者说，我们现在已经处于这种"系统"之中了，而在这种系统里，允许使用"能指"这个概念的东西被人厌烦了，"能指"这个单词只在与"工作"

声音的种子

或"转换"连接在一起的情况下才有意义,是这样吗?

6. 能指。我们还必须下决心长时间来使用这个词(这个概念,我们会一劳永逸地不需要去定义它,只需运用它,也就是说将其隐喻化和使其对立于——而特别是对立于——所指。在符号学之初,我们曾认为所指就是能指的简单相关项,但是,我们今天很清楚地知道,所指是能指的对手)。当前的任务是双重的。一是,必须能够构想(我把这个词理解为更具隐喻性而不是更具分析性的一种操作)能指的<u>深度与轻盈</u>如何矛盾地得以讲述(我们不要忘记,<u>轻盈</u>可以是尼采意义上的一个单词)。因为一方面,能指不是"有深度的",它并不依据一种内在性和秘密平面来发展;但是另一方面,除了充当在自身隐没和远离所指而投入到材料即文本之中的东西之外,这种赫赫有名的能指还能起什么作用呢?它如何深入到轻盈之中呢?在无膨胀和无深挖的情况下如何铺展呢?能指可与何种实质相比较呢?当然不能与水相比较——尽管水是像海一样没有穷尽的,因为海洋总有海底;最好与天空相比,与宇宙空间相比,因为宇宙空间正好是<u>无法想象的</u>。二是,这同一种隐喻探索似乎要根据<u>工作</u>这个单词来进行(实际上,这个单词远比<u>所指</u>更是能指的真正相关成分),它还是一种神力单词(即可以武装一种话语的单词),我对它的分析如下:它与文本的问题紧密相连,它根据克里斯蒂娃给定的词义即<u>前-意义之工作</u>来铺展,也就是在意义、交换、计算之外而在花费和游戏之内进行工作来铺展。我认为,需要探索的,应该是这个方向,尽管需要某些内涵:完全消除<u>工作-劳累</u>的观念,而且也许要放弃(在必要时,至少是在开始时)为任何工作都提供无私担保的换喻,这样做显然可以使能指的"工作"过渡到社会主义阵营之中(此外,在这个阵营中,能指受到了多方面的欢迎),但却似乎应该得到更为缓慢、更为耐心和更为辩证的思考。总之,有关"工作"的这一重大问题是在我们文化的一种空洞之中,是在一种空白之中;简练地讲,这种空白恰好就是至此取消马克思与尼采之间关系的那种空白。那种关系,即最为抗拒者的关系，因此应该去了解一下。有谁负责这种事呢？

第七点。与辩证唯物主义的这种接触点，也许可以让我们开始讨论（并非是要"结束"）有关您在一般的和有区别的社会实践中（也就是在一元论的、逻各斯语言中心主义的一种历史的唯心论神话之外）面对意蕴实践的位置问题。在我们看来，当我们谈论东方，而且是当我们希望避开这两种默契的态度的时候（在相同的压抑基础上体验它们的对立性），这个问题尤其重要。这两种态度，一方面是对一种野蛮的、粗野的和没有进化的东方感到的神秘，另一方面是对古典类型文化的崇拜——这种崇拜不了解经济在最后阶段的决定作用（在我们面对一种先进的资本主义经济的情况下，这一点更为重要）。如果这个问题可以让人们标记我们时代的主要矛盾（帝国主义/社会主义）如何特定地属于象征阶段——而且恰恰是在东方——它便具有急迫性。因为正是在那里，就在日本南边一点，这种矛盾以最为关键的方式表现出来，正是在那里，符号间的对立让位给了武器的对立。

7. 武器。您明确地将符号与武器对立了起来，却是按照仍然是替代性的一种程序来进行的，而且您别无选择。因为符号与武器，是同样的：任何斗争都是语义性的，任何意义也都是战斗性的；所指是战争的神经，战争就是意义的结构本身。我们现在就处于战争之中，不是处在特定意义的战争（为消除意义而进行的一场战争）之中，而是处于多种战争之中：一些所指相互对立，它们装备有各种可能的（军事的、经济的、意识形态的甚至是神经官能症的）武器。在当前世界上，不存在所指由此而被排斥出去的任何制度场所（今天，我们只能借助在一些不稳定的、瞬间被占据的、不可居住的、矛盾的甚至有时显得像是与其相反的场所里的制度来行骗，才能寻求破解所指）。在我看来，我据以一丝不苟地（也就是说超出了一种优先的政治立场）尝试进行自我调整的聚合体，并不是帝国主义/社会主义，而是帝国主义/其他东西。在聚合体即将形成的时刻的这种去掉标志，即由于

声音的种子

<u>中性</u>的省略、补加或偏移而变得不牢靠的这种对立,亦即这种乌托邦的大开状态,是我现在得以自持的唯一场所。帝国主义,便是<u>充实</u>;在对面,有未被署名的<u>其他</u>:一种无标题的文本。

《诺言》(*Promesse*),第 29 期,1971 年春,
居伊·斯卡珮塔(Guy Scarpetta)整理

谈话

——与罗兰·巴尔特的交谈

1971年

您谈论过某种距离感,说它将您现在与您过去的研究工作分离开了,而且您也说过,作家"应该将其过去的文本看作是另外的文本,他可以重写它,引用它,或者改变它,就像他可以用无数别的符号来加工它那样"①。此外,似乎您曾经总是在一种知识即符号学的建立历史中有意识地占据某种位置(就像《时尚系统》一书,在其出版之际,就被承认已经是一部关于符号学的历史)。您能否告诉我们,您当前主要的考虑是什么?这些考虑在什么地方正发展着您从前的研究工作或者是远离您从前的工作?

我总在考虑,或者说我总在忙碌,因为这不是一种痛苦的烦恼——我的想法是,已经存在着一种有关符号学的历史,尽管按照严格的和西方对于符号学的理解,它仅仅有10年左右的时间。这一历史的特点是发展迅速,我们甚至可以说,这是一种超速发展的历史。符号学在超速发展,它使得人们可以将其描述成10年以来各种命题、反命题、断裂、歧见层出不穷——那些歧见有不同的法国符号学家在风格上的歧见,也有越来越严重的意识形态方面的歧见。关于符号学的一种历史,即便只是在最近10年的水平上,也是可能的,甚至是

---

① 见《戏剧、诗歌、小说》(*Drame, poésie, roman*, 1968)。

必要的。人们会发现，从我的第一篇符号学文本（1956年为《神话集》所写的后记）开始，我已经与法国符号学的诞生联系在一起了。因此，在我个人研究工作的局部和有限的层面上，我自己就是这种历史的一个空间，是符号学历史领域的一部分。我现在考虑把我写过的有关符号学的文本汇编成册，而且如果我应该拿出这个汇编本的话，它有可能恰恰就是一部<u>历史</u>。我们甚至可以称其为：<u>符号学短史</u>。人们在我的符号学研究工作中，会发现有过断裂、矛盾、动摇、进展，甚至也许有过退缩，最终会呈一种运动过程，这是很正常的。因此，我现在理解的符号学，已经不是我在这种符号学历史开始时所理解、所想象和所实践的符号学了。在涉及文学的符号学方面，准确地讲，断裂情况出现在《叙事结构分析导论》(《Introduction à l'analyse structurale du récit》)与《S/Z》之间，实际上，这两个文本对应于两种符号学。这种变化的原因（因为最好说是变化，而不要说是沿革）需要在法国的最近历史中去寻找（为什么我不可以呢？），而且也需要在关联文本（intertextuel）中去找，也就是说，在围绕着我、先于我、跟随着我和与我沟通的那些文本中去寻找。我就不一一说出了，您可以猜想是哪些文本，而这总是返回到同一组别的那些相同名称上来。

说到这儿，我今天在符号学上所处的状况，是比较难以得到明确的，原因是我只能在我写作我所处状况的时候才真正了解自己，而当你的所写一旦出版，你就已经身处另外的地方了。不过，为了不躲避问题，可以这么说，当前的问题在于把符号学从让其忍受痛苦的重复之中解脱出来。必须产生<u>全新的</u>符号学系统，这不是着眼于新颖性，而是因为必须提出关于<u>重复</u>的理论性问题。我似乎可以明确地说，我为自己设定（也许正是在这一点上，我与甚至和我关系很密切的一些研究者不同）的符号学问题，并不在于指出符号学与意识形态或者与反－意识形态的关系，亦即符号学与政治体系的关系，而更在于坚持从事一项总体的和系统的事业，这一事业是多用途的、多维度的，它带有着分裂西方象征系统和其话语的特征。在这种意义上，而且这当然也是正常的，最能代表我当前考虑的，是我最近出版的文本，即关

谈话

于日本的书籍,尽管它无任何理论可言。

那么,我今后的研究工作是什么呢?如果由我来考虑一下我的想法的话(这是做研究工作的一种很好的办法),我清楚,我所希望做的事情,就是研究能指:我很希望在能指之中从事研究,我热衷于<u>写作</u>(我认为这个词越来越显得混杂,因为我并不排除其中可能有旧的东西,比如可能有写作活动概念中的属于风格学的东西)。换句话说,真正吸引我的,是在我所称之"无人物的小说性"①之中写作。无人物的小说性,是对于生命的一种书写,它也许有可能重新发现我自己生命的某种时刻,即我写作《神话集》的那一时刻。那将会是新的"神话集",这种神话集不大直接地介入对意识形态的揭露之中,而且在我看来,正是在此,它也不大进入所指之中:因为它更为模糊、更为激进和更为沉入能指之中。

您把符号学的历史说成是一种急性子历史。这种急性子表现,最终实现了对于符号学本身的完善甚至是定型了吗?

对于"完善"的感觉,取决于人们所具有的意识形态敏感性:如果人们的意识形态敏感性很强,显然,符号学就正在获得成功,因而正在被完善,因为成功在无各种制度配合的情况下是不能出现的。符号学,当前有着一种时尚方面的成功,而且事实也明摆着,它在教学方面取得了不错的成绩;现在,有了一种符号学教学方面的研究和需求。然而,一旦有制度介入进来,我们可以说,就实际地有了完善。在这一点上,我们可以补充说,在符号学中,很快就有了各种要素,它们时刻在为完善做着准备。我所做的,绝不是一种偏狭的批评——我不希望做这样的批评——但是,我要说,不论是意愿符号学,或者是以客观为借口的符号学,或是以"科学"为借口的符号学,都是包含着属于制度方面的成功萌芽的符号学:在一个崇尚科学性的社会里,这是正常的。

---

① 《S/Z》,Paris, 1970, p. 11。

声音的种子

您在《符号学基础》(Éléments de sémiologie)中，在谈到《普通语言学教程》第二部分的第四章时，说索绪尔强调语言就像是分节连接的领域，意义是一种秩序，而这种秩序基本上就是分离（取用的是您自己的话），您（"乌托邦式地"）设定，符号学会在一种新的科学即"分节学（arthrologie）或分配学（science des partages）"[①]中被吸收。然而，最近，在有关语言学与文学之间关系的讨论背景之下，您指出过由参照语言学模式而建立的关于话语的符号学所提出的一些争议性主题，并且，您在使自己靠近德里达的研究工作的同时[②]，谋求语言学的广泛应用的可能性。您认为在德里达的研究工作与您称之为分节学的这种科学的实现之间存在着关系吗？您是如何在您所称之"符号学的短小历史"之中定位德里达的研究工作呢？

我不认为，德里达有一天会承认他曾经想创立一门科学，他可能甚至从未想过这个。再就是，我也不曾想过。实际上，在我这方面，求助于有关文学的科学，或者求助于分节学或符号学，一直是非常含糊的、非常间接的，我几乎敢说通常是<u>有意伪造的</u>。此外，在《批评与真理》中，实际上，我谈论的是关于文学的科学，但是，人们一般没有注意到（对此，我也感到遗憾，因为我恰恰很认真地说过一句话，为的是让那些关心含混性、省略现象的人注意到），我在谈论有关文学的科学时曾写下这样的话："如果这种科学有一天会存在的话"[③]。这就意味着，实际上，我不曾认为有关文学的话语有一天能够变成"科学的"。求助于科学，已经不再参照一种心理学模式（尊重某些"客观性"价值），也不再参照一种实证论的模式（就像寻求真理似的）。我认为，说真的，唯一可接受的科学模式，是马克思主义的科学模式，那就是阿尔都塞在对马克思的研究中所揭示的模式，即他在谈到马克思时说的"认识论的断裂"，正是这种"认识论的断裂"

[①]《符号学基础》(Éléments de sémiologie), Communication, n°4, p. 114。
[②]《语言学与文学》(linguistique et littérature), Langages, déc. 1968, p. 3-8。
[③]《批评与真理》(Critique et vérité), Paris, 1966, p. 57。

在产生今天的科学和使科学从意识形态中解脱出来。显然,应该是在这个方向上来参照科学,但是,我不完全确信,符号学目前已经是这种情况,这也许不包括茱莉亚·克里斯蒂娃的研究成果。

说到这儿,我对于我一直有点讽刺意味地谈到的有关分解、不连续性的这种科学想要说的是,在我看来,这些不连续性概念、结合规则概念仍然还是重要的和有生命力的。在任何时刻,当我出门,甚至是走在街道上,当我思考,当我有所动作,我都想到不连续性、结合规则。就在今天,我正阅读一个出色的文本,当然总是布莱希特有关中国绘画的文本,他说,中国绘画使一些事物与另一些事物相靠,使一种事物与另一种事物相靠。这是一种非常简单的表述方式,但却是非常漂亮和非常真实的,而我真正在寻求的,恰恰就是感觉这种"相靠"。

这就是您在《符号帝国》中所做的尝试,是吗?

正是。这看起来简单,也不是非常变革性的,不过,如果我们想到那些人文科学思考、构想、进行形式化的方式的话,我们就会发现,它们并不绝对地符合对于不连续性的真正思考:它们都还被连续性的超我所主导着,那是一种演变的超我、历史的超我、谱系的超我等。这样一来,对于不连续性之思考的任何深入,基本上仍然还是不合常理地、本义上和必要意义上地变化着的。

在此,我只想明确一点,那就是,我之所以把您设定的分节学与德里达的研究成果联系在一起,恰恰是因为这种设定是根据乌托邦进行的,原因是德里达称之为文字学(grammatologie)的科学是在否定意义上建立起来的一种科学,这种科学过问和破坏超验性话语,而从不在自身进行形式化以成为科学。在这种背景下——在此我要回到您刚才说的您有关日本的文本在当前时刻的重要性方面来,似乎是,您在《符号帝国》中所进行的,是您游刃于来自日本的能指网系中,为的是破坏——如果我可以这样说的话——束缚您的西方的所

声音的种子

指。我想，借助于德里达文字学的困难话语解读出来的，正是作为解构、作为去中心的这种写作的经验。对于这种话语，我们同样可以将其定义为乌托邦式的，因为它恰恰是在（超验）方面来考虑问题的，而这种超验性从来都只在否定的破坏意象中才能实现。

正是这样。我需要感谢他，其他人也需要感谢他，如果我可以这样说的话，此外，在这样的一点上使我与他特别地靠近：在参与（希望参与）尼采称之为"虚无主义"的一种历史阶段的感情上特别靠近。

在谈及一种结构诗学的可能性时，托多洛夫曾把这样的诗学的目的表述为过问"文学这种特殊话语的诸多特性。这样一来，任何作品只不过就是一种更为一般的抽象结构的表现，而作品又仅仅是这种抽象结构的实现"[1]。在这里，似乎有一种夸张，而您自己在某种程度上可以说是这种夸张的"推动者"（我尤其想到您的那些为叙事的结构分析所做的研究），并且实际上，托多罗夫指出，他对于诗学的理解正好非常密切地与您在《批评与真理》中所称之"文学的科学"是一致的。

然而，就在最近，您更主张把"一个文本生产的再生产"作为对象（即我认为您称为其结构过程的东西），您也尤其声称"每一个文本都是其特有的模式"[2]，而且在《S/Z》的卷首第四章中，您明确地指出您与这种科学诗学保持着一定距离。您把这种修订看作是结构诗学的不可避免的发展还是看作一种更为彻底的改变？在这种背景下，您怎样定位您对《萨拉辛》的分析呢？在您把文学文本作为对象的时候，结构主义研究在什么方面出现了修订呢？

---

[1] 兹维坦·托多罗夫（Tzvetan Todorov）：《何谓结构主义？》(*Qu'est-ce que le structuralisme?*), Paris, 1968, p.102。

[2] 1969 年 5 月 22 日研讨班。

谈话

在这里,我们要回到我刚才说过的符号学的这种急性子历史方面来:在《叙事结构分析导论》与《S/Z》之间,我安排了一种断裂,这也正像您自己注意到的那样。实际上,我在《叙事结构分析导论》一文中求助的是一种总体的结构,然后据此衍生出对于可能的文本的分析。当我设定有可能需要重新构筑叙事文的某种语法、某种逻辑(在当时,我认为有这种语法,我不否认我有过这种想法)的时候,那是为了再一次强调我在《批评与真理》中说过的这样的一点,那就是通过文学的传统概念特别是通过学院派批评和文学史而强加给大学生、研究者们的超我,是人们希望成为"科学的"一种超我。有人靠指责新批评缺乏科学性,靠将其弃置于印象主义和主观主义的刻意编造一侧,而反对新批评,然而这种学院派批评自身却无任何科学性而言。当时,我在主攻叙事文的同时,形成了一种观念,即文学科学——我重申这样的说法——如果有一天能够存在,那么,它不应该在传统一侧(历史、内容)而是在话语的形式科学一侧寻找。这种观点,就是您所提及的托多罗夫的研究设定。

在《S/Z》中,我推翻了这种观点,因为我拒绝用一种模式来适用于多个文本甚至所有文本的想法,而代之以设定——如您所知——每一个文本在一定程度上都是其自己的模式,换句话说,就是每一个文本都应该在其区别性中得到处理,但是,那恰恰是应该本着尼采或德里达的意义来取用的一种区别性。我们换句话来说吧:文本是无止境的,并且从各个方面被编码所贯穿,但它不是一种编码(例如叙述编码)的完善出现,它不是一种"语言"的"言语"。[①]在不考虑批评方面的接受或公众方面的接受情况下,我认为《S/Z》对于我是重要的。当你写作的时候,面对你已经写出的书籍,你会产生多种情感,有一些书籍在今天对于我已经不是那么重要了(这并不意味着我否定它们),但是有一些书籍仍然对我非常重要,或者因为我非常喜欢,或者因为它们是重要的。例如我非常喜欢(当我说"非常喜

---

① 亦即,一种文本并不是其内在形式系统("语言")的外在表现("言语"),见本书第一篇访谈录的相关注释。——译注

声音的种子

欢"时，这只是意味着"我能承受"）人们很少谈到的一本书，那便是《米什莱》(Michelet)，而我却不大承受《写作的零度》，不过这后一本书却在当前的批评和文学史中位置显赫。如果说《S/Z》对于我是一部重要的书，那是因为我认为我在书中实际地进行了一种彻底转变，我成功地实现了相对于我自身的一种彻底转变。这种转变是怎么产生的呢？它也如通常那样来自其他人：这是因为在我周围有不少研究者，有不少"形式主义论者"，他们是德里达、索莱尔斯和克里斯蒂娃（当然总是那几个人），他们教给了我不少东西，使我变得聪明，也让我开始信服。而后，这种在《S/Z》中完成的理论转变，我认为源于操作性所带来的压力和决心。这是因为我开始在一个相对短的文本上进行操作——我几乎想说是对一个文本施以手术[①]——同时借助于一个机会，我在一个30页的文本上名正言顺地待了好几个月，并一页一页地真正地浏览了整个文本，直至出现一种理论变动。可以说，我个人走运的地方（不是相对于读者，而是相对于我自己），是曾经有意愿，或有耐心，或相反是天真地构想了对于文本的一种"逐步推进"。我认为，正是这种做法决定了理论的变动：我改变了对于对象的感知层面，由此我也改变了对象。谁都知道，在感知领域，如果改变感知层面，最终会改变对象。我们都知道这一点，哪怕借助狄德罗的《百科全书》也可以得知。该书曾经使当时的时代发生变革，它依靠当时的显微镜来介绍一只跳蚤，而这只跳蚤被放大到半平方米那样大，最终变成了另外的东西，从而不再是跳蚤（成了超现实的对象）。感知层面的改变会使对象就像魔镜那样变成多种对象。因此，在文本中逐步推进的同时，我改变了对象，同时，我也就必须进行我们刚才谈论的某种理论的转变。

通过"逐步推进"所实现的这种观点的改变，使您对于《萨拉

[①] 在法语原文中，"进行操作"与"施以手术"，都是动词 opéer，但前者使用的是其不及物动词意义，表示"根据文本做点事情"，后者使用的是其及物动词的意义，带有"直接操作文本"的意思。——译注

辛》的解读进入了内涵世界,而且实际上,在《S/Z》的卷首那一章里,您指出,产生内涵的工具就像是探讨古典的可读性文本的工具。这样一来,您便与被人们看作是您的全部研究的总目标一致了起来,那就是内涵系统,亦即社会修辞学,而您则研究其意指过程(因此,在阅读《萨拉辛》时,您研究文本向"作为本质的言语活动"[①]的一种神秘返回的状况,而且,我们也同时想到了您在《神话集》中分析的那些相似的返回情况)。在这一方面,我有两个问题:

1. 您把对于这些内涵编码的分析(在此,我尤其想到您在布鲁塞尔研讨会上所做的发言《修辞学分析》)当作是为理解文学与社会之间的关系而可以制定一种有效考虑的场所,因此,《S/Z》似乎可以是这种途径的第一步。那么,这种途径是如何形成的呢?您是在建立有关可读性文本的一种类型学吗?(您在巴尔扎克文本中发现的编码,适合于任何可读性文本吗?)

2. 我愿意在此引用茱莉亚·克里斯蒂娃书中的下面一段话:"当前符号学的整个问题,似乎就在此:根据传播观点来继续对各种符号学系统进行形式化(冒险尝试一种粗鲁的比较:一如里卡尔多依据分配与消费的观点来考虑剩余价值那样),或者在传播的内部(这不可避免地是任何社会问题)探讨另外的场面,那便是先于意义的意义产生问题。如果接受第二种途径,就会出现两种可能:或者使一种可度量的因此也是可再现的方面脱离在一种不可度量的概念的背景(研究工作,生产过程,或者是语法、痕迹、区别)下得到研究的意蕴系统,或者是建构这种全新概念不停地激发的一种新的科学专题。"[②] 在《S/Z》进入对既产生多元又构成可读性古典文本之界限的内涵系统的研究中的情况下,它似乎就位于您在《符号学基础》中所描述过的科学方法模式之中了(谈论内涵言语活动的科学元语言),但是,明显的是,《S/Z》是被当做文本来阅读的,也就是说,正如您对《符号学:

---

① 《S/Z》, p. 16.

② 茱莉亚·克里斯蒂娃(Julia Kristeva):《符号学:符义分析研究》(*Sémiotikè, Recherches pour une sémanalyse*), 1969, p.38-39.

声音的种子

符义分析研究》一书所说的那样，它是一部理论与写作都是严格一致的书。①我难以说清楚我在这里要提出的问题，但是，如果我请您参照您所引用的克里斯蒂娃的话来定位《S/Z》的话，也许，这个问题就会很清楚地表述出来了。

在我看来，第一个问题又回到了这样一点上：符号学能够借助于内涵概念重回关于文学的某种社会学吗？我们不去争论有关社会学的认识论问题，因为社会学现在受到了来自政治和意识形态方面的严厉批评。我不探讨这个问题。是叫<u>社会学</u>或是叫别的什么，对于我都是一样的。我要说的是，在《S/Z》中，借助于标记那些编码——即便是一种粗略的标记——实际上都有进行社会学探讨的一种可能性，因为我所标记出的五种编码，其中至少有四种就属于或很可能属于社会学方面的，它们是布局编码（叙述动作编码）、真正语义编码（心理学义素）、文化编码（知识编码）、阐释学编码（探讨性编码、寻找一种真理或一种解决方式的编码）。例如，我们可以设想在重读巴尔扎克作品的同时，去寻找文化间的互文性②（即对于知识的所有参照），因为这种互文性可以充实巴尔扎克文本中相当丰富和相当沉重的——不好说是有时叫人有点陷入沉思和有点叫人厌烦的——那一方面。这将会是一个很好的问题，因为我们无疑可以看到，这个包含诸多文化编码的问题以不同的方式为每一位作者做了标记。例如福楼拜，他也难脱文化编码的纠缠：他着实地为文化编码所累，一反巴尔扎克的做法，曾经尽力借助于反语、抄袭和模仿的模棱两可态度摆脱文化编码；这就使他的一部书变得让人感到捉摸不定，大家都知道这是一部非常现代的书籍，它便是《布瓦尔与佩居榭》（*Bouvard et Pécuchet*）：因此，依据文学符号学来建立某种社会学是可能的，不过还是在此，那就应该构想一种足够新的有关文学的社会学，而这种社会学可以和

---

① 《局外人》（*L'étrangère*），载《文学半月刊》（*La Quinzaine littéraire*），1970 年 5 月 1 日，p. 19。

② 互文性（intertextualité）：符号学术语，指不同文本之间的相互关联性，此前也被译为"本文间性"。——译注

应该利用互文性的敏感性,即对于关联文本的敏感性。我认为,如果我们对互文性具有了某种敏感性,我们就可以进行一项全新的研究工作。例如,这种互文性的第一种规则,便是要理解关联文本并非是一个本源问题,因为本源就是被命名的起因,而关联文本则是无起因可标记的。

说到这儿,在《S/Z》中还有第五种编码,我称之为<u>象征</u>编码。这个编码,我并不隐瞒,其名称本身也表明,它是某种无所不在的编码;不过,我要说,大概就是在这种象征编码层,会出现我们所称之作品的质量,而且甚至在给予这个词一种非常严格意义的同时,会出现作品的<u>价值</u>(按照尼采的定义)。作品价值的等级,概括说来,就是从俗套到象征的等级。这一点需要进一步探讨:似乎应该在大众文化一侧来研究,在大众文化方面,象征实际上是非常弱的,而俗套系统即多格扎系统(采用亚里士多德的一个用词,多格扎即强烈的公共舆论的地位)却是非常显赫的。相反,在古典作品中(我说的不是对象征另眼看待的现代作品,而是说古典作品,其中当然包括浪漫主义作品),象征系统不仅以其丰富性、充实性、多彩性而且以其婉转的特征占据主导地位。最终,正是这一点构成诸多作品在品质上的区别,而且它有可能回答一个可怕的问题,即是否存在一种好的或者一种坏的文学的问题,亦即我们是否可以通过结构标准来区分出这一种或那一种文学的问题。

至于您的第二个问题,提得很好,而且好到不是那么容易回答。我来含混地回答一下。

我要说,首先,这是克里斯蒂娃的第一个定义:"我们使一种可度量的因此是可再现的特征,脱离根据一种非度量的概念背景所研究的意蕴系统。"这一定义恰好与《S/Z》相互契合,因为《S/Z》可以被阅读、被理解,就像对于巴尔扎克的一个中篇小说即《萨拉辛》的再现那样。这是一种再现,因为其中有着对各种编码的分析、列举和对各种用语的列举:这是一种分析性再现,但仍然是一种再现。再就是,我会提供索莱尔斯的一篇文章,来证明是可以把《S/Z》当作一

声音的种子

种再现来阅读的,因为索莱尔斯的文章就使得《S/Z》成了一种读物,那便是对于一种再现的阅读:正是因为他把《S/Z》当作一种再现,他才得以评论这本书,并根据一种强有力和给人印象深刻的政治与历史－意识形态的观点,来使其得到整合与破解。但是,另一方面,而且正是这一点是含混性的第二部分,《S/Z》并不最终和完全地是一种再现,也就是说,它是一种分析性评论,因为——您也这么说——它是被写作出来的。这并不意味着——而且我也经常这么说——它写得很好。问题不在这一方面,尽管不该草率地应对源于风格上的要求:《S/Z》服从于严格意义上的风格之某些价值,这一点是重要的,因为风格作为对于规范行文①的拒绝,它是写作的开始。接受风格,意味着拒绝将言语活动视为一种纯粹的工具,这便是写作的开始。但是,而尤其是,如果《S/Z》属于一种写作活动的话,那么,这不仅仅是因为我在句子的写作技巧层面上,而且因为我在文本的布局谋篇上下了很大功夫,也就是说对于词汇、对于词汇的评论和阐释展开做了蒙太奇式的加工。如果我与写作这本书的时刻联系起来的话(我写了,又重写,我为此费尽了心血,而且是激情满怀),我会这样说:我丝毫不记得发现人们一致所称的各种想法的时刻,我倒是对于我奋力进行蒙太奇加工的时刻有着鲜活的记忆,正是在这一点上,我认为它是写作出来的。(此外,正是因为这一点,《S/Z》这本书完全不同于关于《S/Z》的研讨班上的授课,那是我在成书之前于高等研究实践学院开办的研讨班上的内容,尽管涉及的是同一概念资料)在《S/Z》是被写作出来的情况下,它便避开了分析性评论,而属于一种文本生产活动。此外,我们可以说,对于《S/Z》,有着两种反应(我说的是反应形式):有一种属于传统类型的反应,这种反应表现为报刊上的那些批评文章,那些文章在使这部书像它应该是的那样来参与社会游戏方面是绝对必要的;还有作为第二种反应形式的书信反应,我

---

① 规范行文(écrivance):罗兰·巴尔特在《写作的零度》一书中,将"规范行文"与"写作"(écriture)做了对立阐述,将前者确定为对于真实情况的描述,亦即"白色书写",或者是无风格的书写,而把后者确定为带有作者风格的创作亦即巴尔特意义上的"写作"。——译注

谈话

收到不少读者来信，其中包括某些我不认识的读者，他们依据对《S/Z》的阅读而广泛联想，扩展我所发现的那些意义，并发现了其他意义，他们常对我说，在哪一个词上我本该发现哪一种内涵等，并且他们常常以一种非常智慧的、在定义方面无论怎样都无可指责的方式对我说话。我要说的是，在我看来，对于我的研究工作的真正验证不存在于第一种反应之中，而是在那些书信之中，因为它们恰恰说明，我已经——甚至是腼腆地——成功地创立了一种无限的评论，或者像人们所说的那种恒定的日历一样，更是创立了一种恒定的评论。

在谈到互文性概念的时候，您说过："如果文学是诸多写作之间的一种对话的话，那么显然，整个的历史空间也便以全新的方式重新归属于文学的言语活动了。"① 那么，这难道就是《写作的零度》只不过是其导论的有关文学各种形式的一种历史途径吗？

从某种方式上讲，我从那时以来做的，就是有关写作的一种历史。问题是，在《写作的零度》那个年代，我考虑的是一种更为传统的历史，我当时对于历史并没有一种新观念。我非常模糊地思考着一种写作史，而这种历史实际上有点依随文学史，只不过是转移了对象。显然，从那时以后，事情发生了变化。困难在于，现在，在我看来，似乎我们对于历史话语有着另外一种要求，大概这正是当前思想界甚至是先锋派思想界受到不少指责的问题之一，因为人们围绕着历史在相互争吵着，而不去真正思考<u>特定的历史话语</u>。现在，我们可以构想一种历史话语吗？我说的不是关于历史的一种概念，而是一种历史话语，而这种话语又不会天真地就这样自我出现。它会是一种什么样子呢？它会遇到什么阻碍呢？等等。这便是需要提出的一些问题。实际上，我总是把历史感觉为像是需要占取的某种要塞阵地：根本不是像人们指责结构主义那样是去洗劫，而是推倒其城墙，也就是说去破坏现有历史话语和将其转换为<u>另外一种话语</u>，这种话语的历史是不

---

① 《访谈录》，载《法国文学》（*Les Lettres françaises*），1967年3月8日，p. 12。

声音的种子

会没有的,但它将不再属于现有历史话语。那么,关于写作的历史可能所属的另外的一种话语,会是一种什么样子的呢?① 我不知道,不过,我仍然认为,在福柯看来,我们对其已经有了一种方想法。

对于《萨拉辛》的分析(您很希望它会成为一种关于文本的理论),似乎必然成为像是有关阅读的一种教学(难道我们不能如此来定义您自《神话集》以来的全部作品吗?因为它们都在讲授一种解密性的阅读方式,都像是对于阅读的一种预科学习)。您是将您的研究放在一种有关阅读的总体理论框架内来构想的吗?(第 152 页)这样的一种理论在制定上都有哪些问题和其方向是什么呢?

实际上,我在《S/Z》中尝试探讨的东西,是写作概念和阅读概念的同一性:我想把其中一方面"揉碎在"另一方面之中。我不是唯一这样做的人,这是在当前的整个先锋派中广泛流传的一个主题。我还要说,问题并非是从写作过渡到阅读,或者说从文学过渡到阅读,或者说从作者过渡到读者。正像有人说的那样,问题是改变对象、改变感知层次的问题:写作与阅读,这两个方面应该相互理解、相互研究、相互确定、相互重新确定。原因是,如果有人继续将两个方面分离的话(这样做通常是极为阴险的、极为不义的,人们会不停地被带回到写作与阅读分离的情况),那会发生什么呢? 在这种时刻,人们就会产生一种有关文学的理论,在人们使阅读脱离写作的情况下,这种理论就只能是一种属于社会学的或现象学的理论,而按照这种理论,阅读就总会被定义为写作的一种投射,读者则被定义为作者的哑声的和可怜的"兄弟"。人们将再一次被向后拖向有关言语活动的表现力、风格、创作或工具性的一种理论。结果便是,必须封堵这两种

---

① 巴尔特在这里所说的有关文学史的"另外一种话语",是指从他所处那个时代开始逐步建立起来的"文学观念史"。这种观念史已不再只是介绍作家和作品以及相关的历史背景,而是关注涉及作品内在结构、作品间相互关系以及各种创作方法和不同流派的各种观念。在这一方面,可参阅法国大学出版社(PUF)2002 年出版的《文学观念词典》(Le dictionnaire du littéraire)。——译注

概念。

这并不意味着，暂时没有可以说是属于改良论的阅读问题。这就是说，存在着一个真实的、实际的、人文的、社会的问题，这个问题便是了解我们是否可以学习阅读文本，是否可以参照社会集团来变动真实的和实际的阅读，是否可以在学校和文化条件约束之外来学习阅读或不阅读或重新阅读文本。我确信，这一切均未得到研究和设定。例如，我们必须依据阅读的某种节奏来阅读文学作品，那就必须知道，在变动阅读节奏的情况下，是不是会出现理解上的改变。在读得快或读得慢的情况下，那些显得模糊的事物有可能变得耀眼无比。例如，还有——我在此举出一些阅读技巧上的问题——对于被讲述的故事的展开和发展的要求问题，因为我们无法承受故事的重复。相当怪异的是，我们的多格扎文化即大众文化，由于活跃在和脱离不开一个满是俗套和重复的世界，它不无浮夸地声称自己对任何似乎在重复、似乎包含着重复的文本，都绝对地是厌恶的。在这一方面，最近我们有居约塔的书《伊甸园，伊甸园，伊甸园》(*Eden Eden Eden*) 为例，该书被几乎是整个的批评界虚伪地断定为读不懂的，原因是它似乎在重复。似乎必须提醒读者，有着多种可能的阅读方式。并非必须根据一种线性的和连续的展开来阅读一本书；并非必须像阅读居伊·德·卡尔（Guy des Cars）的一部小说或者甚至像阅读福楼拜的《情感教育》那样从头到尾地阅读居约塔的书，但是，人们就是不接受这一点。极为荒谬的是：那些人非常接受不从头到尾地阅读《圣经》，但是他们不接受不从头到尾去阅读居约塔的书！因此，这里就出现了对于阅读的诸多限制问题，需要有那么一天至少以一种合理的方式将其表述出来和提出来。

您在 1963 年时说过："我现在所思考的是，是否会有一些艺术，它们在本质上、技巧上或多或少是反向而动的。我认为文学就是这样的艺术，我不相信一种左派文学是可能的。说有一种问题性文学，是可能的，也就是说，它是一种属于中断意义上的文学：这是一种引发

声音的种子

回答却又不给出回答的艺术。"[1]对于或多或少是反向而动的文学的这种定义,适合于整个的文学吗?或者就像《写作的零度》中的分析所指出的那样,它只适合于文学的一种特定时刻?

说到"反向而动",这是我使用过和有时由于想象力贫乏而有时重复使用的一个词,这个词说到底是过重的;它是一个过分偏于个人表白的("神学方面的")词。我认为,文学,甚至是古典文学,从来都不完全是反向而动性的,这完全像变革的和进步的文学从来也都不完全是革命的一样。实际上,古典文学,即便当其在形式和内容方面极显保守的情况下,它也是一种在局部上属于复变的[2]和滑稽可笑的文学。这种文学在地位和结构上是矛盾的,因为它既是刻板的,又是持怀疑态度的。此外,从词源学意义上讲,这是一种矛盾的、荒谬的地位,因为它不曾得到过很好的探讨。

今天,我们在继续这种文学,我们一直处于这种含混性之中,因为我们实际上脱离不开重复性:这种文学在重复。自马拉美以来,我们作为法国人,就没有发明过任何东西,我们在重复马拉美,而且由于我们是在重复马拉美,所以我们是那样的快活!自马拉美以来,法国文学中,没有出现过伟大的突变性文本。

这便是乔伊斯的创作在英国文学中的情况。

是的。这是个问题。现在,我对于突变性文本这种问题很感兴趣,因为它与俗套即重复问题紧密相连。例如,马克思代表着一种突变性文本,但自从人们处于对马克思话语的重复性情况下以来,便没有新的突变情况:列宁、葛兰西[3]、毛泽东,他们是非常重要的人物,

---

[1] 《访谈》(Interview),载《电影手册》(Cahiers du cinéma),1963年9月号,p.28。

[2] 复变的(paragrammatique):源于索绪尔的使用(索绪尔也使用 anagramme 一词),表示的是字母或音节的重复和变化可以产生新词和带来语义变化的现象。——译注

[3] 葛兰西(Antonio Gramsci,1891—1937):意大利哲学家,意大利共产党创始人之一。——译注

但他们都在重复马克思的话语。

福柯正确地谈到了马克思和弗洛伊德，说他们是话语特征性的奠基者：当有人开创了一种科学，而这种科学后来得到了发展和超出了其话语空间的时候，马克思，还有弗洛伊德，他们都创立了一种科学话语，这种话语不停地返回其源头，同时思考源头、分析源头、无休止地重读源头。这有点像是您对于这种重复性问题的看法。

确实是这样：此外，我已考虑我今年的研讨会主题，是将弗洛伊德的一个文本作为突变文本。

今天，您说过："人们在生产理论，而不是生产作品，我说的是人们一致称之为文学的东西。"①这样的一种表述，难道不影响您曾经拒绝的（例如在您称茱莉亚·克里斯蒂娃的《符号学：符义分析研究》是一部"作品"的时候）在理论与实践之间的这种传统对立吗？现在，一部非理论的作品，难道不是一种有关写作的理论正好可以质疑的这种或多或少是反向而动的文学吗？

茱莉亚·克里斯蒂娃的作品是被当做理论作品来接受的；这部作品是理论性的。不过，它是在抽象的和困难的意义上被接受为理论性的，因为人们认为理论就是抽象性和困难性。其实，也正是在这种名义下，这本书在很大程度上是被人拒绝的。但是，"理论性的"，当然并不意味着就是"抽象的"；在我看来，它意味着是"反省性的"，也就是说，它返回到其自身。在这一点上，一种返回到其自身的话语，就是一种理论话语。实际上，理论的命名英雄即其神话英雄，可能就是俄耳甫斯②，因为恰恰是他返回到其所爱的人那里，即便是要毁掉，

---

① 《访谈》(Interview)，VH 101, n°2, 1970, p. 11.
② 俄耳甫斯（Orphée）：古希腊神话中诗人和歌手，善弹奏竖琴。——译注

声音的种子

他在返回见到欧律狄刻[1]的时候，使她昏厥了过去，他又第二次害了她。<u>必须进行这种返回，哪怕是要毁掉</u>。在这种时候，我个人所构想的与西方社会一个非常确定的历史阶段相适应的理论，也会适合于一种妄想狂的阶段（在该词恰如其分的意义上讲），也就是说，适合于一种科学的阶段，适合于我们社会的一种知识阶段（自然，这是远远高于幼稚阶段的一个阶段，这种幼稚阶段与这个高级阶段共存，它在于不去对言语活动进行思考，不将言语活动在返回其自身的情况下就进行谈论，而在于操纵一种傻瓜式的言语活动：显然，这种拒绝将言语活动返回其自身的方式，是开向主要的意识形态性欺骗的通途）。

在对言语活动或者更总体上讲对您个人的研究工作的这种思考方面，您是否感觉到一些限制呢？

是说我感到有限制吗？从某种角度看，我觉得我该回答您是有的，因为认为我是在毫无限制的情况下写作，那是完全荒唐的。但同时，实际地讲，我可以说我在我所做的事情方面，没有感受到什么限制。为什么呢？可以说，我是在有兴趣（在该词严格的意义上讲）的情况下参与社会游戏的，但我不是以夸张的方式和实在地去参与的，而是在更深层次上根据游戏的某种伦理学来参与的。实际上，这就使得在我所写的东西的命运层面上或我所写的东西融入我的社会层面上，我无须表述任何个人的要求：我既无抱怨要表述，也无欲望要表述。我写，写完就交出发表：只是一种观点而已。我无任何更多的东西要说，而且我甚至说，正是这种认识在让我感兴趣，原因是这种认识迫使我将我个人的研究工作与有关作品的某种"复变"地位（多元、复合、含混）的观点放在了一起。因为就像以往一样，在任何情况下，我所认为的大问题，就是破解所指、破解法则、破解父亲、破解受压抑的人——我不说是让其完全毁灭，而是<u>破解</u>；只要是在对我

---

[1] 欧律狄刻（Eurydice）：森林女神，俄耳甫斯的妻子。——译注

谈话

自己的文本有可能进行一种复变研究、进行某种复变施展的地方,我都感到心情舒畅。如果真的有一天我要对我自己的研究成果进行批评的话,我会把精力完全集中在"复变性"上。

一般说来,任何属于要求、争议、抗议的东西,我认为总是叫人感到头疼和平庸的。正是因为这一点,我觉得我在某种程度上属于另类;我不认为我非常赞同一种有点新的风格,特别是不赞同年轻一代作家们的风格。可以说,一切属于广泛意义上的机遇剧(happening)的东西,相对于弄虚作假的价值和弄虚作假的活动来说,在我看来都显得极为平庸、极为贫瘠。我总会为游戏辩护,而反对机遇剧:**机遇剧**并未得到足够的展示,因为它仅仅与一些编码之间有着更为高级的关系。

此外,我认为,人们在《神话集》中明确地感觉到了您被您破解的那些编码所吸引。

绝对是这样的。以至于我被一些挑衅性的编码形式所吸引了,就像做蠢事那样。

此外,为了尝试向有关限制的问题有所返回,我要说的是,需要做的事情,是不去借助一位作家的生平,而是通过可以称为其工作的写作,来重新描述一种能力显示学(ergographie)。至于我,我所写的历史,是一种游戏的历史,这是一种连续的游戏,在其中,我尝试写出了一些文本,也就是说,我尝试了一些模式语域,我尝试了一些引文领域。因此,《时尚系统》就是某种引文语域,即某种模式语域,这种语域更可以说是转向了一种规范行文,而不是一种写作。为什么会是这样呢?因为实际上对于我在服饰方面的研究,写作已经是处于系统制作之中了,也就是说处于做零活之中了,而不是处于写出记录即对书籍的抄录之中。在此,不容赘述,写作真的不是在书籍之中:写作已经是在我此前完全独自做的东西之中了,而且我所能回忆起来的也正是这一点。对于《符号帝国》,

声音的种子

是完全不同的另外的情况：在这部书里，我让自己自由地完全进入能指之中即进入书写之中——即便是按照我们刚才谈论的风格意义来理解也是可以的——同时也完全地进入用片段来书写的权力之中。显然，烦恼，即人们要求我在知识界扮演的角色，并不属于能指一侧：人们实际上是要我提供一种理论的和教学上的法则，人们把我放进了一种观念史之中，而我现在却更多地被实在地进入能指的一种活动所吸引。我要说，正是这一点是限制：如果有一种限制的话，那就是上面所说的活动，不过，它根本就不真正属于编纂学方面的、经济学方面的范畴，而是一种在意象方面的限制，这是变幻成经济需求的一种意象。人们从不问，在我看来我有什么可以对等于我对日本已经写过的东西，或者说人们极少这样问我。意象强加给我们这样的一种要求，而这种要求又不符合我们所具有的真正欲望。

德里达在其《论文字学》中断言："线性写作的结束，也就是书籍的结束，即便在今天，新的写作仍然要不论好坏地进入书籍的形式之中，不论这些写作是文学的还是理论的"。[1] 这些新的写作，就是在《S/Z》开头部分您在关于可誊写文本的论述中所描述过的那些写作。对于德里达所说的书籍的结束，您是怎样想的？

为了回答您，我做点词语游戏。您说"您如何看待书籍的结束"；我不善于回答动词本身。实际上，我并不预测这种书籍的结束，也就是说，我无法使其进入历史或社会的一种程序化之中；我最多也许能看见它，因为看见对立于作为一种乌托邦活动和幻觉活动的预见。但是，说真的，我不能看到书籍的结束，因为这将会是看到我自己的死亡：在我自己的死亡之外，我看不到书籍的结束；这足以说，我可以勉强地甚或神秘地去谈论，一如处在使故事发生转向的赫拉克利特游

---

[1] 雅克·德里达:《论文字学》(*De la grammatologie*), Paris, 1967, p.130。

谈话

戏①中那样。

说到这里，我可以给您一种更为现实的和更不叫人满足的回答，同时补充说，粗野（列宁曾将这种粗野设定为社会主义的交替出现本身）总是可能的。从此，我们便可以具有书籍的结束的末世观点：书籍不会消失——远不会如此，但是，它将会以最卑劣的形式取胜，它将会是大众传播书籍、消费指南书籍。按照一种资本主义社会到那个时候不会再为一些边缘形式留下任何可能的游戏的意义来理解，按照不会再有任何可能的弄虚作假的意义来理解，我们就可以说这是资本主义的特定书籍。于是，到了那个时候，就将是完整的粗野：书籍的死亡所对应的是可读书籍的独占天下，是不可读书籍的完全毁灭。

您总是把文学批评定义为对于一部书籍的破释，为的是最终依据其某种真实的东西即其最后意义来解读它，同时确定文本的多元性。您个人的研究工作（而且《S/Z》是典范性的）可以说是"在批评之外"以文本符号学的方式保持了下来——这样做甚至可以是一种更为彻底、在其严格意义上更为关键的努力。在您看来，批评还会保留其真正角色吗？它会不会注定被包含在茱莉亚·克里斯蒂娃分析过的符号的共谋性（complicité du signe）之中了呢？

我不是非常确信我曾把批评定义为一种阐释学，但最终可能就是这样的：我并不坚持我说过的前后总是一致。但是，我认为，无论如何在《批评与真理》一书中，我是为批评的一种真势功能、一种象征的和多义的功能而疾呼呐喊的。我在这里想要说的，是人们有可能会在批评角色与批评活动之间做出区分。关于批评角色，你总是可以对其进行想象的；也就是说，总是可以去想象各种批评角色——即便是传统角色　的一种连续性，而那些角色并不一定就是具有不好品质的。我想到了阿诺德·勋伯格（Schönberg）说过的话，他说，即便是

---

① 赫拉克利特游戏：古希腊哲学家赫拉克利特（法文：Héraclite）发明的一种每一方有六个石头棋子的双人棋盘游戏。——译注

153

声音的种子

先锋派的音乐,而且这种音乐恰恰是必须为之而奋斗的音乐,也还总是有可能将美的音乐变成 D 大调的。我要说的是,人们总是可以将好的批评变成 D 大调的。

我只是想指出,您似乎在批评与符号学之间建立了这种对立关系:批评可以说是某位想让符号停止下来、想寻求一种最终意义(这种意义只不过是一种意识形态意义)的人的活动,而您在《S/Z》一书中进行的文本的 sémiologie 或文本的 sémiotique[①],恰好就是对文本的多元性的回答,而这种文本符号学似乎在一定程度上继续待在批评之内。

是的,我在《S/Z》中想要做的,正是这一点。我并不排斥我称之为 D 大调批评的东西,但我恰好将批评角色与批评活动对立了起来,因为后者仅仅是一种作家活动,而不再是一种批评活动。这是对于文本、关联文本、评论的一种活动,而正好在这一方面,实际上,我们可以考虑(至少我是这么考虑的)无限地根据以往的文本进行写作。我模糊地有了一种想法,那就是,现在我们可以很好地构想一个时期,而在这个时期中,人们不再写作传统意义上的作品,而是不停地重写过去时间的作品——"不停地"意即"永久地":这就是说,实际上,可能会有一种评论活动,它迅速繁复、极力萌发、复现不迭,它将会是我们时代的一种真正的写作活动。总之,这并非不可想象,因为中世纪创立了它,而且最好返回到中世纪,即返回到人们称之为中世纪之野蛮的东西,而不要返回到重复性的野蛮方面。最好永久地重写《布瓦尔与佩居榭》,而不要停留在各种俗套的隐蔽的重复性之中。显然,这将是一种永久性的评论,这种评论借助于很强的理论阐释,有可能会超越肆意展述的阶段,有可能会打碎文本而获得其

[①] 我们可将"文本的 sémiologie 或文本的 sémiotique"均翻译为"文本符号学"。但是,在法国符号学中,sémiologie 是沿用了索绪尔的术语用法,指早期对于符号性质和符号系统的研究,而 sémiotique 是 1970 年之后以格雷马斯为代表的巴黎符号学学派使用的术语,指对于符号之间关系即"叙述性"的研究;现在,后者成了法国符号学主流研究方向。——译注

谈话

他东西。

去年，您参加了有关当前文学教学问题的色里西（Cerisy）研讨会。在您看来，这些问题的主要点在什么地方？当前，对于文学的一种有效教学该是什么样子呢？

我不知如何回答是好。我不知是否需要讲授文学。如果有人认为应该讲授，那么，就应该接受一种可谓是改良的观点，而在这种情况下，就该采取"打入内部"的方式：进入学院，以改变事物；进入中学、进入高中，以改变文学教学。其实，从个人秉性上讲，我更倾向于在特定地点进行一种临时的改良。在这种情况下，文学教学的任务就将是尽可能宽泛地解体文学文本。教学方面的问题就在于推翻有关文学文本的观念，就在于最终让青少年懂得到处都有文本，但也不是任何东西都是文本。我想说的是，到处都有文本，同时也到处都有重复、俗套、多格扎。目的就是：在不只是存在于文学中的这一文本与社会的重复性神经活动之间做出区分。应该让人们接受，人们有权接近作为文本的非印刷文本——就像我为日本所做那样，同时要学会阅读关于生活、关于大街的文本即组织情况。也许甚至需要重新组织作为书写生活的传记，而这种传记不再依靠对于历史的或真实的领域的参照。在这一方面，将有着一系列总的说来属于去除文本属性的任务要做。

最初见于《时间的符号》(*Signs of the Times*)，1971 年，斯蒂芬·希斯（Stephen Heath）整理

文化的必然，反－文化的极限

1972 年 1 月 13 日

一部论著——《萨德　傅立叶　罗犹拉》(Sade, Fourier, Loyola) 刚刚在色伊出版社出版，一期《原样》杂志的专号，多次接受电视和左派报刊的采访……罗兰·巴尔特向着现时性的返回，是为了适应一种动议之作为、适应一种更为明确和更加吸引人的义务吗？罗兰·巴尔特不会走回头路，他继续在文化问题方面也就是在他认为是当前的重大颠覆性任务之中前行，那就是，对于写作的明确阐释，"寸步不离地关注着资产阶级文化的撕裂"。

在严重的混乱无序主导着颠覆活动的时刻，在暴力（暴力的言语活动）由于通常是任意的和轻率的考虑而耗尽的时刻，他有关反－文化之极限的论述，在我们看来，似乎可以成为有益的思考基础。

您从别人那里借用了对于您自己的反常定义："我待在前卫派[①]的后卫位置。"

有一种历史辩证法，它使得人们在采用后卫或前卫这种说法的时候，从来不敢确信其所占据的位置。实际上，必须重申，前卫派这种观念本身也是历史论的。这种观念在绝佳地顾及所有关系的同时，出

[①] 这里采用的"前卫派"是相对于之后"后卫"来说的，通常将其翻译为"先锋派"。——译注

文化的必然，反-文化的极限

现在 20 世纪之初。在此之前，没有人这么说过。从欧洲 1914 年大战以来，各种前卫派快速地相继产生，而且实际上，如果对其进行某种研究即制定出有点客观的历史图表的话，就会发现，直到今天，前卫派几乎都被政体、规范的文化、通常的舆论所吸纳。

这种持久的吸纳运动甚至是非常快速的。只需想一想，我们在法国吸纳曾长时间作为前卫派之样板的超现实主义这一运动的方式，就知道了。现在，对于超现实主义（我绝非是评判其内容，而是评判人们对于它的使用），您尤其会在拉法耶特商场或埃梅斯商店[①]的陈列橱窗中可以看到。

如果以电影为例的话，吸纳过程就更为明显。有一些看似前卫的影片，也就是说是位于通常商业领域之外的影片，一时的时尚和只是简单的爱好就将其纳入了大众消费之中，这样的影片何其之多！

前卫活动是一种非常脆弱的活动，它注定要被吸纳，这大概是因为我们处在一个异化的资本主义类型的社会中，而这种社会因经济原因又支持和需要支持那些时尚现象。不幸的是，而且我要说的这一点对于我们后面的谈话都是有效的，那就是我们当前无任何手段来认真思考所有的文化现象，它们就那样出现在我们面前的于历史上得到自由或在社会关系上得到自由的那些社会之中。

苏维埃社会的榜样并非是完全让人信服的：我们不能说这种社会已经产生了像我们在这里所构想的一种文化解放。中国的榜样也许是更为叫人信服的，但是，我们不得不承认，我们缺乏信息来源。以至于对于我们西方人来说，文化的解放只能采用乌托邦的形式。

"前卫派"与战斗的极端主义，难道不会混淆吗？

整个问题就在于了解，所借入的带有暴力活动的一些形式或一些引人入胜的颠覆形式，是否就是前卫派的某种天生的特征。这一点并

[①] 拉法耶特商场（La Fayette）和埃梅斯（Hermès）商店：国内分别译成"老佛爷商场"和"爱马仕商店"。——译注

不确定。就我个人来讲，我不赞同暴力，除非是在一些明确的政治情况下。我在此参照的是列宁的一些典型分析，因为在那些分析中，暴力是必须导向一些非常确定的策略性目的的某种东西，而不是作为一种常在的伦理态度出现的。就我个人来讲，在那些耸人听闻的属于暴力的破坏性的活动之外，我确信有着需要在深度上进行的一种完整的颠覆工作。

人们称之为反–文化的东西，是根据美国的一个新左派和与之关系密切的一些知识分子群的表述方式传播开的。您如何来定位这些活动呢？

对于反–文化活动，我们可以给予其一种历史的验证。从历史上讲，这些活动是一些必要的活动，因为它们勾画出了某种虚无论动作，这种动作属于反–文明的当前任务。说到这儿，在现时状态下，就像我们所看到的其运转的情况那样，我认为，这些反–文化的形式尤其是一些表达性言语活动，也就是说，这些言语活动特别适用于某些个体、一些小的社会群体在表达平面上的自我表达、自我解放。不过，我在表达与言语活动的动作之间做了非常大的区分，即在作为表达的言语活动与作为转换、作为生产的言语活动之间做了非常大的区分。

但是，难道这种表达活动不曾有过任何的效力吗？

我恰恰在尽力以一种辩证的方式来评价这些运动的重要性，也就是说，尽力注意它们在什么地方是有益的，但同时也理解它们并不一定再现颠覆的最为彻底的状态，而不论其表面上如何。

如何来理解表达性文化对于年轻一代尤其是在音乐领域中的影响力呢？

文化的必然，反－文化的极限

通俗音乐有着身体方面的内容，反－文化形式很看重这种音乐。在这一点上，这种音乐与身体有着一种新的关系，需要给予保护。不过，我要说的是，在我看来最有意义的例子——因为也是最富睿智的（也是最为可理解的）例子，我们可以在人们所称之概念艺术中找到。概念艺术旨在破坏艺术、绘画、展出、博物馆的传统对象，而同时，它也生产具有很高智慧的理论性文本。我感到有点遗憾的是，如果我可以这样说的话，除了概念艺术，人们可以提到的反－文化运动，例如通俗艺术、通俗音乐、地下出版物等，都在话语的破坏之中转变，它们以此为名而拒绝任何理论化努力。

然而，在我们当前的社会中，理论是最好的颠覆武器。我不说，在其他国家、在其他历史上的国家中也是这样。我们完全可以想象一个国家——就说中国吧，在那里，革命的条件是，理论与实践的关系已经完全地被改变了，因此，理论任务在那里与在我们这里是不相同的。但是，在我们这里，我认为理论任务仍然是基本的。对于这些反－文化运动，当其进行一种理论化努力，或者更为愚蠢地讲，进行一种智慧努力的时候，当其接受在其目的方面和其行动方面生产一种智力话语的时候，我对于这些运动表现出巨大的兴趣。

某种文化极端论的幻想，难道不就是认为它的言语活动处于意识形态之外吗？就好像那是被一种阶级划分所割断的一种言语活动似的。

在此，我很想指出两点。第一点是这样的：我深信（而且这种深信与我20年来的研究工作密切关联），一切均为言语活动，没有任何东西可以躲避言语活动，整个社会都是被言语活动所穿越、所深入的。因此，在某种意义上讲，一切都是文化的，而且实践一种非－文化是不可能的。文化，就是我们必须面对的一种必然性。因此，进行一种反－文化的彻底动作，便只是转移言语活动，而且，如果我们有所留意的话，便是再一次依靠一些俗套，因此，也是再一次依靠已经

声音的种子

存在的一些言语活动片段。

另一点，我要说，暴力本身就是一种被过度使用的、有千年历史的甚至是人类学上的编码：这足可以说暴力自身并不代表一种前所未闻的革新形象。因此，在我看来，对于文化的一种彻底破坏态度，就像是未经思考的、相对无效的态度，而且它只具有表达价值。自从人们以更为宽泛一点的历史任务一词提出了问题以来，我认为，没有别的解决办法，而只能接受文化的这种必然性。因此，应该致力于破坏和改变内部。就外部而言，态度继续是装饰性的。

您对于改变内部是怎样理解的？

社会强加给我们一些分离的言语活动（我们生活在言语活动的一个分支之中，这个分支便是我们社会异化的符号）。但是，在置身于某些言语活动类型之内部的时候（人们应该这么做，而且我们都这样做），不要忘记，我们一直在依据另外一种言语活动在做，而从不依据一种非-言语活动来进行。从此，我们就光明正大地投入对我们自身的批评和对我们自己言语活动的批评过程之中了。这是一种自省态度（我们刚才谈论过理论，在我看来，这是同一回事），这种态度可以推动文化。此外，它也密切地联系着对于人们所谈论的场所的极为细心的感知。一位个体，虽然自诩是革命的，但在其不提出他所谈论的场所的问题的时候，还是一位伪装的革命者。

这个场所，一般说来，难道不就是在多数情况下处于边缘的小资产阶级的场所吗？

我们缺乏明确资料，更何况，在特定的社会阶级、在其各种决心与其所制定的意义（即神话）之间，有一些人们很不了解的更替情况。因此，我无法知道反-文化的那些参与者来自哪一个阶级。不过，虽然他们都属于小资产阶级出身，但也还是要重申，20世纪的

文化的必然，反－文化的极限

历史任务之一，就在于了解小资产阶级自身如何也可以成为一个进步阶级，这也不是什么不足。我认为，如果我们最终不能回答这个问题的话，那么，历史几乎要长时期停滞不前了。在文化方面，我们可以说，小资产阶级的文化在"恶作剧似的"复制资产阶级的文化，而这种可笑的模仿，就是所谓的大众文化；而且就在这里，没有任何社会阶级、社会群体可以躲避小资产阶级文化的普遍感染。

您曾经写道，在法国，赋予文化以特征的东西，就是小资产阶级的迅猛发展，因为小资产阶级已经开始与大资产阶级的文化争夺支配权，是这样的吗？

也许可以说，主导 20 世纪下半叶的东西，不管怎样在法国就是这样，是资产阶级与小资产阶级之间出现的大清算。历史性的问题，在于小资产阶级是否将冲破（属于蓬皮杜[①]类型的）一种资本主义地位的总体框架，或者是否将冲破法国共产党类型的一种地位飙升的总体框架。

我想补充一点，那就是，所有这些反－文化运动（在此，我们又会遇到对它们的动作进行必要的无休止的辩证评价的问题），所有这些运动都一直在尝试推行一种虚无主义。正是在这一点上，在我看来，它们的动作在局部上得到了验证。实际上，我认为，有关我们身在其中的这种状态的唯一可能的哲学，就是虚无主义。但是，我要立即补充一点，那就是，在我看来，虚无主义根本不能与暴力行为表现、破坏的彻底性或者更为深刻地讲与或多或少精神病症的或歇斯底里的行为表现混为一谈。

虚无主义是一种思考和陈述活动类型（因为总要通过言语活动来提出问题），它要求在言语活动方面具有一种智慧努力和掌控努力。不应该忘记，最远离虚无主义思考的哲学家是尼采，而他在我们这里

[①] 蓬皮杜（Georges Pompidou, 1911—1974）：法国总统（1969—1974），曾修建以其姓氏命名的"蓬皮杜国家艺术与文化中心"。——译注

还不为人所知或者说还根本不为人所知。当前，人们可以想象的虚无主义的制定形式和运动形式，通常可以显示为散在的、被抑制的、边缘化的甚至是谦让的，但是，这并不影响这些形式相对于表面上更为彻底的一些运动形式，可以在深度上更为虚无主义。

168 　　一方面，是对于一种特定的、高度技术性的、一如您在理论研究工作中所使用的言语活动的需求，另一方面，是您刚才说到的社会各阶层的一种政治化需求，在这两者之间出现了矛盾，您如何解决这种矛盾呢？

　　这是个问题，而我并非是唯一遇到这种问题的人。可以肯定的一点是，我们正在尽力做的工作，是在很小的群体中进行的。这项工作具有深奥的特征，它绝对不考虑触及人们称之的大众。对于这一点，必须有所意识，以便不会在这一方面出现含混。不管怎样，我认为，这项相对封闭的研究工作，对于展现意义的破坏情况是必要的。我们的任务，即我们作为知识分子的任务，并不是使意义政治化，而是批评意义、批评特定意义。

　　在文化方面，法国社会非常依赖小资产阶级文化的模式，以至于为了实现数量上的变大，就必须被牵连到（而且威胁到它的动作）这些模式之中。

　　这样设定之后，很确定的便是，人们可以考虑（而这就是喜剧、电影创作者的作用了）在布莱希特之后，是否可以尝试建立一种新艺术，而这种艺术相对于当前的法国社会来讲在其异化之中又将具有很大的传播能力，不过，它却将包含带有进步性、颠覆性和虚无主义的一些严肃成分。

　　这要由创作者们来研究和寻找。需要补充的是，如果这些创作者最终达到了一种实际结果的话，那么，他们就会在扩大影响方面遇到更多的困难。无可争辩的是，在文化机构方面（在广播、电视，也许甚至在中学和大学里）会有一定的审查，而这种审查自然会得到加

文化的必然，反 - 文化的极限

强。一旦一种艺术形式显示出颠覆性，它就总受到阻拦。但是，并非最富有暴力的形式就是最危险的。

《政治周刊》(*Politique-Hebdo*)，1972年1月13日，
让·迪福洛（Jean Duflot）整理

快乐／写作／阅读

1972年2月9日

1

您刚刚出版了《萨德　傅立叶　罗犹拉》一书。《原样》杂志也刚刚为了向您致敬而出版了其最近一期。在《萨德　傅立　罗犹拉》中，您论述了三位写作发明家，而不是论述有关恶、有关空想社会主义甚至是有关服从的神秘性的哲学。因此，这种探讨在此关系到三位语言奠基者，而且完成了——应该说是继续进行着———项计划，而该计划最初出色的启动，应该是《写作的零度》。《符号帝国》与《萨德　傅立　罗犹拉》两书引入了对文本所带来的快乐的一种新思考。因此，似乎应该将您的研究工作多元化，并使其置于两种时间之上，是这样的吗？

您的最后一句话，可以看作是任何文化均属多维的现象的标志，它依靠的是一种多元的历史。在我个人的研究工作中，这个历史覆盖了20年的时间。《萨德　傅立叶　罗犹拉》在这一历史中几乎摆脱不掉：我想再一次说，它论述的是写作。我从《写作的零度》开始就形成了这种想法，但是，显然这种想法经历了许多变化。在某些时候，我曾试图给出表面上更为科学的答案，就像在《时尚系统》中那样。服饰的言语活动当然不是一种文学言语活动。但是，在放弃过问所穿的或被拍摄的时尚系统之后，我依靠在报刊上被描述的服饰，很显然，我被重新带回我的顽念之中——言语活动而尤其是被写出的言语活动之中。《萨德 傅立叶 罗犹拉》承袭了对话语或二级语言的这种研究努力。它只是使得一种生命的努力实现了变化（在该词的音乐意义上讲）。

2

《符号帝国》①是一个新阶段的起点……

实际上，我在此探讨文本带来的快乐问题。我破释着我所见到的日本生活这个文本。当然，我所描述的，并不是技术的日本、资本主义的日本，而是一个非常富有幻觉的日本。《符号帝国》让我得以解放了热奈特（Genette）在阅读我的书时曾称之为"符号的某种伦理学"的东西。我与符号之间不存在中性关系：我一直因为在社会中或在文学中对符号的破释而感受到激励。必须说明一下，这种关系是双向的：在某个时刻，那些编码使我摆脱了约束，因为它们是安全方面的发生器。社会，例如我们的社会，由于非常异化、非常忧郁，因而需要符号的明确性。为获得安心，也需要它们的常在性。一种制作极好的编码总是让人放心的，即便它让人感到有些约束。但是同时，符号也非常容易使我感到压抑。那些使符号失去作用的言语活动或社会，在我看来，是不可容忍的：那些社会感受符号，却拒绝如实彰显符号。换句话说，那些社会并不是因为符号是什么（历史产物、意义的意识形态转化）才来感受符号。举例说，我就是根据这种无法容忍性写出了《神话集》。

我所谈论的日本，对我来说，就是一种反-神话，是包含诸多符号的某种幸运体，日本在经历了一种脆弱的非常特殊的历史状态后，完全地进入了现代性，但它同时非常接近封建阶段，以至于日本可以保留住某种丰富的语义，而且这种语义还没有被大众文明、被所谓的

---

① 斯基拉（Skira）出版社。

声音的种子

消费社会所压扁、所吸收。

3

因此，您在日本找到了您所称的"符号的幸运"。您能明确地说一说这种表达方式吗？

那里的编码很强、很微妙，一方面，它们从未被吸收（指其像是符号系统那样被显示出来），另一方面，它们从不指向最终的、稳定的、封闭的所指。也许过去就是这样，也许有日本的宗教历史的原因，也许还有异教成分在里面——或者说，为什么不可有佛教因素在其中呢？这个国家不曾像我们这一类犹太教-伊斯兰教-基督教国家那样，与独白话语有非常密切的关系。日本赋予了我某种写作的勇气。我是满怀欣喜书写这个文本的。它让我有点深入地进入了对文本、对阅读、对能指的这个享乐主义空间——或者可以说色情空间。现在，我非常想在这条路上继续走下去，非常想写一些带来快乐的文本，非常想把有关带来快乐的文本的思考、有关诱惑力的思考放进谈及文本的理论之中。几乎可以说是在谈论文本的唐璜主义[①]。为什么一个文本会诱惑人呢？一个文本的诱惑力到底是什么呢？文本带来的快乐纯粹是文化性的吗？文本的快乐取决于文化水平吗？或者，这种快乐更是属于身心的因此与文化之间保持着含有许多中介成分的关系吗？这就是我想逐渐地提出的问题类型。

4

您很有兴趣阅读萨德、傅立叶、罗犹拉。在我们社会里，有兴

[①] 唐璜主义：唐璜（Don Juan），原为西班牙传奇人物，一个荒淫的贵族，风流荡子。其名字后来演变为一个一个普通名词，指唐璜式的性格与表现。——译注

趣阅读萨德是不言明的——可以说是不可言明的。这种兴趣巧妙地被人拒绝,而让位于某种哲学探讨(一如关于恶的哲学探讨),甚至让位于有关病例的研究。快乐,在罗犹拉那里与在傅立叶那里,起因是不一样的。在您阅读这两位作者的时候,您的快乐是来自何处呢?

与公众舆论把萨德看做一位让人烦恼的作者相反,我一直对阅读萨德很感兴趣。像大家一样,我也是非常随便地——即跳过某些段落地——阅读他的书籍。当然,也不总是这个样子。是这位作家给予了我阅读的极大兴趣。在我们的文学中,自然是在另一个极端,我只知道普鲁斯特,靠他来享有无限的阅读和再阅读的这种快乐。在这一点上,傅立叶的书籍更是选集性的。傅立叶有一些文字片段,具有极强的爱抚能力,但也有让人难以忍受的重复内容。他的作品更难以阅读,因为没有论证,也没有小说情节。阅读带来的快乐不大是句法性的,而更是语义性的,在传统意义上是更为"诗意的"。至于罗犹拉,我们不能谈这种类型的快乐,特别是当我们与基督教话语相距非常远的时候,我无法对其投入热情,哪怕是对其表现出反感。罗犹拉的文本既不叫我生气,也不能真正地给我带来快乐。不过,罗犹拉为我提供了进行一种热情奔放的语言学重构所需要的各种要素。有点像是商博良[①]和所有语言破释者即雅各布森所称之密码破译员那样所感受到的快乐。

5

不过,不应低估,这样的一种立场足以表明我们会开始进行有关快乐的一种理论思考,它将显得,或者可能会显得,像是对现代性研

[①] 商博良(Jean François Champollion,1790—1832):法国历史学家、埃及学专家。——译注

究工作本身的一种反－潮流。我甚至很容易地想象到，某些人已经准备利用那些误解。您能否告诉我们，您今天所做的研究工作，在什么地方算得上是一种必要的先锋派的研究工作呢？

对文本带来的快乐进行一种理论思考，具有一种策略价值。我曾经用一个整段时间来进行意识形态批评，例如在《神话集》和《文艺批评文集》中的许多文章，都是这样。今天，意识形态批评又重新被大家所利用。这并非是一种先锋派工作：在意识形态批评中，例如那些大学生所作的批评，有许多重复信息和咬文嚼字的情况。因此，必须让意识形态批评变得精练和细微化。一方面要有意识形态意识，另一方面又要解构意识形态：这就需要精妙和智慧（我把智慧理解为一种操作品质，而非一种心理学价值）。这项集体的任务，已被相当一部分法国知识分子重新开展了起来。相反，有关快乐的理论在今天仍需要有一种建设性和拼搏性的行动。

为什么这种理论是孤立的呢？因为知识分子们的用语在今天是被政治化的。说到这一点，我将政治舆论问题放置一边，而只讲言语活动方面。政治性言语活动，在一种马克思主义文学内，一般采用的是术语模式、句子模式，关于快乐的问题被排除在外，是正常的事情。非常坦率地讲，在我看来，在许多反－意识形态的研究工作中，也还是有关于快乐的法则、审查和排斥的。当前，色情论的推广，即便是在知识界，也并不是非常有吸引力的。需要理解的，需要描述的，并不是生殖方面的色情，而是其解放和审查问题。智力方面的工作，应该放在二级性欲方面，而特别是放在言语活动的欲望方面。言语活动作为性欲空间或色情空间，与大众文化的色情无任何关系。先锋派的工作，就在于取消对不幸地渗透到政治化言语活动或反－意识形态言语活动中的色情进行的禁止，从而使其成为一种郁闷的、沉重的、重复的、挥之不去的和令人厌烦的话语。

6

因此，您想明确地阐释但仍然是个谜的，是这样的一点："阅读之场所"。您是这样写的："这种模糊性，甚至就产生于人们最为激烈地指责资产阶级意识形态，而又从未考虑从何谈论或如何反对这种意识形态：这是非–话语（不要说，不要写：我们只需要战斗）的空间吗？这是一种反–话语（开口就反对阶级文化）的空间吗？"

每当对资产阶级的意识形态有所指责的时候，就会同时出现对这个问题的某种躲闪：<u>我说到什么地方啦？</u>我只是想有所呼吁，但是，从布朗肖开始，整个现代性都在这么做，为的是宣扬那些基本上是自反性的话语，而那些话语则诱惑和滑稽地仿效言语活动的无限性特征，并且在对所指的论证方面从不自我封闭。在我尽力阐明对阅读所引起的色情的思考的时候，我只反对教条主义的话语。今天，有人将教条主义话语和恐怖主义话语混为一谈，一起指责。教条主义话语依靠的是一种所指，它倾向于借助最后的所指的存在性来彰显言语活动，由此，产生了教条主义话语和神学话语之间为人清楚所知的各种关系。这个所指通常采取一个<u>原因</u>的外在形象：政治原因、伦理原因、宗教原因，但是，从话语（我不说是个体的各种见解）接受止步于对一个所指的固定时起，它就变成了教条主义。恐怖主义话语具有人们可以承受或不能承受的一些攻击性特征，但是，它还是停留在能指之中：它操作言语活动，就像是对能指的或多或少的游戏式的展示。

无言语活动，就无任何场所。我们不能将言语活动、口头语甚至啰唆话对立于一个纯粹的、严肃的空间，因为这个空间会是一个真实和真理的空间，是言语活动之外的空间。一切都是言语活动，或者更为明确地说，言语活动到处存在。它贯穿整个真实。无言语活动，便无真实可言。任何态度，只要躲在言语活动之下、位于一种非–言语活动或一种所谓中性的或无意蕴的言语活动之后，就都是一

声音的种子

种自欺①态度。在言语活动方面,唯一可能的颠覆,是移动事物。资产阶级文化在我们身上:在我们的句法里,在我们说话的方式里,也许还在我们的快乐的某一部分中。我们不能进入非－话语之中,因为非－话语并不存在。即便是最为恐怖主义的、最为极端的态度,也准备非常快速地收缩。剩下的唯一斗争,并非是坦率的,而通常是被抑制的和觉察不出来的。言语活动并非总是以取胜告终,而是应该尝试转移。有人正在尝试用这种资产阶级的言语活动来创立一些修辞格,创立其句法方式、其词语价值、其新的言语活动的类型——一种新的空间,而在这个空间中,写作的主体和阅读的主体并非恰好处于同一位置上。这便是现代性的整个研究工作。

7

我们重新回到快乐方面,您写道:"阅读的快乐保证了其真实。"我们应该进行或很好地进行革命任务,与快乐是矛盾的吗?

马克思主义的超我,会很容易审查快乐。从历史上讲,是这样的。马克思与列宁,过去需要解决的是需求问题,而不是快乐问题。不过,我们要注意,在马克思的文本中,很关注作为革命最终问题的快乐。但是,对于文本带来的快乐的看法,我有一位颇具魅力的担保人:布莱希特。没有人可以否认布莱希特作品(戏剧、理论)的力量,否认其几乎是无可指责的马克思主义批评的智慧。布莱希特是一位伟大的马克思主义作者,他曾无休止地呼吁快乐。他曾希望他的戏剧是属于快乐方面的。他从未想过,快乐竟然是与革命任务相矛盾的世界里的最少的东西。

在他的那些剧目中,有着对快乐之价值的几乎是温情脉脉的说

---

① 自欺:萨特哲学思想的重要概念之一,其本义可译为"欺诈""不诚实"等。由于罗兰·巴尔特深受萨特思想的影响,所以,在他的文章中频繁出现这一术语。译者在此采用萨特这一概念的现有中文译名。——译注

明：关于他的饮食和他对于雪茄的爱好。他从不停止吸食雪茄，他明确地提醒说马克思也非常喜欢雪茄。这其中，有着一定的享乐主义维度，需要在进步派范围内对其有所恢复。

大学生的话语所依据的都是对生活和社会的一种非常正确的感觉，我总在抱怨，这一方面并没有引起注意。对于我说过的话，已经有人这样说：<u>应该摆脱这些享乐主义的残余</u>。那可不行，不应该摆脱它们，而应该让它们不要成为残余。革命的实践，不论其表现出的程度如何，都是一种复调实践：它是含有行为表现、话语、象征、行动、决心等的一种非常宽泛的混合体，是一种多元类型的活动。我们当前提出的问题，都是相互联系着的，它们不只是关系到一种阶级情况——这是自然的——而且关系到一种<u>特殊阶层</u>的情况：在这里，也应该考虑到知识分子的政治角色。不存在代理人，不需要以无产阶级的名义来说话：知识分子需要以自己的名义根据一种革命的观点来显示他缺少什么，来显示什么弱化了他作为知识分子的活动，什么弱化了当前社会强加给知识分子条件中的那些异化情况。因为他将采取属于他自己的异化活动，而不只是其他人的异化活动，所以，他是更为革命的。

8

还有一个问题，我希望您能消除某些误解。那便是科学问题，而特别是有关文学的科学的问题。在某些人看来，您似乎怀疑其可能性。

实际上，在人们对我所形成的形象中，包含着这种含混特征。原因是，有时候，我显得像是一位符号学家，也算是最早的符号学家之一，于是，我被滑稽地挂上了科学性的标志。相反，有时候人们又发现，我并不那么认真，不那么讲求科学，于是又说我依仗主

声音的种子

观和印象。

实际上，说到底，我并不相信科学话语。我不考虑科学本身，也不考虑关于文学的科学。与在《批评与真理》一书中所考虑的相反，我从未说过，这种科学存在。我曾经这样写过：关于文学的科学（如果这种科学有一天存在的话），相关讯息（一种疑虑讯息）在此就不谈了。也许，有一些研究者，他们面对文学表现出绝对是科学的一种态度，例如，我想到了托多洛夫：我完全赞同他。我认为这完全是有益的。但是，在涉及文学科学的所有研究工作中，其基本的问题却从未得到解决，那便是关于科学的话语问题。关于文学的科学，它将在何种话语中得到表述呢？只会有一种科学话语，这种话语有可能避开任何话语的自欺，那便是算术话语。由此，产生了一种或多或少是有意识的大胆考虑，那便是将文学文本变成逻辑公式，求助于形式化。实际上，在当下时刻，关于科学话语性的问题已经得到了解决，那就是，算术话语直接地就提供出来了，而且好像从头到尾没有所指——就是表达一些纯粹的关系。一旦归属于全民语言，那就无法避开有关想象对象的内涵、多重意义、诸多角色的文化注定性，而且在某种程度上是属于精神分析学意义的文化注定性。这样一来，科学话语便不再具有人们所认可的科学的那些优点。

如果有一天会出现有关文学的科学，那么，这种科学只能是一种形式的、被形式化的科学。于是，这种科学便会避开在任何言语活动中都存在的那种意识形态方面的注定性。在我看来，有一种科学想象物——一种拉康意义上的想象物（一种言语活动，或者像是不问主体是谁的全部言语活动）。只需阅读一下所有的人文科学杂志、社会科学杂志。那些杂志的书写风格都是所谓科学性的或近似科学性的，由此人们便可以很好地解构那些学问家的想象物。写作（对立于这些话语的规范行文），就是我们破解我们言语活动的想象物的一种实践。我们在写作的同时，就变成了精神分析学方面的主体[①]。我们在我们

[①] 在精神分析学中，"主体"就是被分析的对象，而不是分析者，这里是说，作者在写作的时候，自己就变成了被分析的对象。——译注

身上进行某种类型的分析，这时，主体与对象之间的关系则完全被移动，即完全失效了。作为印象批评之属性的主观性与作为科学批评之属性的客观性之间的古老对立，便不再有任何意义。

9

您现在作为法国国家科学研究中心的研究人员，从事的是对一种所谓的文学的文本的研究。这个机构要求您以学者的身份自居吗？

自欺就从这里开始了。比如您选择一项所谓科学的活动，即一项我称作是规范行文的科学话语的活动。您立即就会把文本搞糟，因为您将不会与文本处于带有自我分析的转移关系之中。您不能只是简单地阅读文本。您将会把它当做历史文献或符号学文献来对待：您将从事有关文学的正统的符号学研究，您将会尽力重构一些叙述模式、叙述句法，或者重构雅各布森意义上的一些诗学。但是，那样，您就将会待在阅读之外。在接触到文本的时候，您将不会处于您自己的主体转移活动①之中。还是在此，您也将不会转移写出文本的主体，因为您必须把写出那个文本的主体按照传统意义上的作者来研究，即研究在一部作品中得以自我表述的主观性。唯一的解决办法，便是重写作品。

10

不管怎样，还是不要离开有关主体的问题。例如有这样一些说法："如果我是作家，而且我死了，我多么希望有一位友好而又不客

---

① 主体转移活动，指的是精神分析学概念中的主体转移为被分析对象的活动，而这时的主体分析即寻找这一对象的主观活动的过程。——译注

气的传记作者细心地把我的生命简化为某些细节、某些爱好、某些变故……总之,是一种'有缺漏的生命'。这些生平素让我设想,您再一次巧妙地、细腻地或不经意地(请原谅我这么说)引入了主体 – 作者的概念,就像人文主义传统和古典传统所教给我们的那样……"

我接受过的教育使得人文主义和古典意义上的主体一直存在着。在根据马克思、尼采和弗洛伊德的考古学观点而使用的对于主体的形而上的深刻转移过程中(这种转移被现代性的许多方向重新采用),我只占据一种过渡性的位置,它并不属于断点位置。我继续被主体分散表现的所有过程所诱惑,我还处在写作的古典主体正在自我变质、自我毁坏和随时融入一种结合的脆弱时刻之中。我所过问的,正是这一脆弱的解体时刻。我与所谓的现代文本的关系,是一种含混的关系,它是一种满怀激情的批评依托,但并不总是一种快乐关系。

11

当您谈论作者的亲切返回的时候,在文本所带来的快乐中,也包含着对作者的亲切返回的一种快乐吗?

按照我的理解,这个句子更属于先锋派!实际上,有一天,当我们可以重新看到作为可爱的身体、作为继续诱惑人的痕迹、过去时间的作者的时候,那将是一种非常伟大的解放。有些作家,他们指出的是路径:在这一方面,我想到了普鲁斯特,想到了让·日奈(我说的是他的小说)——他就在他的小说之中。他说"我,是让"。不过,不会有任何人想说,那些书籍表达的是一种主观经验:日奈作为纸上的人物,就在他的书籍之中。他的作品,成功之处就在于此:相对于作为指涉对象(référent)的他自己,日奈被完全地剥夺和失去了任何继承性。

12

您的书是怎么组织起来的呢？把三位作者放在一起，难道不会让人觉得缺乏惊喜甚至显得像是挑衅吗？

我说过：我不想挑衅，这并不意味着不会产生挑衅效果。道理在另外的层面上。

13

萨德、傅立叶、罗犹拉，他们是唯物论作者吗？

关于这三位作者，我使用了带有唯物论仪礼的表达方式，也许这一点是最大的挑衅。例如，我并没有考虑罗犹拉是一位宗教信徒。我是在所有的内容之外阐述这三位作者的。当一位作者越是深入到写作之中，他就越会变得唯物起来，他就越能排除他在说出的内容中可能有的唯心主义的东西，当然，这种东西可能是非常强有力的，以至于人们在很长的时间里只能看到它。不过，在我看来，虽然狄德罗是一位唯物论的作家，但他并不是以这种身份出现在一幅哲学家图表里的。《宿命论者雅克和他的主人》是伟大的文本之一，这本书对现代写作进行了思考，同时让言语活动与真实之间的关系服从于某种难以满足的、难以弥补的循环性。这么一来，他便成了一位伟大的唯物论作家。

14

关于萨德、傅立叶、罗犹拉，您说他们均能够进行戏剧化安排。您说的是何种戏剧化安排呢？

声音的种子

181   在戏剧性考虑之中，必须区分两个概念：首先是歇斯底里式的戏剧性，在我们西方的戏剧里，这种戏剧性产生了后布莱希特和反布莱希特的戏剧，随后，又或多或少产生了<u>机遇剧</u>。其次，另有一种戏剧性，它在词源学的意义上表达的几乎是演出观念。指涉对象，要么在弗洛伊德的场景即"另一场景"①一侧来寻找，要么在马拉美一侧即从未来的书籍一侧寻找。这是建立在一些活动的结合机制基础上的一种戏剧性，这些机制是根据这种戏剧性完全地且在任何时刻都通过转移读者与听众之间的关系来构想的。

15

您把这两种人也说成是舞台设计者，是吧？

舞台设计这一隐喻，还有着丰富的意义，它并未得到完全的应用。在导演与演员看来，前者更看重这种概念。我们的戏剧，从传统上讲是一种作者戏剧。

16

您为萨德所写的那些文章，在您的作品中所占据的位置，我曾有过思考，我认为那些文章是重要的。

从来没有人向我提出这个问题，不过，在我看来，这个问题是重要的。它具有两种大致的和明显的意义。第一种意义是萨德为全书文字提供了框架。因此，这本书并非是一种三人组合方式，并非是一

---

① "另一场景"：精神分析学术语，最早由弗洛伊德提出，指被分析者的"无意识精神现实"，后来拉康在此基础上建立了"他者"（l'Autre）概念，指主导人的象征活动的无意识原因，遂又与弗洛伊德的"超我"概念实现了紧密联系。——译注

种纯粹的挨个分述。书中含有某种观点的建构：萨德在前也在后。第二种意义是，书中的《萨德之一》是把某种话语性当做一篇文章来写的。《萨德之二》是由一些片段构成的。我曾经感觉到，在写完《萨德之一》后，我并没有穷尽我对于萨德的解读，觉得只是做了一点属于人类学的描述，而这种描述忽略了萨德式言语活动中的那些诡秘观点。我重新阅读了萨德的著作。我做了阅读笔记。这时，我发现这对我来说是一种神秘的经历，令人赞叹也叫人失望。实际上，我注意到，当我写作《萨德之一》的时候，我也想到了萨德想过的事情。因此，在《萨德之二》中，我便有了兴趣，并决定以片段的写作方式来展示一下萨德。这样做，与萨德的文本有一些关系。我很满意那些被割断的啰啰唆唆的文字。

17

您在《萨德之一》和《萨德之二》中都谈到了萨德的秘密。对于单词"秘密"，难道不应该有所解释吗？它包含的内容是什么呢？

不应该强调"秘密"一词。这是一个有点危险的词，因为它会让人对作家和作品去假设某种阐释学：因为秘密求助于一种破释。实际上，萨德有两个秘密。我在《萨德之一》中谈到了第一个秘密，在《萨德之二》中谈到了第二个秘密。第一个秘密实际上就是关于圣丰（Saint-Fonds）的秘密：他是一个放荡之人，关在家里进行他的神秘实践，而且不愿意告诉与他关系最密切的朋友们他在搞什么。我们都知道他在其神秘的斗室里搞的东西：他在亵渎上帝，即对上帝发话。因此，这位放荡之人的秘密，就是想与上帝建立一种联系。第二个秘密就在萨德极为细致地描述了（以至达到了人们认为不会再有什么可说的程度）一些色情实践之后所说的话中："还发生了一些非同寻常的事情，我不能告诉您"。这是一个虚构的秘密，因为可明着说出的东西已经被说尽了。这仅仅是在话语中加入大量属于纯粹词语的异常内容的一种方式。第一个秘密将会让那些尽力想把萨德重新放进与神的辩证关系中的人感兴趣。第二个秘密则会让那些像我一样尽力将萨德置于话语时位的人感兴趣。

18

萨德是一位色情作者吗?他的色情观,是不是像您所指出的那样完全不同于我们的色情观呢?我们的色情观是暗示性的,脱衣舞便是这种暗示性的"完成的 – 未完成的"形式。最后,在《萨德之二》中,您谈到了一种淫秽语法,是这样的吗?我认为,这是重要的一点。

萨德在一位、两位或三位伙伴之间制定了一套完整的色情形象,并建构了这些形象的系统。相反,大众文化的色情观则是以脱衣舞为榜样,这种暗示是在展示,却从不会消散。萨德在另一层面上看待事物。在萨德开始描述脱衣舞的时候,脱衣舞早已存在多年。我一直被色情形象与语法形象即修辞格之间的那种平面的、不可逆的循环所打动。在《萨德之二》中,我谈到过淫秽语法。应该注意"淫秽"(pornographie)这个词。在希腊语中,pornè一词指的是淫荡、卖淫。在"pornographie"一词中,让我感兴趣的是"graphie",这一部分指的是对于淫荡的书写,即被书写的事实。在萨德的作品中,有一些色情语句,色情是严格地按照一个句子那样来构成的,就像词语在句子中那样,也有单位,有组合规则,有发展过程。

19

萨德是一位被隐没的作者,为什么呢?

在萨德那里，写作而不是他的色情论遭受到更多的审查。他的色情论，是被法律和司法来审查的。他的写作，因为没有出现在任何法国文学史中而受到更为细致的审查。人们不把他看作是一位作家。他的书籍被说成是疯子的资料。有不少知识分子都说萨德是忧郁之人！

20

关于性关系，您也许可以重新考虑萨德的细心原则，是吗？

您是希望我——这当然是最简单的回答——重提我在这一点上交给《诺言》杂志发表的那篇文章，来回答关于萨德的这个问题吧？"性关系的细心"原则，在我看来，是非常重要的，而且完全不为西方所知（这也是引起兴趣的主要原因）。道理是简单的。在西方，性欲表现只有遇到一种非常规的言语活动时才非常贫瘠地出现，但是，把性欲表现变成一种违反领域，还要使其受制于一种二元论（赞成/反对）、一种聚合体、一种意义。把性欲表现当做一种黑暗大陆来思考，还是使在其服从于意义（白/黑）？性欲的异化，是与意义的异化同质地联系着的，并借助意义来实现。困难的是，并不能按照一种或多或少属于绝对自由主义的计划来解放性欲，而是使其摆脱意义，包括从作为意义的违反领域中摆脱出来。在有些国家，人们会很随便地违反某些"良好的"性欲规则，只需借助一种容易的同性恋实践即可（条件是永远不要把它说出来，但这又是另外一个问题了，即有关性欲的词语表现的大问题，这种词语表现属于"羞耻"文化，不过，这同一种词语表现——对于淫秽行为的公开承认和再现——却为"犯罪感"文明所看重）。但是，这种违反不容置疑地仍然服从于有关严格意义的一种制度。同性恋，作为违反性实践，会立即在其自身重新产生（借助某种防卫性补救措施，即某种受到惊吓时的反应）人们无法想象的最为纯粹的聚合体，即主动/被动、占有/被占有、愚弄/被愚弄、敲打/被敲打这样的聚合体（这些"迁入"[①]词，在这里属于与场合搭配使用的词语：它们还具有语言的意识形态价值）。然而，聚合体，便是意义。同样，在这些国家，任何充溢着选择、不和谐或者简单地说来是延迟的实践（在那里，某些人称之为<u>做爱</u>），都属于<u>被禁止</u>的和不可理解的动作。性欲的"巧妙"对立于这些实践的粗鲁特征，并非是在行为的违反方面，而是在意义的违反方面，我们可以将违反确定为对于意义的干扰，其陈述活动的路径是：要么借助于"彬彬有礼"，要么借助于一些性欲技巧，要么借助于色情"时间"的一种全新概念。我们可以用另外一种方式来说明这一切：性欲"禁止"被完全地取消了，这并非有利于一种神秘的"自由"（这个概念恰好满足所谓大众社会的腼腆幻觉），而是有利于那些空洞的编码，这可以免除性欲的主动欺骗。萨德很理解这个方面。他所讲述的实践都服从于一种严格的组合规则，不过，那些实践仍然带有一种纯粹是西方的神秘成分：某种亢奋、某种恐慌，即您很恰当地称之为<u>热</u><u>性欲</u>的东西——这还是在使性神圣化，同时使其成为一种热情的对象（神在活跃热情、在赋予热情以活力），而不是成为一种享乐主义的对象。

21

现在，我们该谈傅立叶了吧？在您的这本书中，这也许是我对写作的幸福感即我们刚才谈到的写作之快乐最有感受的了。这大概是因为您在写作的过程中有了这种幸福感。在书中有关他的内容中，就有人们大概可称为生平素的东西。

这个文本并非完美。一方面，有一些纯粹是分类学方面的重构性

[①] 原词为"pieds-noirs"，是由"脚"和"黑色"构成的组合词，它戏谑地指称1962年阿尔及利亚独立后从那里迁回法国的法国人，这些人均遇到了重新安家的问题。结合下面文字中"与场合搭配"之意，译者将其译为"迁入"。——译注

散论（傅立叶有关古埃及象形文字、数字等系统的段落），因此，那些段落并不直接属于您所谈论的享乐主义兴趣，更属于符号学研究工作。但是，另一方面，这却是真的：我真的喜欢傅立叶的某些主题，如词源学意义上的淫乐主题，即骄奢淫逸的主题。例如食物：傅立叶以人们饥饿时可能所具有的那种贪婪来谈论他与食物。他喜爱法国的水果，我也喜爱。在他的品位与我的品位之间，有一种循环状况。他对汽水、香梨、小面食、甜瓜的描述，叫我颇有兴致。

在我看来，作为有组织的、封闭的法伦斯泰尔①也是重要的，不过，在那里面，到处都洋溢着快乐。例如，我当年住过的疗养院，就很像是法伦斯泰尔。我在那里快乐过。对已住的和可居住的空间进行组织，形成一个既充满情感又让人感到轻松的社会，对人的生活来说是一种重要的主题。

傅立叶还有第三种重大的快乐，那便是创立新词。

22

因此，您特别关注作家和作者的语言体系：那是些结构非常强的体系，但是它们并不拒绝上帝。例如，我会想到您关于傅立叶是这样写的："傅立叶的语言建构，提到了有关巴洛克语义的各种权利，也就是说，这种语义对于能指的繁衍是开放的：它是无限的，却又是被结构的。"

对于言语活动的研究，今天之所以受到极大的重视，是因为言语活动为我们提供了一种既是被结构的又是分散的整体（我故意地将这个词安排为中性词）。我再说一次，词典是一种具体的对象，它最好地展示了言语活动的这种矛盾特性。一部字典指向的是法兰西语言的

---

① 法伦斯泰尔（phalanstère）：傅立叶当年尝试建立的社会基层组织，亦即共同生活区。——译注

一种结构，但它同时又是分散的。结构主义，由于它重新采用了结构观念，并不是新的东西。我们过去想到的是一种封闭的、循环的、有中心的结构，而现在我们开始对无中心的结构进行研究。在此，我指的是人们一般会将其放在一起的所有当代作者，即便他们自己并未很清楚地意识到这一点。

23

那么，傅立叶的空想论意义何在？

不应该掩盖马克思的批评，傅立叶摆脱不了这种批评，同时，也不应该只是认为傅立叶说的有点像是马克思遗漏掉的东西。

24

为了明确地表达我的想法，我愿引用您下面的话："在今天，简单主义（傅立叶的激情）要么被看作是对需求的审查，要么被看作是对欲望的审查，与这种那种结合而形成的科学在和谐方面（在乌托邦方面）能回答什么呢？"

空想，是一种社会的状态，若是在这种状态下，马克思就不会再批判傅立叶了。

《法国文学》(*Les Lettres frangaises*)，1972 年 2 月 9 日，
让·里斯塔（Jean Ristat）整理

形容词是对欲望的"说出"

1973年3月

与罗兰·巴尔特的这次谈话，是在他非常重要的作品《文本带来的快乐》(*Le plaisir du texte*)在色伊出版社出版之前进行的。毋庸置疑，这本书自然也成了我们谈话的主要参考。在这里，我们不曾考虑对巴尔特做完整诠释，而且，这也并非不需要阅读《文本带来的快乐》；相反，我们很想激励人们去读。对于快乐概念的第一次探讨，出现在《萨德 傅立叶 罗犹拉》一书（Seuil, 1971）的前言之中。但是，在上一年，巴尔特曾发表了他有关日本的出色文本，即《符号帝国》(Skira, 1970)，在"快乐"一词的充分意义上，它已经是一本带来快乐的书了。

快乐的审美问题，似乎并非是新的：这个问题，是由包括瓦莱里·拉尔博（Valery Larbaud）、施伦贝格尔（Schlumberger）等在内的那一代人提出的。但是，是同一个问题吗？或者更为明确地讲：当人们进行这种细致的术语操弄（以"文本带来的快乐"来替代"文学的快乐"）的时候，是什么东西变化了呢？

没有任何东西是新的，一切都会重来，这是一种自古以来就有的哀叹。重要的是，返回并不回到原有的相同位置上：（辩证的）螺旋形在代替（宗教的）循环。阅读所带来的快乐已为人所知，并在很早以前就被人所评论。我看不出有什么理由来反对这种快乐，或者是审

声音的种子

查这种快乐,即便它只是在被称为特权知识分子的范围内才得到了表达。快乐是数目有限的,那种已经摆脱了束缚的社会(一旦这种社会得到完善的话),非常需要在螺旋形的另一个位置上重新取用资产阶级礼节的某些部分。

说到此,"文本带来的快乐"这种表达方式,从两个方面来讲是新的:一方面,它可以让我们平等地——我甚至说是相同地——看待写作的快乐与阅读的快乐("文本"是一种无向量的对象,既不是主动的,也不是被动的。它既不是一种消费对象——假设它是一种被动者,也不是一种行动技巧——假设它是一种主动者,它是一种生产活动,其无法复原的主体处于无休止的循环状态之中)。另一方面,"快乐"以这样的方式表达,并不是一种审美价值:因为这并非是在"慢慢地欣赏"文本,甚至也不是在"投入"其中、"参与"其中。如果文本是一种"对象"的话,那便是根据一种纯粹的精神分析学意义来说的,是在有关欲望——更为明确地讲——有关反常的辩证关系中来取用的:它只是在质疑"主体"的时刻才是"对象"。在无对象的情况下,就没有色情,但在无主体若隐若现的情况下也没有色情:一切便都在此,都在语法的这种颠覆之中、撼动之中。因此,在我的精神之中,"文本带来的快乐"指的是某种完全不被审美所知的东西,而且尤其是不被文学的审美所知的东西,那便是:享受、主体的晕厥和消除方式。那么,为什么说"文本带来的快乐",而不说"文本带来的享受"呢?因为在文本的实践中,有着太多的主体的分散活动:主体可以从一种稳定状态(于是便有了高兴、完美、满意、本义的快乐)到一种失去状态(于是便有了消除、衰减、享受)。不幸的是,法兰西语言并没有一个可以同时涵盖快乐与享受的单词,因此,就必须接受"文本带来的快乐"这种表达方式的模糊性,它有时是特指的(快乐对立于享受),有时又是总称的(快乐与享受)。

在您所特有的用法当中,"快乐"一词只是最近才以明确的方式出现(借助《萨德 傅立叶 罗犹拉》)。但是,在使用这个词之前,您已经采取过一种行动或者至少是一种顽念表示,有过某种潜在的和

形容词是对欲望的"说出"

足够分散的东西来支配您的精神,直至您写出第一批文字。似乎是,问题在(在理论上)提出之前,已经(在实践上)开始得到解决:根据您的考虑,您很早就决定采用一种圆滑的、感官的语言,这种语言在谈论一个文本时,就已经使您一直有的快乐多少过渡到了对该文本的阅读方面了。

文本带来的快乐,在我身上,是一种非常久远的价值:是布莱希特首先为我提供了有关快乐的理论权利。我之所以在某个时刻明确地肯定了这种价值,是因为有某种情势的策略压力。我曾经认为,意识形态批评几近疯狂的发展,似乎在召唤某种矫正,因为这种批评几乎把某位父亲强加给文本以及关于文本的理论,而这位父亲的精心作用则是阻止享受。这样一来,危险将会是两方面的:一是亲自从自身剥夺一种主要快乐,二是将这种快乐留给非政治艺术即右派艺术,而这种快乐就将变成这种艺术肆意妄为的特权。我在极力维护布莱希特的理论,以至不能不认为必须使批评与快乐同时存在。

您喜欢运用使您的文本充满隐喻的句子,有人猜测,这些句子超出了隐喻纯粹的、简单的、原本是解释性或装饰性的功能。而形容词,作为资产阶级批评的"灾祸",在您那里经常是繁复多见的。可是,如此下去,到什么程度才不至于落入主观主义呢?"恋情"关系与"科学"关系,是两种无法协调的关系,您不考虑在两者之间维持一种初步的平衡吗?

只是说、写,而没有形容词,那就只会像是一种游戏,类似于"潜在的文学工坊"的人们[①]所建立的东西。实际上(漂亮的发现!),

---

① 潜在的文学工坊的人们(Les oulipiens):该词源于"Ouvroir de littérature potentielle"("潜在的文学工坊")这种表达方式,是其中三个实词的首部字母 ou-li-po 的缩写(OuLiPo)组成的,而主张和参与这种工坊的人,则被称为"oulipiens"(乌力波)。该工坊由数学家弗朗索瓦·勒里奥内(François Le Lionnais)和作家兼诗人雷蒙·格诺(Raymond Queneau)于1960年共同创立。它不是一种科学研讨班,也不是一种文学活动,而只是借每个月召开的一次会议来探讨文学创作的障碍以及寻求解决办法的一种聚会。——译注

有好的形容词，有不好的形容词。当形容词以纯粹俗套的方式进入言语活动的时候，它便向意识形态敞开了大门，因为在意识形态与俗套之间具有同一性。不过，在其他情况下，在形容词避开重复的时候，它作为主要的属性成分，也是欲望的光明正大的途径：它是欲望的说出，是我的享受意志的肯定，是让我与对象的关系进入个人失去的疯狂冒险中的一种方式。

从索莱尔斯（战斗派）到托多洛夫（学院派），在那些更关心文本规律而不大关心文本带来的快乐的人们的话语中，有某种压迫人的东西。受过那个学派教育的一代人，几乎都要承受时间或长或短的不稳定表现。现在的大学生们，也已经（难道这就是在五年前的那种快乐之后允许我们"重新操控"的情况吗？）像对新型的小说创作一无所知的人们一样，疯狂地喜欢上了所学的理论。

索莱尔斯的文本，是一种复合式的、异质性的文本，<u>必须以一来统揽全部</u>。索莱尔斯是不应该加以偶像化、给出轮廓、进行评价、加以选择的少数作家之一（他对此甚至毫无准备），而是应该将其当作言语活动的<u>完全是多元的</u>一股洪流、一种强有力的喷洒、一种大搬运。在他看来，一种选择性的和分配性的思想，就是一种关于快乐的思想，而不是关于享受的思想。至于"科学性"陈述或"学院派"陈述，确实，在人们放弃最为直接有效的能指，而且这种能指大体上只是文体学（带有修辞格）的能指的情况下，这些陈述通常属于规范行文，而不属于写作。但是，写作不能局限于这样的一个能指；实际上，即便是在无"风格"的情况下，也可以有"写作"存在。只需具有一种足够强大的思想能量和思想特殊性，就可以产生对真实（例如文学话语）的一种新的划分（一种新的<u>分镜</u>），严格地对自身进行分类的，也总是写作。一位进行分类的写家正在向着写作进发，因为他在能指中、在陈述活动中冒险，即便它为自己找到了一些科学论的借口。

形容词是对欲望的"说出"

文本带来的快乐，取决于文化层级吗？或者相反，这种快乐是否更根本地属于身体方面吗？您在最近的一次谈话中，亲自提出了这个问题。总之，这是在考虑谈论一种"阅读的色情"是否合法。

大概，没有任何东西比快乐更是属于文化的，因此也更是属于社会的。文本带来的快乐（我在此将其对立于享受），与整体的文化的崛起密切相连，或者可以说，它联系着一种共谋与包含的情况（它从一种情节那里得到了很好的象征，而在这种情节里，普鲁斯特把自己关闭在充满蓝蝴蝶花香气的小房间里，阅读着一些小说，他在与世隔绝的同时，也被某种天堂似的环境所包围）。相反，文本所带来的享受，它是无场所的、无社会性的，它以不可预见的方式产生于掌握文化、掌握言语活动的家庭之中：没有人可以阐述他的享受，没有人可以为这种享受进行分类。是阅读的色情吗？是的，条件是永远不要消除异常，而我要说的就是：不要消除惧怕。

在您进行尝试的这一阶段上，即把理论变为写作的这一阶段上（这一阶段正处于最为严格的连续性之中，正像同一种语言的两个可换向的面一样），最后的形态变化即向无限性中的投入，将会是一种虚构作品。您想到过吗？

我们终于到达了现代性的一个点上，在这一点上，很难简单地接受有关一部"虚构作品"的观念：我们的作品从此便是言语活动的作品，虚构可以出现在作品之中，但却是从侧面、非直接地出现的。大概，我将永远不会写作一部"小说"，也就是说写作具有人物和时间发展的一个故事，但是，我之所以这么容易地接受这种放弃（因为写作一部小说，想必是很惬意的），或许是因为我写出的文字中已经充满了传奇性（传奇性，便是没有人物的小说）。而且确实，现时，我也很想以有点像幻觉的方式想象我的研究工作中的一个新句子，于是尝试一些传奇的形式，其中，没有一种形式会取用"小说"的名

187

声音的种子

称，但每一种形式却在尽可能地更新"随笔"的同时，保留"随笔"（essai）这一名称。

《格利佛》(*Gulliver*)，第 5 期，1973 年 3 月

与书写工具几乎是疯狂的关系

1973 年 9 月 27 日

您有工作方法吗?

这取决于将研究工作置于何种层次。如果指的是方法论观点,则没有。相反,如果指的是工作实践,很显然,我是有的。关于这一点,在某种审查把这种主题看做禁忌的情况下(其借口便是,一位作家或一位知识分子谈论其写作、谈论其计划或谈论其写字台,毫无价值),您的问题让我很感兴趣。

当许多人同意判断一个无重要性可言的问题时,一般说来,是因这个问题还有其重要性。无意指活动,却是真正的意指活动的场所。永远不要忘记这一点。因此,在我看来,研究一位作家的工作实践是根本性的。要做到这点,就要置身于最为具体的层次——我甚至说要置身于尽可能细小的层次。这等于是进行一种反-神话的行为:尽力去推翻那种古老的神话,因为那种神话继续把言语活动介绍为一种思想、一种内心性、一种激情的工具,或者(我也说不好),介绍成为写作,因此就像是一种普通的工具性实践那样。

像往常一样,历史清楚地告诉了我们要跟随的路径,以便理解一些在我们这里非常世俗和非常浅薄的行为——比如写作——实际上都是带有沉重意义的。当人们重新将写作置于历史的甚至是人类学的背景之中的时候,就会发现,围绕着写作,在很长一段时间内曾有着整套仪礼。在中国古代,人们要为写作做准备,就根据几乎是宗教式的苦练修行来操弄毛笔。在中世纪的某些修道院里，抄经人要在一天的思考之后才动手工作。

从我个人来讲，我按照修道院的术语，把提前确定作品的这些"规则"整体称为进行工作的"仪式"。其词源学意义是明确的：它意味着在开始之前粘在文件上的第一页纸。

这是说，您的工作属于一种仪式吗？

从某种方式上讲，是这样的。我们以写作这种举动为例。例如，我要说的是，我与写作工具之间的关系几乎是疯狂的。我通常是兴致一来就换掉纸笔。随后，我再试着使用新的。此外，我的钢笔很多。我甚至不知用来做什么。不过，只要我一看到，我就产生欲望。我无法不去购买。

当纤维笔刚出现在市场上的时候，我曾经非常喜欢（我承认，它起源于日本的这一事实并不让我扫兴）。后来，我就厌弃了，因为它的缺点是写下后很快洇纸，字迹变粗。我也使用过水笔，不是那种笔画生硬的蘸水钢笔，而是笔画柔和的笔，恰似"J"形。总之，除了圆珠笔，我什么都试过了，因为使用圆珠笔，我断然无任何亲和感觉。我甚至有点恶意地说，存在一种真正属于"最坏抄写"的"圆珠笔风格"，即一种纯粹誊写思想的写作。

最后，我总还是要回到好的墨水钢笔上来。主要是因为墨水钢笔可以让我绝对地坚守那种柔和的写作。

是因为您的所有著述都是手写的吗？

也不是那么简单。在我这里，创作的过程中，必须区分两个阶段。首先，是欲望进入文字的冲动时刻，最终实现的是一种书法对象。随后，是关键时刻，在这种时刻，这种书法对象将以匿名和集体的方式提供给其他人，同时转换成一种文字排版对象（必须明确地

190

与书写工具几乎是疯狂的关系

说,这是商业性的,这一情况已经从此时开始了)。换句话说,我首先用笔写出整个文本。随后,我将文本在打字机上从头到尾打出来(用两个手指,因为我不会直接打字)。

直到现在,这两个阶段——第一个阶段是手写,第二个阶段是打字——对于我来说,一定程度上是神圣的。但是,我必须明确地说,我正在尝试某种变化。

我刚有了一台电子打字机。我每天都练习打字半个小时,寄希望于我能转变为一种更属于打字式的写作。

促使我下这种决心的,首先是一种个人经验。我的任务是多方面的,有时,我不得不(我不喜欢这样,但有时必须这样做)将文本交给打字员。每当我想到这一点时,我就感到非常遗憾。在我看来,我毫无煽动之意地说,这种情况代表的是一种社会异化,因为一个人即誊写者就像是主人被限制在拥护奴隶制的活动之中,而写作的领域恰恰是自由的和欲望的领域。简言之,我心想:"只有一种办法。那就是我应该学会打字。"我曾对索莱尔斯说过这件事,他还向我解释说,从打字速度达到一定满意程度的时候开始,用打字机来直接写作,就会创造出具有美感的某种特殊的主动性。

我承认,我的看法远不会得到一致的认可。我甚至怀疑,有一天我会停止用手来写作,尽管这种写作有点厚古,并且非常个体主义。不管怎么说,这就是我。光明正大地讲,我在尝试改变。而且,我固有的成见已经有所退让。

您也看重写作场所的重要性吗?

我没有可能在旅馆这样的房间写作。这并非是旅馆本身在妨碍我。这不是涉及环境或装饰的问题,而是空间的组织结构问题。(我是结构主义者,人们赋予我这个修饰词,并不是毫无道理的!)

为了能够工作,我必须能够从结构上重新安排我在巴黎的习惯工作空间,我现在工作的地方(每天从9时—13时,文职人员的这种

191

声音的种子

时间安排,远比那种随机的时间安排更适合我,因为后者以有一种连续的兴奋状态为前提),就在我的寝室里(并不是我洗漱和吃饭的地方)①。这里还有一个可以弹奏音乐的地方(我每天在差不多同一时间开始弹一会儿钢琴:14点30分)和一个可绘画的地方,我这样说,本应加一个括号(差不多,我每周都在星期天画一次画,因此,我需要有一个可以胡涂乱抹的地方)。

在我乡下的住房里,我一点儿不差地重新安排了这三个地方。在不在同一个地方,并不重要。重要的是结构安排,而不只是隔离开来。

但,这还不是全部。真正的工作空间必须被隔离开,也要隔离成一定数量的微小功能场所。首先,要有一张桌子(我很喜欢木质桌子,我很善待木质的东西),旁边还要有另外一张桌子来摆放我不同工作的内容。然后,还需要一个位置来放打字机,一个课桌来摆放记有我点滴想法的资料,即未来三天的"小计划"及未来一季度的"小计划"等(请注意,我从来不去看那些计划,它们只是出现在那里就行了)。最后,我有一种卡片体系,形式上也是严格确定的:它们都是我平时使用的纸张的四分之一大小。于是,这些卡片一直是这样出现的,直到有一天(这对于我来说,是来自共同市场的一次沉重打击)各种标准都被欧洲的统一市场所推翻。幸运的是,我并不完全是那种固执的人。不然的话,我就会从零开始重做我从25年前就开始做的所有卡片。

作为随笔作家,而非小说家,资料在您的工作准备过程中占据何种地位呢?

叫我高兴的,并非是博学研究工作。我并不喜欢那些图书馆。我

---

① 根据《罗兰·巴尔特最后的日子》(*Les derniers jours de Roland Baethes*)一书介绍,巴尔特与母亲和弟弟当时居住在"六楼一套小三室的房子。罗兰很快就把七楼的两个佣人房间做了清理,为自己单独搞了一个房间"(p.25)。——译注

与书写工具几乎是疯狂的关系

甚至阅读的不多。叫我高兴的，是与所依靠的文本进行的直接的、属于现象学的接触所带来的刺激。因此，我并不寻求为我提前准备一座图书馆。我满足于阅读所研究的文本，而且是以某种相当崇拜的方式来阅读，同时记下某些段落、某些时刻甚至某些让我欣喜若狂的单词。随着阅读，我会在卡片上记下一些句子，或者是记下我突如其来的想法，有意思的是，从这个时候起，这样做，就使得事情已经获得了一种写作的存在性。

在此之后，第二次阅读并非是不可缺少的。相反，我可以再一次确保某种资料性，因为，从此，我便深入到某种疯狂的状态中。我知道，我所阅读的东西，都将不可避免地带入我的工作之中。唯一的问题是，避免将我个人的兴趣读物与我打算用在写作中的读物混淆起来。解决办法非常简单：对于兴趣读物，比如让我非常感兴趣的古典书籍或是一本雅各布森关于语言学的书，我都是晚间上床之后、入睡之前来阅读的。其他的书籍（包括那些先锋派的书籍），早晨在办公桌上阅读。没有丝毫的任意性而言。床，是无责任性可谈的家具。办公桌，是有责任性可谈的家具。

您的这些做法出人意料，是您所特有的吗？您是怎么做到协调一致的呢？您在写作之前，有一个计划吗？

做到协调一致，并不是写作问题，而是对文本的分析问题。有些人，他们具有结构能力，并以对立方式来看待事物。另有一些人则没有这种能力，只有一种观点，就是这样。

至于建立计划，我承认在某个时期曾经做过努力。从那时以后，我便开始质疑长篇大论的做法。我在大学的经验让我看到了那些非常有压迫性的限制——当然不好说是不是抑制性的限制——这些限制，是有关计划的神话和有关三段论、亚里士多德理论在大学生们身上形成的神话所强加给他们的（这也是我们今年在研讨班上曾经尝试探讨的诸多问题之一）。简言之，我选择了一种偶然的切分（这就是我所

193

声音的种子

称的"小幅图画")。我的论点，是破坏长篇大论，是帮助读者去除烦恼，并且在动摇一本书的"主题"概念的同时，强化对写作的批评部分。但是，请注意，虽然我越来越倾向于用片段来生产我的文本，但是，这并不意味着我拒绝了任何限制。当人们用偶然性来替代逻辑性的时候，就应该关注偶然性，以便它不会变成机械的。从个人方面讲，根据我所说的一种方法，并在关于禅宗的某些定义的启发下，我从事一种"受控的事故"。例如，在《萨德 傅立叶 罗犹拉》中为萨德写的第二部分里，偶然性只从第一个建构举动开始，这种举动在于为每一个片段提供一个题目。在《文本带来的快乐》中，片段是根据字母表中的字母来选定的。每一本书最终都要求寻找到一种合适的形式。

您从来没有想过写一部小说吗？

一部小说并不以其对象来得到确定，而是依靠放弃严肃的精神来确定。删除、纠正一个单词，守护一种和谐或一种形象，发现一种新词，在我看来，这些均是对言语活动、对一种真正传奇式快乐的贪婪爱好。

但是，使我获得最具刺激性快乐的两种写作，是作为开始的第一种和作为结束的第二种。实际上，正是为了增加这种快乐，我才（临时地）选择了不连续性的写作。

《世界报》(*Le Monde*)，1973 年 9 月 27 日，让 - 路易·德·朗比尔（Jean-Louis Rambures）整理

歌剧院的幽灵

1973 年 12 月 17 日

不管人们是否同意，在当代法国文学最具动力的部分，也是最具"理论性的"部分，而且在国外唯一具有影响力的部分中，罗兰·巴尔特是中心形象之一。很少有作家像他那样极为注重对自己研究工作的审视。不论是他考虑一个单词，还是他创立一个单词，他对于一个问题的看法便会立即改变，或者，一个新的问题便会立即被提出。不管怎样，若他在一家杂志上发表一篇关于歌曲的文章①，立刻就会有声音说他将进军歌剧界。实际上，应其学生的要求，他即将在高等研究实践学院开办"嗓音"研讨班。埃克托尔·比安西奥蒂（Hector Bianciotti）采访了他。

与嗓音有关的，有许多科学和学科：当然有生理学、美学，还有精神分析学、符号学（一种嗓音，在其所说出的东西之外，它可以怎样有所意味呢？），甚至还有社会学——在社会阶层与嗓音类型之间有某种联系。意识形态也出现在嗓音之中，甚至还出现在时尚之中，因为时尚通常涉及被称为自然的对象。每一年，都会有某一个身体成为时尚，而不会是另一个身体。但是最初，嗓音中最使我感兴趣的是，这种非常文化性的对象是以某种方式藏匿的（不同于身体，因为身体是被大众文化以多种方式再现的）：我们很少去听一种"自在的"嗓音，我们是在听嗓音所说出的东西。嗓音甚至具有言语活动的地

---

① *Musique en jeu*, n°9.

声音的种子

位,它是人们认为只能通过其所承载的东西才能去把握的一种对象。但是,就像在今天多亏了有"文本"这一概念,我们才学会了阅读言语活动的内容一样,我们还应该学会嗓音的文本、它的意指活动以及一切在它身上超出意指的东西。

因此,您在一篇文章中称的"嗓音的微粒",正是这种无法把握的成分。

嗓音的微粒,并非是不可描述的(没有任何东西是不可描述的),但是,我认为我们无法科学地确定它,因为它涉及嗓音与听到它的人之间的某种色情关系。因此,我们可以描述一种嗓音的微粒,但只能借助一些隐喻来描述。

您能提供一个例子吗?您最近听过贡杜拉·雅诺维茨(Gunula Janozitz)在《费加罗的婚礼》中的演唱吗?

她的嗓音确实有一种微粒(至少在我听来是这样);为了说明这种微粒,我找到的形象是一种植物奶、一种位于沙哑极限的珍珠般的震颤——美妙却危险。此外,这是那天晚上唯一的微粒。

那么,卡拉斯(Callas)呢?

她的嗓音<u>死板</u>,带有一点虚假的共鸣(一种也许是正确的嗓音,她的微粒却是假的),我不喜欢这种微粒。

在这篇关于音乐的文章中,您高调地谈论了歌手查尔斯·潘泽拉(Charles Panzéra),而您有关其处理辅音与元音的艺术论点,一下子就触及了法兰西语言的精髓本身。

我说过,潘泽拉的艺术(我认为,我现在可以非常简单地说:他的嗓音），在我看来，具有典范的价值，这种价值远远超过那种简单的审美享受：我可以说，他的意识使我深入地了解到了我的语言即法兰西语言的实质性。我曾与他在工作上有点交往，当然是以爱好者的身份与他交往，从那时起，已有30年左右了。潘泽拉演唱的是法国旋律。在今天，这是一种信誉相当不佳的旋律，但在我看来，这种旋律（从迪帕克到福雷），在不考虑其"沙龙"起源的情况下，是对法兰西语言的一种令人赞赏的展示，而且正是在这一点上，我很看重这种旋律。由潘泽拉演唱的、福雷依据魏尔伦的诗集《美好的歌曲》（*La Bonne Chanson*）所创作的同名歌曲①，是一种真正的语言学文本：在我看来，这首歌曲代表了既摆脱了<u>自然性</u>，又全无歇斯底里表现的法兰西语言，而这两个方面注定标明了喜剧演员的传统艺术特征。例如他随意操弄辅音，而极力纯净元音，这使他得以用一种音乐的明确性代替对情感的庸俗表达，而这种音乐的明确性过去一直具有（现在仍有，因为我们还有其唱片）一种高不可攀的特征：整个语言本身②变成了明显的。

    实际上，也许到了重回我们语言的"天才性"的时候了：不是重回其逻辑的天才性（我希望这种天才性是因为在法语明确性方面的资产阶级神话而变得疯狂的），而是重回其语音的天才性方面。在我看来，在法国，当前文化危机的表现之一，恰恰是法国人普遍地对他们的语言不感兴趣。对法兰西语言的爱好，完全被资产阶级的学校体制所压制，对法语感兴趣、对法语的音乐性感兴趣（它的音乐性不会高于其他的语言，但至少它很有特色），已经被某些事物的力量变成了一种上层文化人的审美态度。不过，也曾经有过在"百姓"与语言之间维系某种接触的时刻，那是通过大众诗歌、大众歌曲或大众压力来做到的，为的是使

---

① 《美好的歌曲》：19世纪末法国著名诗人保罗·魏尔伦（Paul Verlaine，1844—1896）1872年出版的诗集，包括21首诗歌。法国作曲家加布里埃尔·福雷（Gabriel Fauré，1845—1924）从上述诗集中选取了9首，为其做了曲，并为这些歌曲冠以与诗集相同的名称。——译注

② 这里和随后提及的"语言"，指的是"自然语言"，即人们日常所说的语言，在文中，指的就是"法语"。——译注

声音的种子

语言在学校和博物馆之外实现转换。好像这种接触现在没有了。今天，人们在"百姓"文化中已经看不到它了，而这种文化只不过是（通过电台、电视等）被制作的一种文化。我之所以对这种断裂表示遗憾，并不是因为一些人文主义的原因，而是因为，如果失去与语言的语音性即语言的音乐性的接触，就破坏了身体与语言之间的关系。历史的和社会的审查会导致语言感受的失去。

任何现代的演出，都在寻求从节目中显示纯粹的戏剧性，甚至在文本之外去寻求。难道您不认为这种戏剧性恰恰位于歌剧的顶峰，而今天的年轻人只能透过一点点滑稽才能看出这种戏剧性吗？

歌剧是一种完整的演出，也许正因为如此，也是一种应"禁止"的演出：去歌剧院，是一种复杂的举动，必须提前很长时间预订座位，票价昂贵，而在此后，人们便认为必须待到最后。我梦想中的歌剧院，应该像电影放映厅或摔跤厅那样自由和大众化：可以根据人的兴致进出，也可以在晚上只看"一段"歌剧。但是，我发现这种歌剧早已存在过，那便是贵族式歌剧，是巴尔扎克小说中的歌剧。简言之，我梦想在歌剧院有一个包厢，或者有一张只需付三个法郎的门票，就像大众影院的门票那样。

您最近去过吗？

我刚看过摩斯·肯宁汉和约翰·凯奇[①]的芭蕾舞。

您觉得如何？

我认为，演出是亲切感人的、细腻生动的，但是，在芭蕾舞本身之

[①] 摩斯·肯宁汉（Merce Cunningham, 1919—2009）：美国舞蹈家、编导。约翰·凯奇（John Cage, 1912—1992）：美国作曲家和诗人。——译注

歌剧院的幽灵

外,我再一次被歌剧演出的某种高质量的感官享受所征服:这种享受来自所有的方面,来自音乐,来自视觉,来自演出大厅的香气和我称之为舞者美的东西,来自身体在硕大的、照明璀璨的空间里的夸张显现。

您认为我们是否已经做好了对歌剧进行重新发现的准备了吗?

是的,有可能会出现歌剧的某种回返,这种回返是由发行密纹歌剧音乐唱片所推动的,会再一次出现歌者明星和指挥明星的现象。但是,这并不妨碍歌剧现在继续是一种阶层演出。这首先是因为票价很高;其次是因为,对歌剧产生兴趣,必须具备某些文化反应能力,比如归总的能力、环境的理解能力、上层意识等,这些反应能力尚属于阶层反应能力。不过,在歌剧本身,已经有了不少革新的成分。首先,它成了一种整体性的演出。它同时动员起了极大数量的意义、极大数量的感官快乐,其中包括观众某种程度上进行享受的可能性。而对于演出的这种整体性,我们的文化从古代戏剧到现在的流行演出都一直在寻找。

再就是,歌剧可以很好地承载一些先锋派的实践:一切都是可能的,场地已经备好,手段应有尽有。最后,有趣的是——我对此津津乐道——歌剧演出可以被解构。我最近看了格鲁克[①]创作的《俄耳甫斯》:放下令人欣悦的音乐不谈,那是一场带点可笑和滑稽的演出,但其自身却并不知道这一点。然而,这一拙劣成分不仅没有让我感觉不好,反而叫我高兴。我以分拆的方式同时享有了演出的真实和其滑稽可笑:一种大笑(或是微笑)并不带来破坏,这也许正是未来文化的某种形式。

《新观察家》(*Le Nouvel Observateur*),1973 年 12 月 17 日,埃克托尔·比安西奥蒂(Hector Bianciotti)整理

[①] 格鲁克(C. W. Gluck,1715—1787):德国歌剧作曲家。——译注

罗兰·巴尔特反对定见

1974 年 7 月 27 日

  很难为罗兰·巴尔特下定义：符号学家、社会学家、作家、批评家，从《写作的零度》到《文本带来的快乐》，他扮演了上面的所有的角色，而且通常是同时扮演。最近，《弓》(*L'Arc*) 杂志指出了他著作的令人惊奇的丰富性，也指出了他的各种考虑的统一性和做法的严谨性。多亏了他，写作的行为与社会实践之间的联系，被揭示得清清楚楚。

  罗兰·巴尔特不仅为我们提供了米什莱、萨德、傅立叶和其他许多人崭新的和激动人心的形象，而且他也帮助读者为这些不为人知的关键的人物恢复了地位、彰显了其重要性。

  在与罗兰·巴尔特的交谈中，不可能提及他著作中的所有方面。我们对他的提问，涉及了文学的现状、未来，依仗他而存在的先锋派以及他的各种爱好等。他的观点与许多定见相左，但是却也构成了有关写作最新形态变化的出色话语。

  您是一位"读者"，您已经革新了阅读的艺术。有时候，人们甚至想对您应用您对巴什拉 (Bachelard) 说过的话："好像在巴什拉看来，作家们不曾写过。由于一种古怪的割裂，他们只是被阅读过。"您好像是在品味作家，直至吞噬他们。

  请允许我限定一下您的意见。一方面，我必须真切地承认，我并不是一位大读者。我读书不多,而且我也在其他地方说过原因:要么是因为书籍让我兴奋,而我则时刻抬起头,为的是梦想着或思考着书中对我说出的东西;要么是因为书籍让我讨厌,让我不顾廉耻地丢掉;当然,有的时候,我也会像您说的那样贪婪地阅读,但是,这种情况中是一种工作之外的读物,通常是一些过去的作者(从阿普列尤斯到凡尔纳①)的作品。原因很简单:要读书,甚至是追求享乐地读书,至少是"贪吃般"读书,就要在任何批评责任之外去读。只要一本书是当代书籍,我是其读者,就要对其负起责任,因为它会把我拖入我苦于挣扎的那些形式问题、意识形态问题之中。您所想象的自由阅读的快乐,即欣悦的快乐、贪婪的快乐,总是一种厚古的快乐。这大概就是巴什拉所认识和描述过的快乐:他所喜欢的那些诗人即他所引用的那些人,都是他借以丰富其梦想的人,那些人都是从前的诗人。

因此,巴什拉与阅读的关系,是非常有限的,而且,这也正是我所想说的东西。您所引用的《文本带来的快乐》中的那个句子,更可以说是批评性的:我在书中间接地表明,我对于巴什拉只是有点被动地消费过一些文本感到遗憾,因为那些文本都是以某种完全陈旧的状态呈现在他眼前的,而且他从未询问过那些文本是如何制作的。

然而,我确信,关于阅读的理论(这种阅读一直就是文学创作的穷亲戚),绝对是写作理论的附属物:阅读,便是在身体层面而不是在意识层面重新发现文本是怎样写成的,便是将自己置身于生产过程之中,而不是在产品之中。我们可以用相当传统的方式,在快乐地复活有关作品的诗学的同时,来进行这种重合工作。或者以一种更为现代的方式,在去掉对文本的任何类型的审查、任凭文本语义泛滥和象征泛滥的同时,来进行这种重合工作。到了这种程度,阅读,便确确实实就是写作:我写作或者我重新写作我在阅读的文本,会比写出义

---

① 阿普列尤斯(Apuleius,约 123—170):古代北非(现今阿尔及利亚)地区人,柏拉图派哲人和作家,著有《变形记》,又名《金驴记》。凡尔纳(Jules Verne,1828—1905):法国著名科幻小说家。——译注

本的作者更好、走得更远。

先锋派文学，已不再是资产阶级现象，它并不被老百姓所阅读。它为上层社会人群独有。这难道不是一种新的异化的基础吗？

这是人们通常对先锋派文学的一种指责，人们同时指出其革命的主张和在社会方面的无能。这种文学一般来自资产阶级诸多领域，那些领域对于革命具有比革命者们本身更为超乎寻常地至上的意义。再说到政治方面，这一方面的事件可以是突发性的和直接性的。但是，在文化领域，任何革命都需要一个长的充满矛盾的时期。在我们并不革命的社会里，这是一个不可避免的时期，在这个时期里，先锋派作家的作用并不是取悦大众读者。也不应该简单地将大众读者与无产阶级混为一谈，因为，为了取悦大众，通常必须采用属于小资产阶级的艺术和词语，而这些无任何革命性可言（这恰好就是必须自觉接受的矛盾之一）：布莱希特曾尝试创作一种既是大众的又是批评性的戏剧，我们承认它没有成功。

在不考虑"广大"公众的情况下，先锋派作家也不可能（这一点显得更为反常）相信，他的任务就是完全地预示革命将要建立的艺术和文化。

革命开启了一种安排上的随意性，这种随意性将在很长时间内服从于任何人都不可预见的政治限制，因为政治限制都是被斗争情况所主导的：政治在好多年中妨碍人们看到文化是什么。因此，在当前阶段、在西方社会，先锋派有一种有限的任务，按照布莱希特的用语就是<u>清除与理论化</u>，这便是从大的方面来讲其所做的事情。

至于先锋派的"特权社会表现"（mandarinat），这个词有滥用之嫌，甚至用在这里是不合适的。先锋派作家也许会让您想到旧时的特权官员，因为他们通常生活在封闭的范围之内，有点与世隔绝，并且他们使用的是一种精细的、封闭的语言（尽管是处在颠覆之中）。但是，在他们之间，有着一种根本性的不同：与特权官员相反，先锋派作家没有权力，他在任何方面都不享有权力的赠予、特殊的惠顾、各种保护等，他也不会在名义上受到损害。他的自然支持者，既不是有产阶级，也不是被压迫阶级，而是第三阶级，即汇总了既不是生产者，也不是无产者，更不是助手的阶级的历时性主体，如大学生，以及某些年轻人阶层。

更为通常的情况是，您有关先锋派文学的论述是难以捉摸的。您说这种文学在人们不去阅读的情况下可以是丰富多产的。我们的感觉是，如果那些反对形式探索本身的作家，如米什莱、布莱希特或左拉曾经推动过文本之快乐的话，那么，您正是从这些作家那里找到了这种快乐。

我认为，在先锋派那里，在旧日作家那里，可能会有这样的文本、这样的写作：实际上，在普鲁斯特、米什莱、布莱希特的作品中，就有这样的文本，这并非是一种"形式"问题（也还不是"形式主义"的问题），而是冲动问题：只要是身体在写作而非是意识形态在写作，就为先锋派提供了机会。

谈论当前的先锋派实践之所以比较困难，是因为历史上出现过对象转移：今天，先锋派的对象基本上是理论性的，政治家和知识分子的双重压力，便是先锋派今天立场（和对于其立场的说明）的结果，而非他们的作品。

至于作品，并不缺少（没出版的比出版的更多），但是，就像难以根据这种古老的价值即"爱好"来判断那些作品一样，我们最终不大根据其文本效果（再就是，为什么在先锋派内部—如在其他地方一样，没有那么多的文本浪费呢？）而是根据其所显示的理论智慧来判断。因此，应该明确地指出，"理论"，虽然是先锋派的关键性实践，但它在其本身并没有一种进步的作用：它的积极作用就是把我们认为是现在的东西揭示为是过去的东西——理论在自毁，正是在这一点上，它属于先锋派。

文学在走向消失

您在提及文学的未来时，宣告它将走向消失。您想借此来说明什么呢？

我只是说（而且我并不是唯一这样说的人），文学是通过某种社会类型而历史地被确定为文学的一种对象。由于社会不可阻挡地要变化，要么向着革命的方向变，要么向着资本主义的方向变，所以，文学（按照我们过去一直给予这个词的体制上的、意识形态上的和审美上的意义）也在演变：它可能完全消失（一种无文学的社会是完全可以被构想的），也可能在一定程度上变动其生产、消费和写作条件，简言之，就是变动其价值，这就需要改变文学的名称。那么，旧文学的各种形式还剩下什么呢？

只剩下一些话语方式，一些出版社（注定承受越来越大的生存困难），一种脆弱的、不忠诚的、被并非是文学性的大众文化所折磨的公众。那些伟大的文学守护者正在远去：阿拉贡（Aragon）和马尔罗（Malraux）已经故去，将不会再有"大作家"。诺贝尔奖的思想意识不得不躲进那些厚古的作者头脑之中，而且即便是这样的作者，也必须借助政治浪潮。

您写过一部出色的书，有关几位语言创造者即风格奠基者，他们是罗犹拉、萨德、傅立叶。就像路易-让·卡尔韦（Louis-Jean Calvet）在为您安排的一期《弓》杂志中所断言的那样，您自己就是一位语言创造者吗？

一般说来，我不可以说我是这个或那个，因为如果这么说，我就只能在我已有的文本中再增加一个文本，而又不能确保这个文本"更为真实"，特别是在我们写作的情况下，我们大家都是可解释的人，但是，解释的权力，从来就不是我们自己，而总是别人才具有的。作为主体，我不能为自己使用任何谓语、任何形容词（除非不了解我的无意识），而对于我来说，这种无意识是不可认识的。我们不仅不能以形容词来自我思考，而且，对于人们用在我们身上的形容词我们也从来无法给予证明：它们让我们保持缄默。对我们来说，它们是一些批评性的虚构。

我可以重申的全部内容是，一位语言创造者（萨德、傅立叶或罗犹拉）不只是甚至不一定是为自己发明单词、句子（简言之就是发明风格）的作家。他是这样的一个人：他懂得在世界上、在他的（社会的、色情的或宗教的）世界中，看到语言学家们所说的一些成分、特征、"单位"，他以新颖的方式对其进行组合与排列，俨然对待一种新的语言，而他用这种新的语言生产出了第一个文本。

我在猜想，按照这种意思，有人会说，我的工作就是一位语言创造者的工作。卡尔韦的慷慨评价，我认为，很可能是简单地参照了我有时创立一些新词（使他高兴，却让别人烦恼）时的自由表现。

您对写作的形体特征及其在空间中的发展变化非常关注。巴尔扎克在其作品校样上所做的涂改使您入迷。您也写过有关日本书法的文字。我很希望您评论一下您对我们说过的一句话："身体进入写作。"

是的，我喜欢写作，但是，由于这个词采用的是隐喻意义（这是一种陈述方式，接近于风格），我便自由（刚才提到过这个词）地尝试一个新词——我喜欢 scription 一词[①]，它指的是我们用手来描画符号的动作。我不仅尽可能保持用手写作文本的快乐——只在誊写和批评的最后阶段才借助打字机，而且喜欢看字体活动留下的痕迹，不论这种活动出现在什么地方。在东方人的书法中，或在一幅绘画之中，最好现在叫它们"字体符号学"（例如在马松[Masson]的绘画中、雷吉

[①] 该词为罗兰·巴尔特参照 scripteur（抄写者）所造，可以译为"抄写"或"誊写"。——译注

肖 [Réquichot] 的绘画中或通布利 [Twombly] 的绘画中）。

写作，就是用手，因此就是用身体：身体的冲动、它的控制、它的节奏、它的斟酌、它的渐变、它的困难、它的逃避——总之，它并不是心灵（这在笔记学方面并不重要），而是满怀欲望和充满无意识的主体。

一个探索空间

您还是一名教授。您把教学行为置于工厂的流水线与享受快乐的小城堡之间。在您作为教授的活动与作为作家的活动之间，存在着何种关系呢？

我不是教授，而是研究室主任（在高等研究实践学院）。这就意味着，我并不上课，而是组织研讨班。这还意味着，我并不是必须说话，并不是必须放下已经得到建构的某种知识。而可以说，我的角色是与我的学生们一起工作，一起创造一个探索空间、一个听的空间，或者说一个快乐的空间呢？研讨班在一个半－知识分子、半－友情的团体中学习知识、探讨知识，比起课堂甚至课程来说，它更可以让人们想起18世纪外省称之为"大学教学区"的东西。

因此，在研讨班与书籍之间并没有直接的关系，为了使这种关系存在，那就必须使书籍变成集体性的。我想到了这一点，但这是困难的。不过，以后会实现的。

您在某个地方说，普鲁斯特是您的参照作家。您能说一说阅读他的作品所带来的快乐吗？

普鲁斯特，那可是对世界进行解读的一个完整的体系。这就意味着，我们之所以一定程度上接受这种体系，仅仅是因为这一体系吸引我们。而在我们的日常生活中，并没有什么意外事件、邂逅、特征、场景是在普鲁斯特的作品中寻找不到参照的：普鲁斯特可以成为我的记忆、我的文化、我的语言。我可以在任何时刻提起普鲁斯特，就像这位叙述者的外祖母与塞维涅（Sévigné）夫人在一起时经常谈起他那样。因此，阅读普鲁斯特——或者说重新阅读普鲁斯特——所带来的快乐，不像翻阅《圣经》那样需要将其奉为神圣并给以敬重：这是现时性与应该根据其完整意义而称之为智慧的东西的相遇，是对"生活"和其语言的认识。

自然，还有许多其他可能的阅读体系；普鲁斯特的阅读体系依赖于一些非常特殊的（社会的、心理学的、哲学的、神经病学的）条件，而我远不能时常去思考这些条件：我不是"普鲁斯特式的人"。

相对于《写作的零度》的作者，您现在是什么样的作者呢？

我变了吗？应该了解两个时期，即我过去的时期和我现在的时期。我要再一次说，这种判断不在我的能力之中：没有任何东西可以证明其现时的存在和其未来的变化。不过，如果您愿意接受一种"想象的"回答的话，我要说，我觉得变化并不是很大。我愿意评论一下在《写作的零度》中出现的那些相同的对象和价值：语言、文学亦即"零度"这个概念本身，指的是在取消符号、排除意义、不分开言语活动、让社会关系具有透明度方面的乌托邦。幸运的是，在我身上变化了的，是其他，因为我也是这个自我说话的、自我倾听的、自我诱导的其他。如果我能在我身上应用上布莱希特的这句话，我会是多么高兴啊："他在其他大脑中思考，并在他的大脑中思考其他大脑之所想。这便是真正的思考。"

《费加罗报》（*Le Figaro*），1974 年 7 月 27 日，
克洛德·雅努（Claude Jannoud）整理

一个拒绝自我分离的社会会变成什么样子？

1974年11月15日

下面的几个问题，是发给知识界20位著名人物的：

1. 在法国，存在着一个数量极大的知识分子群，他们在极力表白自己。您觉得您属于其中吗？

2. 人们指责知识分子将不负责任与追求时髦联系起来，将轻浮与"恐怖主义"联系起来。在这些抱怨之中，依您的看法，什么是有根据的呢？

3. 按照您的看法，知识分子的作用是什么呢？您认为，法国知识界应该怎样确保其发挥作用呢？

下面是罗兰·巴尔特的回答。

人们定期地对知识分子的诉讼（以德雷福斯事件[①]为始。我认为，这一事件推动了知识分子的出现和这一概念的诞生），是一种魔术性诉讼。知识分子就像一位巫神可能是的样子，被一群商人、买卖人和法学家当做巫神来对待：知识分子是打乱意识形态关注的人。反-知识分子论是一种历史神话，大概与小资产阶级的上升有联系。布热德（Poujade）过去赋予过这种神话一种生硬的形式（"鱼从头部腐烂"）。

[①] 德雷福斯事件：1894年法国陆军参谋部犹太裔的上尉军官德雷福斯（Dreyfus）被诬陷犯有叛国罪，被革职并处终身流放，法国右翼势力乘机掀起反犹浪潮。此后不久即真相大白，但法国政府却坚持不承认错误，直至1906年德雷福斯才被判无罪。——译注

一个拒绝自我分离的社会会变成什么样子？

这样的一种诉讼可以定期地激发起公众舆论，就像巫神诉讼那样。不过，这种诉讼的政治风险却也不得不了解一下：非常简单地说，那就是法西斯主义。法西斯主义总是并且到处把清除知识分子阶层当作首要目的。

知识分子的各项任务，是通过抗拒和这些抗拒所根据的场所得以确定的。布莱希特曾多次表述过那些抗拒情况，这就要求分解资产阶级意识形态（亦即小资产阶级意识形态）、推动世界和推进理论的各种力量。根据这些表述方式，显然就需要建立多样的写作与言语活动实践（因为知识分子承认自己像是一位言语活动之人，这一点恰恰打乱了对世界的担保，而这个世界绝好地使"现实"对立于"词语"，就好像对于人来说，言语活动只不过是具有更为实际用处的装饰那样）。

知识分子的历史情况并不是舒适的，并非是因为对其进行过那些可笑的发难，而是因为这是一种辩证的情况：知识分子的作用就是批评在资产阶级统治下的资产阶级言语活动，他必须同时是分析家和乌托邦论者，他必须同时显示世界的困难和其疯狂的欲望，他要成为一位历史的同时代人和现时的哲学家。那么，一个拒绝自我分离的社会，其价值在哪里？它会变成什么样子？如何与自我言说时不一样地进行自我观察呢？

《世界报》，1974 年 11 月 15 日

万花筒游戏

1975 年 1 月 13 日

自 1953 年发表《写作的零度》以来，罗兰·巴尔特就紧跟理论发展的现状，不停地出现在先锋派为其最为出色的辩论者组织的每一次讨论会上。他在这 20 年的批评活动中，没有任何的倦怠：在现代性的这种路径，几乎让人想起芝诺的飞箭①，"它动颤着，在飞，却又一点也不飞"，因为这支箭似乎总是待在要到达的点上。这无疑是一种幻觉，因为罗兰·巴尔特肯定没有针对任何具体的目标。

不过，这位作家的每一部作品，都似乎在预告一项未来的成果，而他则消磨时间推延这一期限：他的作品内含写作的欲望，却又好像拒绝所有对其最为自然的催促。总之，他拒绝拼凑。他更喜欢把作家的另外一种形象奉献给公众，而在这种形象里，在拘谨的肖像之中，出现了另外一只手，即漫不经心的手，这只手不写作，但却似乎在支持所有的创作活动。罗兰·巴尔特的天才，在于总是看重作品的诞生，并且从来都只是在进入写作时才告诉

---

① 芝诺：伊壁鸠鲁学派哲学家，他曾提出过一系列悖论，而根据这些悖论，任何明显的意义都是骗人的，而运动也是不可能的。"飞矢不动"悖论是他的系列悖论之一。人们可以想象有一支飞箭，其在飞行过程的每一时刻，都会有一种明确的位置，如果这一时刻很短，这支箭就没有时间变化位置，而如果时间是由多个时刻组成的一种接续的话，那么每一个时刻就都是停止的，因此，这支箭就总是不动的，运动也就是不可能的。他的悖论后来引起包括康德、黑格尔等著名哲学家的不同解释。一种解释是说，芝诺不承认空间是可以分割到无限小的；还有一种解释是说，当人们分割空间时，也会同时分割时间的行程，而最终速度则保持不变。——译注

万花筒游戏

大家：他是最为苏格拉底意义上的文本、探索和文学情绪的助产士。在《文本带来的快乐》一书出版之际，我们见到了他，毫无争议，这本书是他近10年来最为重要的作品之一。

您是一位读者，大概您是施本格勒（Oswald Spengler）所理解的意义上的读者。他曾断言，阅读艺术在歌德时期就已经死亡，此后，读者便在败坏书籍。您或许把自己定位在这种败坏事业的顶端位置，但是，这一事业却没有得到大批无名知识分子小团体和其他高学历的推动者们的支持。

在法语中，败坏（démoraliser）一词有两个意思。在19世纪，这个词意味着：去除道德，待在无道德观念之中。当前的意义是：使泄气。难道我们是在不鼓励阅读吗？我们是在使阅读不遵循道德观念吗？理想的做法是，不做任何使人们在阅读方面泄气的事情，而应该尽一切努力使阅读遵循道德观念……五年以来，阅读方面的问题成了批评争吵之首。在我们具备了诸多适用的认识论工具的今天，这个问题被提了出来，是正确的。有两种方法论可以让我们以全新的方式来构想阅读：一方面是意识形态批评，另一方面是弗洛伊德的精神分析学，这两种方法论再一次提出了关于人类主体的一种新哲学，因此，它们将迫使我们提出一种新的阅读者 - 主体。

说到这儿，我们中的每个人都身处一代人之中、一种文化之中、一些习惯之中……就我个人来说，面对别人的书籍，我觉得自己过于随便，所以我感觉我是一位非常特殊的读者。当有人恭维我是一位读者的时候，一方面，这使我很感动，因为没有比这更好的恭维词语了；另一方面，我又觉得自己配不上这样的恭维：实际上，我读得不多，而且我是厚颜无耻地一再这样说的。如果一本书让我感到厌烦——而且一本书很容易让我感到厌烦，我就放下不读了。我没有足够的时间来阅读，除非是晚上，在入睡之前……而且，我有兴趣阅读的，都是些旧时的书籍、成熟的书籍，它们属于一种过时

声音的种子

的文化……

厚颜无耻？我不允许您这么说。20年前，您曾断言"写作根本不是一种沟通工具，写作并非是一种言语活动愿望可能会经过的一种开放的途径"，当时，这是一句最终的结论吗？

我认为，既不应拒绝也不应系统地支持一个写出的句子。今天，正像有人说的那样，这个句子以另外的方式显示出内涵。在此剩下的，便是一个属于悖论的和反向而动的主题内容了，这个主题一直就是反对人们把言语活动压缩为一种简单的传播工具。由于精神分析学、符号学、结构主义已经混合在了一起，在越来越难以支持言语活动是唯一的表达和传播工具的情况下，这个句子超前于它的存在时间：当作为人的主体说话的时候，人们知道，除了被语言学所研究的简单讯息之外，会在他自身和他所面对的人的身上同时出现许多其他情况。

在严肃的科学计划即符号学的基础上，又嫁接上了对于语言的快乐和贪婪，这样一来，您所进行的风格训练，就逐渐地像是迈出了科学训练的一步。

您把风格看作是多余的、漂亮的。我并不这么看。这是一种很复杂的探索。曾经在几个世纪里，风格方面的工作被异化到不属于我们的一些意识形态之中了。尽管如此，人们所称之写作——也就是说受制于言语活动的身体所从事的工作——借助于风格而前进。在写作的工作之中，总有一个属于风格学的阶段。写作甚至就从风格开始，但风格却不是为了写好：我在《写作的零度》一书中已经说过，风格依靠的是身体的深处，不可减缩为带点审美的美化意图。

不管怎样，在您的书中，都有创立新词和其他隐喻的明显爱好……

万花筒游戏

确实是这样，我完全承认。

我是在毫无惊异的情况下知道您加入了"潜在的文学工坊"，但，还是……

不是这样的，写作是让人高兴的，不应该忘掉这一方面。风格是对旅行的某种接受，确实是这样。我们谈到过传播——我现在回到这方面来，并让自己来当律师：一种借助于风格工具思考而成的文本，在我们的文明和文化的现时状态下，还是比另一种文本更有机会得到传播的，这是因为它是一种散步与叩问工具。哪怕是一种策略观点，也要接受必须经过风格……我不会让自己封闭在一方面是风格，另一方面是更为严肃的某种东西的对立之中。严肃的东西，便是待在能指之中，也就是说待在风格之中，因为写作正是从此开始。

带有能指的阴影，终归还是开始缩短了。

这个单词早已因事情发展之快而失去影响。不过，该词继续为人所用。这关系到评价。

您自己也丢弃了一些能指……

我对一些词语的新颖性很感兴趣——由此产生了对于新词的爱好，反过来说，也对使用这些新词感兴趣：我每时每刻都生活在与言语活动的一种不稳定的关系之中，于是，我很快就对某些词语做了有兴趣或无兴趣的选择。实际上，我在花时间选用某些单词，也清除其他单词。因此，我并非总是与相同的一些词一起生活，而这就可以在言语活动方面进行一些有益的、定期的、必要的操作活动。

亨利·米修说过，研究者越是有所发现，他就越没有时间认识新的未知。今天，您的未知程度有多大呢？

就像每个人一样，我也经历过对自己有高评和低评的阶段。不论怎样，我都不会生活在与我的责任、我的能力甚至与我的快乐总是相等的观念之中。

您总有办法让人原谅您的大胆。例如您写出的这样晦涩难懂的话："我做出了评论，却不是为了使其变得可以理解，而是为了搞明白可理解的东西是什么。"

那是在结构主义阶段：目的在于搞明白要理解的是什么。因此，这个命题并不是悖论，而是有着认识论基础的……一位研究者在看到他的言语活动被关闭之后，从来都不会发自内心地高兴。言语活动并不是一种无限的转述系统，有一整套的观念和句式命题，它们只会在某种晦涩中产生。应该接受这一点，并相信历史，甚至相信早晚会突破事物的小历史。晦涩自身就可以是写作的一种戏剧性工具，而放弃这种工具并非是必需的，即便我们有可能感染上古典主义的病毒，并希望有一种表述类型——这种表述不论怎样都会具有明确的表面。

您在独树一帜。那么，大师该怎么看呢？

对于写作的人来说，没有比为自己的角色和形象建立起正确的观念更为困难的了：这种观念您只能是片段式地获得，几乎不可能准确地知道自己所做会发展到什么程度。当然，我没有这种天赋。

一种发现广泛传播开来，这是一种什么感受呢？

面对这一情况，我过于讲求哲学和宽容。这是不可避免的，而且这并不让我感受到激励。

万花筒游戏

您是一位不露相的——我要说的是失败的——小说家吗?

或者说是将来的小说家,谁能知道呢?您的问题提得很好,并不是因为它会很容易地得到我的回答,而是因为在我看来,这一问题触及了非常有活力的某种东西,这便是,即使不是小说问题,至少也是故事性的问题。在日常生活中,我在检验我所见的所听的一切几乎带有智慧情感的某种趣味性,这种趣味性就属于故事性的。如果是一个世纪之前,我大概会带上一个现实主义小说家的记事本外出散步。但是,今天我不会想象去组构带有姓氏人物的故事、趣闻——简言之,去组构一部小说。在我看来,问题,即未来的问题(因为我非常想在这一方面展开研究工作),将是逐渐地找到一种形式,这种形式可以使故事性脱离小说,但却承担着比我现在所为更为深刻的故事性。

您还是不要对您作为先驱者之一竭力造就的一个时代的逝去有所抱憾。另一方面,一种最终不以一种新的实践为出路的理论化工作,有什么用呢?

在我身上,曾经有过对言语活动的钟爱,即对言语活动的欲望冲动,这使我成了一位言语活动之人。我的历史机遇在于,我这个人遇到的时代是,关于言语活动的科学与哲学获得了广泛的、非常深刻的、全新的迅猛发展。在这一点上,我被我所处的时代驱动着,并从中获得了热情,因而我得以融入时代,以至于人们不再清楚我是否完全是由时代所造就的,或者我是否以最省力的方式在努力为其发声……此外,理论的最终出路应该是实践,甚至在理论的每一个时刻都应该想到实践。我认为,现在,理论可以标志前进步伐,而且,我们应该进入一种更为勤奋的——我要说——几乎是试验的阶段。在此,我们遇到了社会的真实,并且,知道这种文本试验会通向何处。

那么,所指的报复呢?

声音的种子

不，所指总是在威胁，特别是在关于文学的唯科学领域——甚至以能指的名义来威胁。符号学本身正在成为一种小小的唯科学论。借助于一种所指，可以摆脱神学的操纵风险的，恰恰在于强调生产所带来的快乐，也就是说把自己变成一位生产者，亦即一位爱好者。一种自我解放的文明的伟大形象，将会是爱好者的形象。当前，爱好者没有地位，他是无法生存的。但是，我们可以想象有这样的一个社会，只要主体想要成为爱好者，他们就可以生产。

三十年来，文学似乎脱离了世界。

文学由于不能主导历史现实，而从一种再现系统过渡到了一种象征游戏系统，在世界历史中，后者第一次超越了文学。实际上，文学面对着一个比它自身更为发散的世界，它总是处于惊讶状态。

如果您很快将写出一部小说，人们就会认为您跨越了一步……并认为，您的批评作品将会是一种长期的激情的结果。

我很喜欢这一形象，但是，这种形象会让人联想到这样的一种观念，那就是我从事研究工作的生活有过一种意义、一种演变、一种目的，并且我的这种生活在我身上发现了真理。相比这种单一的主体观念，我更喜欢万花筒游戏：只要晃动一下，那里的小玻璃碎片就会呈现另外一种秩序……在我看来，最难让我写出一部小说的东西，并非是与"重大形式"相联系的各种问题，而仅仅是给人物一个姓名或者是使用简单过去时[①]。

给一只猫起名，您也有困难吗？

[①] 简单过去时：法语时态之一，变位较为困难，表示的是在过去时间里一次性完成的动作，与现在没有关系，多用于小说中的叙述。——译注

万花筒游戏

是的,当然……我们可以像夏多布里昂作品中所写的那样做,他当时年轻,而这就已经是一部小说。

《新文学》,1975年1月13日[①],

让-路易·埃齐纳(Jean-Louis Ézine)整理

[①] 选自让-路易·埃齐纳作品《受审问的作家们》(*Les Écrivains sur la sellette*)中的谈话,Paris, Seuil, 1981。

罗兰·巴尔特的 20 个关键词

1975 年 2 月

从陈旧的主题——类比、多格扎、符号——到文本所带来的快乐的闯入，再到 R.B.[①] 本人的片段，罗兰·巴尔特在此向我们讲述了 20 个关键词。在他看来，某些作者过去和现在都对其具有重要性。

单词"快乐"（plaisir）的闯入

您当前的写作，离不开"快乐"一词，而该词似乎是最近才出现在您的作品之中的。

它是以我称之为策略的方式出现的。我曾经觉得，今天，知识分子的言语活动过于轻易地服从于道德说教的绝对需要，而这种需要则排除任何享乐概念。于是，反其道而行之，我便想重新在我个人的领域内引入这个单词，而不去审查它、限制它，并不再–拒绝它。

在观念领域内，一种策略活动会在其路径中找到一些解释，是有很多原因的。第一个原因，就是在主观层面上，我会某种程度地看重在有点过时的享乐主义名下可能聚集的东西，而特别是看重生存艺术的主题。例如，它们就是我在谈论布莱希特与符号之间的关系时，所

[①] R.B.：即罗兰·巴尔特，这是从索莱尔斯开始的对于他的一种昵称，在文中出现，亦有表示亲切的内涵。——译注

间接地明确过的那些东西。此外，布莱希特的所有著述（我们不能否认他的著述都是真正马克思主义的），都非常看重快乐。

因此，我就有责任来谈论某种享乐主义，就要返回到几个世纪以来被人忽视、被压抑的一种哲学思想。首先，这种哲学思想是被基督教教义所压抑的，随后，这种压抑被实证论伦理、唯理论思想所继承，它曾经——或者遗憾的是——而且现在将被某种马克思主义伦理学再次继承。

您在"快乐"与"享乐"之间建立了关系，而且通常是对立关系。

"快乐/享乐"这种对立，是人为地建立的诸多对立关系之一，我对于建立各种对立关系总是有某种偏好。我经常尝试建立这样的对立关系：例如在"写作"与"规范行文"之间，在"外延"与"内涵"之间。对于这些对立，不应从文字上过于认真对待，不要过问文本是属于快乐还是属于享乐。这些对立可以让我们做好准备并走得更远。当然，只不过就是说话和写作。

如果有人想以这两个单词来临时地建立文本的一种分类的话，可以肯定的是，我们所了解和我们所喜欢的多数文本大体上属于带来快乐的文本，而带来享乐的文本极少——并且没有任何方面可以说明这些文本也是可以带来快乐的文本。这些文本可能会让人不高兴，可能会在精神上刺激你，但是，它们至少临时地，即在那么一个闪亮的时刻，调动你、改变你，并耗费正在失去中的自我。

享乐主题与其他主题具有临界关系，例如并非是关于真正意义上的毒品的主题，而是关于"吸毒人"的主题，或者是关于某些心理反常的主题。

在不考虑给出很好评注的情况下，您可以列举出几个享乐文本吗？

声音的种子

比如一些先锋派的文本，也就是说，一些并不属于拟真（vraisemblable）方面的文本。一个文本一旦继续服从于拟真编码，即便是煽情性的，它也不是享乐文本——例如，我想到了萨德：有人很可能试图把萨德的文本放在享乐文本之中，而且从多个方面来讲似乎就是如此，这并不是因为他谈论享乐，而是因为他谈论的方式。尽管如此，萨德的文本，由于其承受一种时代限制而继续服从于一种拟真编码，所以仍然属于带来快乐的文本。享乐文本必须具有某种难以辨认的特征。它应该撼动我们，不仅是在我们的形象和想象语域之中，而且是在语言层面本身。

因此，享乐更属于例如塞韦罗·萨尔迪[①]方面的东西。

完全是这样。索莱尔斯的文本也是如此。但是，这很难解释清楚。因为人们越是想用一些审美标准来判断带来快乐的文本，在判断享乐文本时，这些标准就越是模糊。

因为现今都倾向于使文本从享乐方面过渡到快乐方面。

确实是这样。文化在复建。复建是伟大的历史法则。

类比性、自然性与想象物

有一个系列，您似乎非常反感，那便是"类比性、自然性与想象物"。

确实是这样，我厌恶类比性和自然性，这并不是什么新鲜事。我一直对思想与艺术的类比性形式不无反感。此外，其原因与我喜欢语

[①] 塞韦罗·萨尔迪（Severo Sarduy, 1937—1993）：古巴裔法国拉美艺术评论家。——译注

言符号相反：很久以前，当我阅读索绪尔的著述时，我了解到，在语言符号中不存在任何类比性，并且在能指与所指之间也不存在相像性[①]。这一情况使我在写出的句子中、文本中等，总是离不开语言符号，总是离不开语言符号的转换。

人们如果对自己做进一步的分析，便会懂得，对于类比性的揭示实际上是在揭示"自然性"，即伪-自然。社会世界，由于循规蹈矩，总是支持这样的观念，即社会世界是根据自然形成的，因为事物都是相像的，因此，人们是在生产对于自然的既是人为的又是抑制性的一种观念，人们称之为"自然性"，人们的常识将相像的东西判定为是"符合自然性的"。因此，我根据类比性，便非常容易地回溯到"自然性"这一主题，亦即"在多数人看来，转变为自然性的东西"的主题。而这一主题在我的文字中是存在很久的主题，正是这一主题滋养过我的《神话集》，而这本书正是为揭示"自然而然"才写的。这同样是布莱希特的一个主题："在规则之下，请您发现过度使用。"在自然性名下，请您发现故事，请您发现不是自然的东西，请您发现那些过度使用。

至于想象物（imaginaire），这是一个较近的词语，因为人们今天是在拉康意义[②]上而不再是在巴什拉意义上使用这个词。

也不再是萨特意义上的想象物。

也不是萨特意义上的想象物，即便他的论述是很有意思的。必须回到人们所放弃的萨特最早的文字方面，因为那些文字内容极为丰富。必须重新看待萨特的问题。此外，我认为，这个问题会自身显示出来。

拉康以"想象物"所指出的东西，与类比性即与形象之间的类

[①] 这是以拉丁字母拼读为基础的西方语言的情况，不适合像汉语这样的象形表意文字。——译注

[②] 拉康根据其镜像理论，把"想象物"定义为"相似物"的形象与物体自身的关系。——译注

比性关系极大。因为想象物属于主体的语域，而在一种同一辨认过程中，他会紧随形象，并且，他特别依靠能指与所指之间的融合。在这里，我们再次遇到了关于形象与模式的再现、形象化过程和对应等值的主题。

  在这种思想方面，您将其与关于能指的思想做了对立。

  应该小心使用这个单词，它已开始因滥用而失效。我即使不是对能指兴趣浓厚，至少也是对人们所称的意指活动感兴趣。意指活动，当然是一种意义规则，但是它从不在所指上自我封闭，而且，当主体在听、在说、在写的时候，即便是在其内在文本的层面上，也总是透过所指，从能指走向能指，从来不会完结。而在符号的两个方面的同一性得到验证的时候，类比性也就在自身关闭了起来。

片段，听写，俳句

  在您身上，对于意指活动的这种爱好，是不是与您对于片段、听写、俳句的爱好有联系呢？

  我对片段的爱好由来已久，这一爱好在《罗兰·巴尔特自述》中得到了强化。重读我的书籍和文章，此前我从未想到的是，我注意到，我过去一直是以一种短小书写的方式来写作的，这种方式通过片段、小幅图画、带标题的段落或文章来进行。在我生命的一个阶段里，我曾经只写文章，而不写书籍。对于短小形式的这种爱好，现在正在变得系统化。从有关形式的一种意识形态或一种反－意识形态的观点来看，这里所包含的意思是，片段在打碎我所称的铺展、论证、话语，这些都是人们根据所说内容所给出的最终意义的观念来建构的，这样做是先前几个世纪整个修辞学所遵循的规则。

罗兰·巴尔特的 20 个关键词

从某种程度上讲，这该是一种藐视秩序的写作吧？

我很高兴会做到这一点，唯一的条件是，"藐视秩序"不能成为这种系统的所指。在这种形式系统中，难以做到的是，必须阻止上述几个方面"成型"，即固化。也许（这种立场相对于先锋派的风格来说有点反常），阻止这种固化的最好办法，就是停留在表面上看似古典的一种编码的内部，就是保持服从于某些风格学要求的一种写作的外表，就是借助于一种形式来分解最终的意义，而这种形式并非出奇地混乱无序，它是躲避歇斯底里的。

写作的计谋，是出现在故事的计谋之后吗？

是的。我根本不知道这一情况就出现在我所做的事情过程之中。但是，如果我想干点什么事情，情况就会是这样。

不过，有两种已经建构成的风格，您似乎已更为细化，那就是听写与俳句。

在《罗兰·巴尔特自述》中，有几处就是"听写"。听写，是一个使我很感兴趣的问题。当我想要讲述一个童年记忆的时候，这种记忆便由不得我地采用了大体上属于学校写作的某种形式，因为老师早已让我们习惯了那种形式，那就是听写或者是命题作文。记忆中的自然话语，就是学校的话语，就是听写的话语。我没有完全地取消这种表达方式，而决定自觉地接受这种方式，时不时地做点听写，或是为自己确定几个作文题目。这就像是我自己为学校里使用的文选课本提供一篇文章那样。这也许是我在这方面的意图，但是，我是在完全的游戏意识下做的，根本没有去想有一天它会真的出现在法语的课本之中。
因此，围绕着《罗兰·巴尔特自述》的某些片段，我隐性地——但我希望人们还是会看出来——加上了一些引号。

声音的种子

同时这也是在细心地避免产生对听写的偶像崇拜。

您指出这一点，很对，我没有想过制造偶像。在这本书的写作之初，我曾认为，我在以某个人的身份来进行文学批评时，我就会使我自己成为偶像。后来，我注意到，在一种戏谑计划即一种逗笑计划的最初刺激之后，所想情况并没有出现，而这使我产生了郁闷之感。再随后，我认为，也许我并不具备表露滑稽可笑的天赋。

正是在那个时候，我的计划变化了，我放弃了公开成为偶像的想法，同时继续模糊地待在使用引语和关联文本的一个领域之中。

俳句，是另一回事：它是片段的基本音乐性的渐变。我在日本旅行时，曾经见识过其历史的和真实的自然性。它是一种形式，我对它具有一种深深的欣赏，也就是说有深在的欲望。如果我现在于写作其他东西的同时进行想象，那么其中某些东西就属于俳句领域。俳句是一种非常短的形式，但是，相对于同样非常短的格言，它有着模糊的特征。它并不生发意义，但同时，它也存在于非‑意义之中。问题一直是同样的：不允许出现意义，但也不脱离意义，不然的话，就归为最坏的意义，即非‑意义的意义。

在《罗兰·巴尔特自述》中，有类似于俳句的东西，它们根本不是以诗学形式被提供的，并且，我曾称呼其为"回想"（anamnèse）：那是对于童年和青年时期的，以一个、两个，最多是三个句子出现的记忆，它们就具有这种绝对模糊的特征——至少，我希望它们具有这种特征，但要实现这种特征是非常困难的。它们不是固化的。

俳句，有点反‑听写。因此，将两种观念连接成对是合理的。

三种傲慢

有一个时期，您谈论过三种傲慢，即多格扎（舆论，共识）、科学和战士。然而，语言学无论如何是一种科学，而且，语言学曾经是您思想和作为的支撑之一。

是这样的。但是,首先,我并非总是对科学的傲慢表现出相同的不容忍态度。科学,或者准确地说是科学性,吸引过我。今天,使我与语言学分开的东西,是语言学想成为有关言语活动的科学,但仍然以几乎是类比的或想象的方式脱离不开属于科学类型的元语言,也正是因此,语言学重新与所指的世界合一了。现在,我在语言学中所质疑的,也像我对待其他社会科学或人文科学一样,是它们没有能力探讨它们的陈述活动类型,亦即它们的话语方式。

然而,目前,似乎难以躲避陈述活动了,因为30年来,我们很清楚地知道,陈述活动是在我们过去所不了解的两个时位上进行的:一方面是在意识形态上,亦即有关意识形态的意识上;另一方面是在无意识上,甚至可以说是在有关无意识的意识上。现在,关于陈述体[①]、关于话语的整个问题,不论出现在什么地方,都必须考虑到这两种时位。不过,这两个时位从其地位上看,都躲避写作的主体,因为主体并不准确地知道他处在何种意识形态状态之下,也不知道其无意识是什么。

人文科学的问题是,它们不知道这两种时位。然而,如果我能使用这种词语游戏,如果人们不了解这两个时位是正常的,那么,不知道它们就不正常了。

但是,这是属于总体历史的问题:一切都不能一下子干成。我与语言学甚至与符号学之间的距离,根本不是那些从事这些科学的人与它们之间的距离。可以这样说,从我个人方面讲,我不再觉得有理由根据一种正统的话语性来坚持语言学话语了。不论怎样,在语言学上,我从来都只是一位爱好者。

您对于科学的这种不信任,难道不是非常萨特式的一种态度吗?

[①] 陈述体(énoncé):语言学和符号学术语,指的是陈述活动(énonciation)的结果,此前多译为"陈述"。——译注

声音的种子

萨特,尽管他从未说出,但从其远离科学这一点上就可以看出。

战后,在我开始写作的那个时代,先锋派即指的是萨特。结识萨特,对于我是非常重要的事情。我一直没有被吸引(这个词不无荒唐),而是被其作为随笔作家的写作所改变、所激励甚至是被燃烧。他真的在随笔方面创造了一种全新的语言,而这种语言使我深受影响。不过,萨特对于科学的疑虑,来源于现象哲学领域,即来源于有关存在主体的一种哲学思想,而我的疑虑——至少现在——更多地是从精神分析学的言语活动中得到了滋养。

但,精神分析学同样也是有关主体的一种哲学。

因此,我再次对您说,萨特主义应该得到重新的考虑,甚至可以说应该重新写作,至少是要根据乔姆斯基(N. Chomsky)的意义来重写。

您谈论科学和战士的傲慢,可是,乔姆斯基想要的,恰恰是科学性和战士。

对于乔姆斯基,我没有内在的好感。要说是崇敬,那是当然的。但是,我怀有深刻好感的语言学家,是本维尼斯特。显然,我们应该深深地感谢索绪尔、雅各布森和其他语言学家。但是最终,对我们真正产生影响的人为数不多。对我来说,有萨特,有布莱希特,而且还在继续,我一直与布莱希特保持着非常密切的联系,还有本维尼斯特。

难道是因为在本维尼斯特的著述中,有故事性的东西即语文学的想象力吗?在印-欧语系中,将施动者姓名加以动作名称,便会成为一种不错的小说。

在本维尼斯特身上非常好的一点是，他不仅是一位研究言语活动功能的学者，而且是一位语言方面的学者。他曾面对过各种语言。语言比言语活动更为重要。[①] 于是，本维尼斯特最终透过名词和单词论述了极为具体的东西。由此，产生了本维尼斯特作品中的几乎是故事性的内容。

在另一方面，在本维尼斯特的作品中，有一种写作风格，它既带有思想，也带有形式，属于一种特殊的类型。它不再单单地是提供思想的属于学者方面的规范行文。在本维尼斯特的身体（即便这一身体想方设法不出现）与他所写出的东西之间，有一种特定的关系，即他赖以写作的方式。我喜欢本维尼斯特作品中激励人心又谨慎委婉的东西，即全然没有智力庸俗性的东西，我喜欢这种感触，喜欢所有这些审美价值，它们都对我有无穷的吸引力。此外，这与我们恰好在布莱希特的作品中重新看到的价值描述差不多是相同的。

既然我们的谈话是必须被印刷出来的，我认为我应该说出和必须说出这样的情形：面对布莱希特的身体状况，我感受到的是一种巨大震撼。今天，他病得很重，他在极为困难的物质条件下忍受着病痛，而对于他，我们的文化在官方和在通行的做法方面都没有给予任何的关注，尽管他对当前的法国来说是无可争辩的大学者之一。由于他的状况不只是身体上的灾难（他在四五年前患上了一种可怕的疾病，对一位言语活动学者来说，这种病尤其严重），他的状况想必会使整个社会感到羞耻。

人的姓氏，个人的名

您对于人的姓氏非常感兴趣，并给予了很大关注。您的祖上与普鲁斯特有关系吗？

[①] 这里谈到的，又是索绪尔有关言语活动、语言和言语三者之间的关系问题：言语活动是总称，语言是形式和规则，言语是对于语言的使用。——译注

声音的种子

关于这个，由来已久。我所写过的有关普鲁斯特的唯一文本，是关于专有名词的。他本人对专有名词有着一种哲学考虑。说真的，我与专有名词有着一种谜一样的关系，它属于意指活动、欲望甚至属于享乐范畴。精神分析学曾经非常关注这些问题，而且我们清楚地知道，可以说，专有名词是通向主体和欲望的坦途大道。现在，我承认对于专有名词既喜欢又认为不可解，特别是对我童年时期知道的那些专有名词尤为关注。我曾在外省的小城市巴约纳的资产阶级环境内度过了我的童年和一部分少年时光，我接触过巴约纳一些资产阶级家庭的姓氏，那些姓氏以其谐和的发音、纯粹的和诗性的共时语音系统，及其所带有的社会与历史烙印，一直让我很感兴趣，很是快乐，也叫我极为好奇。

除此之外，每当我阅读旧时小说或一些回忆录时，我都特别注意专有名词。我甚至经常想，一部小说的成功就在于其姓氏方面的成功。

您曾经为皮埃尔·洛蒂（Pierre Loti）写过一篇名为《阿齐亚德的姓氏》的文章，那便是证据。

阿齐亚德是一个很容易找到的姓氏。

我们谈过姓氏，现在来谈名字。在您最近出版的书中，出现了一个游戏，即在"R.B."与"我"之间出现了巧妙的过渡。像在 R.B. 是主语的这个句子里，主语虽然是第三人称的，但它非常自然地包含着属于第一人称的一个主有形容词[①]。

在《罗兰·巴尔特自述》中，有四个体系："我""他"（在我读到"他"时，我说我），还有"R.B."（它们是我姓名的首字母），以及有时在我谈到我时用"您"来代替。

[①] 在法语中，"我的""你的""他的""我们的"等属于形容词类，被称作"主有形容词"。——译注

大体上就是说，人称代词"我"，真正地就是想象物的人称，即自我的人称。每当我说"我"的时候，我就可以确信——就像我现在这样——我就在想象物之中。我很想写一本书，将其组织成就像包括所有人称代词的一种波纹性织物，而这部书实际上就是想象物的书，但这种想象物借助于不再仅仅是想象物的结构，也可以说不是真理结构的心理结构，像撕开一种织物那样来尽力破坏，尽力自我撕碎，尽力撕成块成片。我进行的是一种往返活动，是在各种神经官能领域进行一种有点像是布朗运动的运动。

"我"是想象物的代词，我较为经常使用的"他"，是有距离的代词。我们可以用多种方式来采用这一代词，在此，读者成了主人。像是一种夸张，像我非常看重我自己一样，以至于当我说"他"时就是在说我。或者像是一种侮辱：说"他"，是在谈论某个人，是在访问他而又不遇见他，是在伤害他，是在使他成为某种有点死去的东西。或者（但这一次是一种过于快乐的假设，不管怎样，我们还是要将其说出来）像是说明有距离的"他"，根据布莱希特的一种观点，这是一种叙事中的"他"，在这种"他"中，我自己在批评自己。

至于"您"，这里也有两种解释的可能性。我很少对自己说"您"，但是这种情况在三四种机会中出现过。"您"可以被当做指责、自我指责的代词，它是一种被分解了的偏执狂，而且也是一种更有经验的、更从容不迫的方式，就像萨德式的"您"，即萨德在某些注释中使用的"您"。这是写作操作者的"您"，这个"您"把自己置于（这在当时是很现代、很天才的用法）使誊写者脱离主体的位置。

"R.B."并非特别重要。它尤其出现在"他"出现的模棱两可的句子中。

难道"R.B."不是以有点修辞学的方式来指明止在回忆中的人物吗？比如间接引语所说的：R.B. 说……

当然，这里出现了语感的问题，因为它涉及句子的音乐性，涉及

声音的种子

菲利普·索莱尔斯在《原样》杂志上为我写的、名为《R.B.》的那篇漂亮文字的语感问题。

爱好者

我所记录下的另一个词是"爱好者",这个词经常在罗歇·瓦杨(Roger Vailland)的作品中出现。在您看来,爱好者意味着什么呢?

这是一个叫我感兴趣的主题。我可以采用纯粹实践的和经验的方式来使用它:当我有点时间的时候,我就以一位普通爱好者的身份完全自愿地搞点音乐或绘画。爱好者地位的最大特点,是其不包含想象物、不包含自恋。当你作为爱好者去画一幅图画或是一幅彩绘时,你不需要考虑画出这幅图画或彩绘时所依据的自身给出的<u>意象</u>[1]即形象。因此,这是一种解放——我要说是一种文明解放。这种文明,要以傅立叶的方式包含在乌托邦之中。在这种文明之中,在不考虑其在其他人那里可能诱发的形象的问题下,人们将采取行动。

在实践层面上,这个主题非常重要,在我可以想象一个未来的、完全解放的社会(这样的社会,在写作方面,将会只承认爱好者的活动)的情况下,我将这个主题转换为理论。特别是在文本领域内,更是这样。到那时,人们写作、制造文本,就是为了快乐,人们利用写作带来的享乐,而无须考虑他们可能给别人留下的印象。

您与音乐的关系是什么?您说过:我以爱好者身份玩音乐,但是,弹奏钢琴涉及正规的练习和持续的努力。

当我还是个孩子的时候,我学习过钢琴。我父亲的妹妹住在巴

---

[1] 意象(imago):精神分析学术语,最初是荣格提出来的,指的是主体与其首批关系(特别是与父母的关系)中诸多人物之间所形成的无意识原型,这类原型以特定的方式引导着主体与他人的关系。——译注

约纳，是一位钢琴教师。因此，我曾在一种音乐氛围中生活过。但是，从那时之后，我就再也没有学习，我不懂任何技巧，没有任何运指速度。只不过，我很早就习惯了识谱，习惯了指法。因此，我懂得识谱，但我却弹不好。这种情况很适合爱好者的活动。我弹的速度很慢，经常摁错键，不过我还是接触到了音乐文本的实质性，因为这种练习都经过了我的手指。在音乐中的整个感官享受，并非纯粹是听觉方面的，而且也有肌肉方面的。

爱好者不是消费者。爱好者的身体与艺术的接触，是非常密切的、在场的。这是因为这种接触中有美的东西，而且正是在这里存在着未来。但是在此，我们遇到了一个属于文明方面的问题。技术上的发展、大众文化的发展，都在可怕地强化执行者与消费者之间的分离。我敢说，我们的社会是依靠俗套而建立的一个消费社会，而根本不是一个爱好者社会。

历史是以带有反冲和意外的色彩出现的，这条著名的钟形分布曲线是被统计学家们所了解的。有过一些被异化的时期（君主社会，甚至封建社会），在领导阶层内部有过一种真实的爱好风气。现在需要做的，是在"精英"之外，在社会性的其他地方，重新找到这种情况。现在，我们像是待在这条曲线的中空地带。

这就是您在某个地方谈到的资产阶级文化的（不引人注意的）魅力。原因是，只有资产阶级的文化。

有一种小资产阶级的文化，是一种没落的资产阶级文化，历史地讲，这是正常的。

政治

政治处在何种位置呢？在您所写的东西中，您与政治的关系是极

声音的种子

为不引人注意的。

是不引人注意的,但却是最顽固出现的。首先,我会制造一种差异,在您看来,这种区别似乎有点似是而非,但它在我这方面却是有生命力的:我区分"le politique"("政治观念")与"la politique"("政治策略")。政治观念,在我看来,是指历史、思想、一切正在形成的东西、一切正在被谈论的东西的一种根本秩序。这甚至就是真实之维度。政治策略,是另外一回事,它是政治观念转变成唠叨话语即重复话语的时刻。[1] 我越是对政治观念存有深在的兴趣即深在的关注,我就越是对政治话语不存容忍。这样做,并不会使我的情况变得非常容易。这是一种有点被撕裂的情况,是一种通常有负罪感的情况。但是,我认为,我不是唯一有这种情况的人,而且,在当前,大多数主体——大多数知识分子主体——对政治观念都有着一种犯罪感。今天,一个先锋派的基本任务之一,便是克服知识分子面对政治政策时的犯罪感问题。

这样做非常复杂,因为这种明确的阐述必须在一种辩证方法的协助下进行:问题不在于清除政治策略,而是让位于一种无安全的去政治化。我所寻求的,是一种紧缩,因为我感觉到我被政治话语的通胀严密包围并受到严重威胁。

但是,政治策略并不仅仅属于话语,而且也属于活动,不是吗?

这是个很大的问题:难道它真的是一种活动吗?难道它不仅仅是一种话语吗?

当我们阅读《神话集》时,我们就感觉到是在面对直接地属于

---

[1] 结合巴尔特在其他著述中对于这两个同形异义词的使用情况,笔者在此将 le politique 一词译为"政治观念",而将 la politique 译为"政治策略"。需要说明的是,这两个词的各自概念,属于巴尔特的自创。——译注

政治的一些文本。不仅仅是指关于布热德的文本，也还有关于巴多（Bardot）①的文本或是关于雪铁龙 DS 系列轿车的文本。其次，在您随后写的文字中，政治环境变成了既是越来越让人不注意的，也是越来越具有威胁性的。米什莱通过其自身仍然与政治观念有联系，甚至与政治策略也有联系。

然而，大概被我低估的诸多方面之一，正是他的意识形态。

不过，您说您在头一页纸上就对其做了调整。

也许，这并非是我做得最好的。

在《罗兰·巴尔特自述》中，政治观念似乎一直是存在的，但却是隐蔽地存在的，就像是一种可能的刺激那样。

是的，以话语出现就是这样子。不过，这不会为一位法国人在眼下的生活中可能包含的实践选择带来任何的含混性。成为问题的，是与话语的关系。如果这个问题出现了变化和复杂化，那是因为，在我写作《神话集》时，傲慢话语仅仅来自右派，因为那种话语具有右派的全部特征。当前，我们目睹了傲慢向着左派的一种缓慢变化。现在，有了一种傲慢的左派话语，而这成了我个人问题的中心。在一种政治场所中与来自这一场所的所有话语的刺激之间，我被分解了。

不过，如果我们参照《神话集》的那个时代（差不多就是包括埃德加·莫兰 [Edgar Morin] 在内的一些知识分子被开除出法国共产党的那个时代），斯大林式话语的傲慢性比现在强势得多。

是的，确实是这样。今天，话语的傲慢性在左派中比在共产党中

---

① 巴多（Bardot, 1935—？）：法国女演员。——译注

多。但是，我可以说，这种情况也不是很好。原因是，这就意味着，共产党的言语活动进入了多格扎、自然性、明显性、公正判断力、"自然而然"的有点令人不适的言语活动之中。我们仍身处这两种言语活动中间，而我在谈论其中一种的支配地位和另外一种的胜利的时候，大体上就已经概述了它们的主导方式。

我们身处一种支配与一种胜利之间，而且正是因为这一点，当前的场所是难以栖身的。

由此，出现了许多左派人士向右派转化情况，因为这是更为容易栖身的场所。

当然是的，但对我来说，我不想这样。我更喜欢"定居困难"，而不喜欢感受到一种定居安全。

真的令人厌恶的东西，是多格扎，快乐的闯入是对多格扎的一种新的冲击。

是的。每当多格扎成为对快乐的一种审查、对享乐的一种审查的时候，对于多格扎的冲击就靠一种享乐冲动得到加强，这种冲击靠这种即便不是猛烈的至少也是非常顽强的爆发力，来应对多数人的赞同和意见。

阅读

有一件事让我惊异，那就是，您是说出"我喜欢阅读"的罕见的批评家之一。

我不想打消您的幻觉，何况这又不是一种幻觉：我喜欢阅读。然而，我不是一位读书大家，我是一位从容的读者。在我很快就采取获得快乐措施的情况下，我是一位从容的读者。如果有一本书让我感到厌烦，我就大胆或不顾羞耻地将其放弃。面对书籍，我越来越从关于我的一切之中解放出来。因此，我拿来阅读的东西，实际上是因为我喜欢拿来阅读。

我的阅读习惯，根本不是一种正规的和平静的投入习惯。有时，书籍让我厌烦，于是我便扔掉它；有时书籍使我兴奋，于是我便时刻想暂停一下，为的是据此开始思考问题。这一情况也反映在为开始一项工作而阅读的方式之中：我没有能力——也就是不想——概述一本书，没有能力在阅读后消除自我而把书的内容做成卡片，但是，相反，我很有能力——也就是很想——从书中找出某些句子、某些特征，以便让它们作为不连续体进入我的脑海中。显然，这并非是一种很好的哲学态度，因为这将会为了我的考虑而改变书籍。

您在某个地方说过，您只因为有稿约才写作书籍。那么，对于《文本带来的快乐》一书也是这样的吗？

不是，这是个例外。这本书不是被要求写的，而且书的主题，是我自己定的，这不用说。我想要说的是，通常，稿约是一种帮助，而且在很长的时间里，我写文章就是因为有人约我写稿。唯一一篇不是人们约我撰写的文章，是我让别人拿给那多（Nadeau）的第一篇文章。从那时开始，人们总是或多或少地让我写一篇文章或是根据一个主题来写书。

现在，情况变了。稿约压得我有点喘不过气来，而我更想写作由我在我自身激发的几本书籍。为的就是，获得写作它们的快乐、塑造它们带来的快乐和获得人们在词源学意义上所说的虚构的快乐。

乡下，咖啡馆

您在《罗兰·巴尔特自述》中谈到了乡下，也许是因为我缺乏想

声音的种子

象力，我根本就看不出您在乡下做什么。

大体上说，您说的不对，但也有道理。

您说，那些东西如写字台、钢琴、各种笔，它们的位置安排都与在巴黎一样。但是，环境却是那样的不同。

当然不同。在西南部，我生活在独立住房中。乡下，就是指独立住房。对立关系并不存在于城市与乡下之间，而是存在于公寓套房与独立住房之间。这并不意味着在我看来，不存在环境问题（特别是，我喜欢西南部的阳光）。

在您看来，咖啡馆是重要的场所之一？

咖啡馆是我的会客场所，我喜欢咖啡馆，是因为这种空间是复合型的。当我出现在咖啡馆里的时候，我就完全与我同桌的那些人变成了同伙，我聚精会神地听他们对我说的话，而且同时，就像在一篇文章中、在一种复变话语中、在一种立体声中，在我的身边，完全是一种消遣解闷的氛围，人们走进走出，有一种故事性的契机在出现。我对于咖啡馆中的这种立体声，非常感兴趣。

而在乡下，那便是孤独。梦想，是孤身一人到乡下住上一个月或两个月，带上一项已经做了很好准备的智力工作内容，为的是在那里一点一点地磨洋工，就像一位公务员或者像是一位养路工那样。

但是，乡下也同样是一个消愁解闷儿的场所。您说过那些不起眼的行为：吃一颗水果、去观看一种植物等，这些都在使您摆脱劳累而获得愉快。

这是因为工作是叫人厌烦的，永远都不要否认这一点。

故事性

我抄录下了您说过的这句话："我不把自己看成批评家，但看成不是小说方面的而是故事性方面的小说家。我喜欢故事性，但我知道小说已经死亡。"

故事性是一种话语方式，它并非是按照一个故事来被结构的。它是一种评注方式，是一种精神投入方式，是一种关注日常真实、关注人、关注生活中发生的一切的方式。在我看来，把这种故事性转换成小说是非常困难的，因为我不去想象制定带有一个故事的一种叙述对象，也就是说，在我看来，这种对象基本上就是一些未完成过去时和简单过去时①，以及一些在心理方面或多或少是已经形成的人物。这是我所不能做到的事情，而且正是在这一点上，小说对于我是不可能的。但同时，在我的工作中，我又非常想推动故事性的经验，即推动故事性的陈述活动。

您从来没有写过小说，或者说连小说的开头文字都没有写过吗？

坦率地讲，没有，从来没有。

您过去一直在说，任何自传都是故事性的，都是人们不敢说出名称的小说。作为自传的《罗兰·巴尔特自述》，难道不是一部小说吗？

它是一部小说，但不是一部自传。做法上是不同的。它属于智力故事性。说它是故事性的，有两个方面的理由。首先，有不少片段谈到的是生活的这种故事性表面，那是一种想象事物，也就是说，它甚至就是一种小说话语。我把自己放入场面之中，就像一个小说人物那

---

① 法语小说中习惯使用的动词时态，未完成过去时用于状态和重复动作的描述，简单过去时用于一次性动作介绍。——译注

样，但是，这个人物却可以说没有姓名，并且他不会真正地出现故事性经历。

其次，比起一种智力话语，它更是一种故事性话语，因此，它有时接受表现出些许愚蠢。这种情况，出现在并非是一种智力主体在与其陈述的东西实现一致，而是与另外一个主体即一个故事性主体混为一体的时候，原因是这时的故事性主体接受有时放弃一些想法或判断，而这些，则是智力主体认为是有点愚蠢的，但是他也还是会放弃，因为这些都属于他的想象之物。不过，却不会说出。

在您的世界中，愚蠢之为的位置是让人饶有兴趣的。它无处不在，但又无处可见，对于您来说它有点像是上帝。

关于上帝一说，但愿相互性不是真的。实际上，我对于愚蠢的行为有着极大的兴趣。而同时，我对其当然还感到极大的恶心。谈论愚蠢之为，是很困难的，因为愚蠢话语是人们不可能简单地从其自身排除的话语。我绝不说人们不可能从其自身排除愚蠢话语，那样说就是自欺，而是说人们不可能简单地从其自身排除。

自福楼拜以来，人们很清楚地知道这一点。福楼拜对愚蠢之为的态度，是复杂的。表面是批评的，但显然是在假批评。他的态度是一种难为情的态度。

不管怎样，愚蠢之为的存在方式，便是胜利。我们没有什么办法应对愚蠢之为。我们只能将其内心化，顺势而为地在其自身操弄它——过分解读实际上是无用的。

这么说，《神话集》完全就是为了应对愚蠢之为而写的。

出于我说过的那些历史原因，《神话集》所依靠的是更为简单的一种政治意识或一种反–意识形态的政治。

几个重要的姓氏

萨德?

是的,直接的原因就是:我喜欢阅读萨德的作品。也许,我并非是按照要求来阅读的——但又有谁知道该怎样去阅读萨德呢?我是以非常故事性的方式来阅读的。我认为,按照最为传统的意义,他是一位非常伟大的作家,他建构了一些美妙的小说。我在萨德的作品中所喜欢的,正是这一点,而不大是其有违习俗的东西——尽管我理解其重要性。我喜欢作为一位作家的萨德,就像我喜欢普鲁斯特那样。

马克思?

每当我阅读马克思的作品或重读其作品时,我所感受到的,并非是人们在面对当今政治关系中非常重要的一种经典的奠基者时所产生的那种惊叹,而是当人们面对曾经在话语中、在话语性中实施一种割裂的某个人时所产生的那种惊叹。在马克思作品的每一页中,都在系统之外有一种让人感到意外和印象深刻的委婉变化。我对于这一点非常感兴趣。

布莱希特?

是的,是布莱希特:我非常喜欢他的戏剧作品,也许还有他的智力作品。四五年前在法国翻译出版的他的《论政治与社会》(*Écrits sur la politique et la société*)是距今最近的书籍,这是一部叫人赞叹的书籍,既所论准确,又笔锋犀利。他的这个文本使我很想将其作为永久的引言。在写作《罗兰·巴尔特自述》的时候,有过某一时刻,我不太肯定还有话要说,于是我便想象——虽然就像是幻觉那样——插入一些布莱希特的句子。

声音的种子

我是1954年发现布莱希特的，那时，柏林剧团根据两个国家的戏剧合作协议来法国演出《大胆妈妈》，我现在还记得非常清楚，当时我与伯纳德·多尔特（Bernard Dort）坐在莎拉·伯恩哈特（Sarah Bernhardt）剧院的包厢座位上，我完全地被演出所燃烧，让我燃烧的还有剧目单子中出现的布莱希特的那20句话。我从未见识过有关戏剧和艺术的这样的语言。

您的发现是什么呢？

这种发现已经发生了变化。首先，我摆脱不了一种马克思主义的思想与一种意义的联合束缚：这种马克思主义是极为警觉的、无所不知的、坚定的，而这种意义则是快乐之意义、形式之意义、颜色之意义、光亮之意义、结构系统之意义、有关艺术的得到特殊思考过的整个实在性之意义。正是这两种限制的结果，被我看做要做的事情、有欲求的对象。其次，我还阅读过布莱希特别的文本，我从他身上发现了既属于快乐和智力警觉性、也属于责任心的一种伦理学，而这种伦理学并不通过感人法即黏着作用的停顿来实现，不论这种黏着作用是人道主义的还是自发的。

还有，在布莱希特的著述中，还有极富智谋的一个方面，我可以说，这个词具有另外一种内涵，那就是中国。

难道您不像许多人那样把布莱希特只压缩为戏剧作家吗？

不。他是一位非常伟大的富有思想的作家。在《论政治与社会》一书中，有着无数形式的论述。并非只有争论，也有一些对话、写作计划、书籍内容介绍、评注，这一切都很有生命力。

萨特在50年代说过，只有一位马克思主义者懂得阅读，那就是卢卡奇。他最终是错了。还应该有布莱希特吧？

这是显然的。对于卢卡奇,我说不出什么,我不很了解他,而且他并非常不吸引我。总而言之,那些标准并不成系统。我可以说,有一种关于知性的美学,而我自愿地予以接受。

纪德

您在《罗兰·巴尔特自述》中把纪德说成是您的"原始起点",即您最初的文学滋养品。

现在,人们不大谈起纪德了。然而,在我年轻时,纪德对我非常重要。这也许就遮挡住了其他东西:因此,我不曾与超现实主义有过接触,而我与纪德的接触有过无数次。我对纪德一直保持着巨大的好感。纪德至少有一部伟大的书,也是一部伟大的现代书籍,那就是《沼泽地》(*Paludes*),这本书无疑需要得到重新的评价。我一直珍爱的他的《日记》,与我思考的那些主题有所关联,其中就有自身遭到挫败的真实性主题即扭曲的真实性的主题,这种主题已经不再是真实性的。《日记》的主题系统很接近《罗兰·巴尔特自述》的片段的主题系统。

批评

我们来重建一些事情:您曾为拉辛的剧本写过一些序言,后来您将这些序言都放进了《论拉辛》一书,书前增加了一篇导论文字。而作为同样写过论述拉辛书籍的一位索邦大学的教授,为反对一些人而特别是反对您,皮卡尔曾写作并在波韦尔(Pauvert)出版社出版过一部论战书籍,名为《新批评还是新骗局》(*Nouvelle Critique ou nouvelle Imposture?*)。对此,您曾以《批评与真理》(*La critique et la vérité*)给予了回答。皮卡尔曾经写过一部很厚的有关拉辛的著作,

声音的种子

只有很少人读过，可是，大家都读过您的这本书，那么，这次论战的真正赌注是什么呢？

这个事情已经过去很久了。客观地说，如果让我历史地去讲，即便"历史"一词对于这件小事有点大，在我看来，赌注也首先严格地是学院派方面的。也许，通过我为拉辛写的那些序言，一类词汇被引入了索邦大学学生们的论述文章中（因为这基本上是一个术语问题），而最终还是教授使用得多。大概，在教授方面很明显地表现为一种零容忍的意识：当人们看到一种言语活动不停地、大量地出现在台前时，就会出现这种焦躁的意识。

我认为，这位很有才华的教授发起论战的起因，就是这种个人的零容忍意识，这种意识产生于其看到在有关拉辛的论述中无休止地出现了一类词汇（正因为此，应该这么说，在学院派的赌注之上又增加了意识形态方面的赌注），而这类词汇并非是对于过去时代的伟大作品进行习惯的批评所使用的词汇。原因是，这种习惯的批评"应该"是这样的两种状况：它兴许是对作品的起因、相互影响的属于文学史的实证论批评，也兴许是一种审美批评——而这正是这位教授的情况。他在其为"七星丛书"中的拉辛剧作所写的序言里，尽力写的几乎都是受瓦莱里影响的审美批评，它其实可能只依赖于在今天完全过时的一种心理学批评，因为这一种批评并不考虑精神分析学。

在这次有点人为的决斗中，有着旧与新之间的传统斗争意味。新，是说其势单力薄，是因为我对于像拉辛的剧本一样属于古典的一些文本，采用了一种既不是心理学的或美学的批评，也不是寻根性批评的一种言语活动。

但是，精神分析学批评，由于像夏尔·莫隆（Charles Mauron）那样的一些人的参与，不是已经进入了学院派传统之中了吗？

这是对的。但是，在《论拉辛》一书中，从大的方面讲，有两种言语活动、两种认识论：一方面是精神分析学方面的言语活动，或者至少是其在经典文本的言语活动；另一方面是一种结构化尝试。结构论的言语活动开始进入批评之中，而且我在分析拉辛的人物时，就没有依据心理学术语，而是根据人物在一种结构中的位置，诸如权威关系、臣服关系等。因此，就出现了两种要素，它们在索邦大学的一位教授看来就是与时尚相悖的，这两种要素便是精神分析学言语活动和结构主义言语活动。

精神分析学可以通过像莫隆这样的人进入大学，因为莫隆的精神分析学相对于文学的精神分析学最初意图还是旧的、正统的。他的精神分析学使其著述建立在对作者的早期童年的分析基础上。如果在批评工作的领域依靠作者的生平尤其早期童年的话，那么，索邦大学就不会提出任何的质疑。

相反，结构主义批评（例如戈德曼的批评，尽管其非常远离自我）则被反对或遭受歧视。于是，我就想，是否是《论拉辛》中的结构主义内容或前-结构主义内容比精神分析学方面的内容更大地刺激了学院派。

实际上，这一切都有点过时了。今天，我们不大明白这种质疑有什么道理。

是有点过时了。不过，这种质疑超出了皮卡尔个人，也完全超出了我个人。索邦大学的这位教授是一种形象，这种形象会经常反复出现，即便是以另外一种形式。

日本

您说过，在您的所有书中，在由斯基拉出版社于其"创作之路"丛书中出版的有关日本的《符号帝国》一书，是"在最快乐之中写出的"。

声音的种子

我愿意这么说。为什么呢？对于自己的书，为什么不可以亲自说出自己的看法呢？特别是，人们与自己所写的书之间建立的非常细腻的情感联系，并非必然地与那些批评家、那些围绕着您的人所做的批评一致。比如，我与我广为人知的《写作的零度》或《神话集》之间，并没有非常紧密、非常个人、非常身体上的联系。然而，我与人们较少谈到的《米什莱》一书却有着深在的联系。

对于《符号帝国》，我在写它的时候，似乎有着一种无混同、无烦恼、无意象的干扰的快乐。而且，我以一种谨慎的注释（我在这里也不会超出谨慎从事）在下面的片段中说过这种幸福：这种幸福与性欲的幸福有关系，这是一种我在日本而非在其他地方找到的一种惬意的性欲。我认为，我有理由将两种东西放在一起。

在我看来，您有点像亚洲人，在日本的生活方式与您之间，有着一种亲密性。

日本的生活方式对我有着很强的吸引力。在这里，我们再一次看到了布莱希特的情况，因为他曾经是最早对中国戏剧产生兴趣的西方人，而在那个时代，中国绝对还不是时髦的。

在《符号帝国》中您谈论饮食，其中没有理论而只有对于菜肴的极富享受的描述（另一本是有关傅立叶的论述）。

这是对的。在写作层面上，日本在向我提供了一些非常日常的主题机会（它们不同于《神话集》中的主题，而是惬意的主题）的同时，很大程度上解放了我。这是因为，准确地讲，在日本，日常生活被审美化了。至少，我就是这样感受其日常生活的，并且正是这一点吸引了我。在我看来，生活的艺术是非常重要的主题，我很想有一天再回来谈论这一主题，我还不知道以何种形式来谈。这种生活艺术总体上位于带有间距、谨慎、某种空白，同时带有一种细腻的享受的一种亚洲审美之中：如果您同意的话，那就是萨德所陈述过的精巧原则。

同时，魔幻的、超工业化的日本根本没有出现在您的书中。

当然，我并没有打算提供一种有关日本的真实写照。

您为自己在这一方面做了很好的审查。

这是脱离真实写照的开始，这一情况在《文本带来的快乐》中得到了加强。

在这种情况下，这同样也是场所带来的快乐。

我在日本逗留期间，一直过得很愉快：可以说，每一次，我都处于一位人类学家的生活之中，然而却没有带着只是去监督外国人这种态度的西方人类学者的自欺情况。我甚至在那里出现过与我的性格相反的行为表现，有过我在这里不曾有过的能量：夜晚，我在世界上最大的、没有天际的、我对其一无所知和完全不懂其语言的一座城市里，消闲游逛。而我总是感觉到一种完全的无拘无束。在清晨四点，在那些绝对偏远的居民区域，我总是感到兴致满满。在这里，如果我在同一时间去巴尼奥莱①的话，我会去的，但我肯定不会感到相同的诱惑力。

对于日本那些使我感兴趣的事物（正是因为如此，我说到了人类学者），为尽一切可能获取我能够得到的信息，随后，我会让所有信息明确化。如果有人对我说某个地方值得我一看，哪怕是含含糊糊地说的，我也会锲而不舍地找到它。这便是人类学者的态度：因欲望而推动探索。

---

① 巴尼奥莱（Bagnolet）：巴黎大区范围内的"塞纳－圣德尼省"（Seine-Saint-Denis）所属一个居民区。——译注

声音的种子

此外，您说过，您在拉辛作品中、在萨德作品中或者在普鲁斯特作品中，都是人类学家。

我在这一段话中简单地说明为什么人类学是不错的。这里说的，不是关于原始民族的人类学——在这里没有地方可以去谈，并且这种人类学已经消失了，而是关于现代性或关于大城市的人类学，或者是由米什莱开启的法国的人类学。而普鲁斯特、萨德、拉辛，他们都是一些群体、一些团体。

挖泥船

我希望您能定义一下在《罗兰·巴尔特自述》一书中多次出现的这个不凡的词语：挖泥船。

当谈到这个词的时候，也许我就能对其定义一下了。对于我来说，这个主题是重要的。挖泥船，代表的是欲望的旅行。是身体正处于警觉状态，是相对于自己的欲望而进入的寻找状态。

再就是，挖泥船涉及一种事件性，这种事件性强调相遇、强调"首次"。就像首次相遇具有前所未闻的优势那样，这种优势便是脱离了任何重复性。在我看来，一个有害的主题，就是重复、啰唆、俗套和如同重复的自然性。挖泥船，便是反-自然性、反-重复性。挖泥的动作，是一种重复的动作，但其内容却是一种绝对的全新。

因此，挖泥船是这样的一种概念，我完全可以将其从寻艳（这是其起源）[①]范畴转移到对于文本的寻找或对于事件性特征的寻找之中。这样也就进入了"首次"所带来的惊喜之中。

关于文本的挖泥船，也是一种非常享受的挖泥船。

[①] 挖泥船（drague）：该词从 20 世纪初具有了"寻找艳遇"的意思。——译注

是的，这一切都必须与句子、引语、表达方式、片段联系起来。显然，这是关于短小写作的主题。每当我尝试借助片段来生产这种短小写作的时候，我就身处被读者挖掘的一位作者的境地。这是从偶然中获得的一种幸福，但却是一种非常想得到的幸福：在某种程度上讲，是被期待的幸福。

反常

您说过这样的一句话："反常，仅此而已，就可以使人幸福。"

仅此而已。

除了反常／仅此而已这种对立，"反常"意味着什么呢？

在您所参照的那个片段中，我是在先说出印度大麻和同性恋之后，才说出了"反常"一词。[1]这就是说，"反常"在此并不具有这种精神分析学上的严格性——对精神分析学而言，毒品并非真正地可以列入反常之中。反常，是对快乐的寻找，而这种快乐并非是为了社会目的性或种类目的性而获得。例如，恋情之快乐并非是为了生育而被考虑的。它属于无任何目的而为的享乐的范畴。它是一种耗费主题。

不过，我们可以将精神分析学的一种特定性重新纳入这个词的概括性之中。因此，在弗洛伊德的思想中，主要反常中的一种，是偶像崇拜（我们在切割式写作的愿望中重新看到了这种主题）。从精神分析学上讲，在反常脱离了神经官能症的情况下，弗洛伊德的思想强调

---

[1] 该片段即为《罗兰·巴尔特自述》中的"H"片段："一种反常情况所拥有的享乐能力（在这种情况下，有两种 H 的反常情况：同性恋 [homosexualité] 和印度大麻 [haschisch]）总是被低估。法律、公理、多格扎、科学，都不想理解反常完全可以使人快乐。或者更准确地讲，反常还产生更多的东西：我变得更敏感、更富有洞察力、更会说话、更会娱乐，等等——而区别就落定在这更多的东西中（然而，生活的文本，生活就如同文本）。从此，它便是一位仙女、一种非词语性的外在形象、一种代为说情的途径。"——译注

声音的种子

的是，反常者总体来说是某位幸福的人。

从有关日本的书籍到《罗兰·巴尔特自述》，我都是在一种反常写作的名下进行的。

反常，是快乐的原理。

借助于偶像崇拜，反常包含着与<u>母亲</u>的一种特殊关系；这样一来，另外一个主题便出现了，该主题当前特别使我感兴趣，那就是<u>想象物</u>的主题。此外，《罗兰·巴尔特自述》有点像是从一种有关偶像的思维到一种有关想象物思维之间的转折点。正是因此，人们可以认为，《罗兰·巴尔特自述》最终是比《文本带来的快乐》更为纯正的一本书。根据便是，在前一书中，占据首要位置的，并非是有关享乐的问题，而是有关形象和想象物的问题。

现在让我感兴趣的，是想象物领域，《罗兰·巴尔特自述》是对这一领域的首次展现。我在高等研究实践学院开办了一期有关"恋人话语"的研讨班，在我看来，这期研讨班明显是与想象物问题联系在一起的。

《文学杂志》(*Magazine littéraire*)，1975年2月，
让-雅克·布罗希耶（Jean-Jacques Brochier）整理

文学与教学

1975 年 2 月

您曾经写道，您不喜欢那种被说出来、被录音，然后又被誊写出来的谈话：不论在谈话所包含的"思想/形式"的分离方面，还是在其所允许的反复思考方面，"谈话是一种被打了折扣的文章"，因为被采访人必须根据其"所写"来说话。

于是，我们选择了<u>问卷</u>的形式，希望您的回答能够填补在我们向您提出问题的场所（教学实践）与您的场所（需要确定吗？）之间的空隙。说到此，我们希望得到一个与您有关的尚未或很少得到研究和得到想象的主题的"想象物"，即便这一主题在多种话语中已经被包含了，那就是文学的教学主题。

1. 可以讲授"文学"吗？如果暂时把教学功能确定为传递一种已经构成的知识的话，那就可以对以下内容进行考虑：

1) 作为已经被构成的东西，这种知识是否存在；

2) 如果存在，它以何种类型存在；

3) 由于存在，它对被教育者有一种用途，那么是什么用途呢？

2. 关于文本带来的快乐。面对作为<u>工作</u>对象的一个文本，教育者与知识（？）、被教育者与其知识（？）之间就会建立一种关系，那么，在这样的一种关系中，什么是文本带来的快乐呢？

3. 教学关系。快乐/知识/阅读：鉴于这三者的关系，具体地说，在今天的学校里，您如何考虑教学关系呢？

4. 写作/阅读。您说过，今天，"在读者与誊写者之间出现了分离"。我们怎么理解这一点呢？那么，在教学实践中，如何将学习阅读与学习写作联系起来呢？

5. 您说过"（集体）建立对于能指的一种解放性理论"（《S/Z》）。您能否对这一计划做点说明呢？

6. 文学/学校/社会。您写道：应该"把读者变成作家"，并且，"为此，就应该出现一种社会转变"（《原样》杂志，第47期）。学校，更明确地讲，语文班在社会转变过程中，可以起到什么特定作用呢？

在回答您的这些问题之前，我想提出两个前提，它们实际上是两种思考领域，而且与您有关。

当然，这两个前提可以像是两种谨慎的措辞，但是，它们的好处在于指出一些可能的影响理解的情况，因此也许可以构成我们之间合作的重要内容。

首先，是几点个人的提示。我与学校实践相距甚远，这是事实。战争期间，我曾在一所中学里担任过年轻的语文教师，在那里，我教过法语和拉丁语。那一段时间（1939—1940）太久远，使得我没有多少记忆。即便我对其有点记忆，教学条件和体制环境也已经非常确定地出现了变化。

其次，我养成了一种理论写作习惯，或者也可以说是一种准理论写作习惯，因为这种写作并不依靠理论来定位，就像一种哲学思考所进行的那样。与此同时，我也养成了一种"作家"的活动习惯，不应该把"作家"这一人物定义为一种神圣的人，而应该将其定义为在写作快乐与重新引导这种快乐之中感受某种享乐的人。

这两种原因，使得你们当中每个人都可能在中学老师的实践与我所是的智力作家的实践之间，出现了一种割断，即一种裂口。

不应该用空洞的话来掩盖这种割断，那些空洞的话，虽然来自理论体系，但都是面对实践体系的，而且它们都是修辞学方面的。这当然不是很好的回答方式。相反，应该自觉地接受这种割断，因为对下列情况有所理解是重要的：一方面，从某种方式上讲，理论体系在我们当前的社会中（我们可以在这样的社会中从容舒适）是不可驻足的，而对于一种19世纪的哲学来讲确实是可以驻足的；另一方面，对于作家来说，他应该相应地自觉接受一种事实，即他的实践是一种"一文不值"的实践。在当前社会中，作家像一位反常的人那样存在，他把自己的实践看成一种乌托邦，他倾向于把他的反常、他的"一文不值"投影成社会乌托邦。

因此，我无法探讨您所在职业中的那些具体问题、操作性问题；我像您一样，处于间接状况之中，而且我们的相遇是两位不可驻足者的相遇。实际上，我认为，不应该过快地向神话让步——根据神话，理论只能助力实践，而它则重振实践。这种辩证关系，虽然在政治观念上是真实的，但它在言语活动的空间里不会也是同样简单的。

您大概要问，我的作用是什么，因为我有一种作用。我要说的是，我的作用就是无休止地断言，言语活动不仅仅是一种传播、不仅仅是一种<u>直线</u>的传播。

我的第二个前提是这样的：在语言和文学的教学中，人们最为经常关注的是内容。但是，教学任务并非只在内容方面。这种任务还涉及身体之间共存的关系，这种共存是被体制空间所引领的，而且在很大程度上是被错误地引领的。真正的问题是，要了解人们是怎样把没有被体制所预见的一些价值或欲望——在其不被体制所拒绝的情况下——放进内容之中、放进一个所谓的文学班级的时间性之中。实际上，就是如何按照萨德所理解的意义来安排<u>情感</u>和<u>微妙</u>。今天，这一点已交由教师在课堂上发挥，不再由体制来负责。

每当人们谈起被教育者的世界，人们总是强调学校的压迫特征。但是，对于压迫性的纯粹的、简单的质疑，仍然是表面上的。在我看来，面对一个班级，我的最大忧虑似乎就是了解什么是学生想要的。关键不在于想解放欲望，甚至不在于了解那些欲望（那将是一项很大的任务），而在于提出问题："有欲望吗？"

在今天的法国，当我关心身边情况的时候，我的感觉是，真正的问题并非那么地属于压迫的问题，而是缺乏享乐冲动的问题，这便是

声音的种子

在精神分析学上被称为欲望消失（aphanisis）的东西，亦即缺乏欲望。实际上，这是合乎逻辑的，因为比起限制来说，存在着一种更为深在的异化，那便是阉割。法国是一个存在着一种质疑性言语活动的世界，但是，无法确定的是，这种言语活动包含着享乐冲动。这是最为深刻的异化：在神话中，在奴隶之下，还有阉人，即被阉割者。

我以我自己的一种经验来结束这第二个前提，那就是，我有一种完全混乱的空间，即我的研讨班的空间，而在这个空间里，人们是带着想法前来参加的。第三阶段学习[①]的研究课题，对于十分之九的大学生来说，都是带有幻想的托词。实际上，这里涉及的是一种写作欲望。当然，符号学动机或方法论动机不可忽视，但是，这种动机是多方面决定的。

第一个问题：可以讲授文学吗？

对于这个直接向我提出的问题，我也以只能这么讲授来直面回答。

我们可以把"文学"看做神圣的诸多文本的一种汇编，但它们也是被一种元语言（"文学史"）所分类的文本，也就是说，从16世纪到20世纪的一些过时文本的汇编（这是一种限制和一种错判，而这种错判使得"文学"仅仅是"好的文学"：其他的文本则被看做不配这种名称或者是危险的，例如萨德、洛特雷阿蒙等）。

直到20世纪，这种文学还是一种数学系统（mathésis）：一个完整的知识领域。它通过一些非常有别的文本在特定时刻展示对于世界的所有知识。很显然，这并非是一种科学知识，尽管它与各个时代的科学编码是有联系的。非常有意思的是，人们可以在巴尔扎克的作品中将投入的知识显示出来。在这一方面，人们可以指责结构主义（因为其有着全部手段）没有足够彻底地去研究知识的编码。的确，"文学"是一种叙述编码、隐喻编码，但同样是一种没有边际的政治知识

[①] 即博士学习阶段。——译注

的编码。因此，我不无荒谬地主张，就只应该这么讲授文学，因为我们可以在文学中接近所有的知识。

还必须回答一种非常危险的、属于意识形态方面的成见，这种成见认为文学在撒谎，而且认为，知识是被多种讲求真理的学科和其他那些在撒谎的学科所分担的，后者被认为是一些有关虚构、兴趣和虚荣的学科。"文学"并不去说真实情况，而真实情况并不仅仅存在于不撒谎的地方（还有其他一些场所也会有真实情况，即便是无意识）：撒谎的反面，并不一定是说出真实。必须转移一下问题：重要的，并不是在文学中（在"文学史"中）建立和传播一种知识，而是把文学呈现为一种知识中介的形象。更为有益的是，理解知识是如何进入作品之中的，而不是去了解在拉辛之前有过一种关于自然性即拟真的理论。

当前，事情发生了变化。"文学"、文本，不再可以与数学系统的这种功能耦合，原因有三：

1. 今天，世界是全球一体性的。这是一个丰富多彩的世界，一个人对于世界的所知，大家会立即知晓，而且人们每时每刻都会收到无数零散的、具有方向性的信息。由于对世界的认识不再需要过滤，这个世界便很难进入文学数学系统之中。

2. 世界是令人吃惊的，它带来惊讶的能力非常之大，以至于它以躲避大众知识的编码。因此，布莱希特让我们非常正确地注意到，没有任何文学可以承载得起纳粹奥斯威辛集中营和布痕瓦尔德集中营里发生过的事情。过分惊讶会使得文学表达成为不可能。文学，作为一种数学系统，曾经是对于一种匀质的知识的终结。

3. 知识与科学有所关联，是一种庸俗的说法，但是今天，科学是多元的：不存在一种科学，而存在着多种科学，19世纪的古老梦想消失不见了。实际上，科学之间的界限是很难维持的。再就是，仍然有一些科学是前沿科学，任何引领作用都是不稳定的。语言学方面的引领作用延续了近20年，现在正被生物学的引领作用所代替，以此类推。

文学不再是一种数学系统这一事实，在已不存在现实主义小说的

声音的种子

这一情况中，看得很清楚，而社会的各种政治条件并没有发生根本性改变。在 19 世纪，现实主义小说阐述的是阶级的分裂。在 20 世纪，这种阶级分裂继续存在着，不过，即便是社会主义现实主义的小说，至少是在法国，也已经消失。于是，文学文本便尝试构建一种<u>符号化过程</u>[①]，即展现意指活动。先锋派文本（洛特雷阿蒙、马拉美、乔伊斯等）开始展现对于符号的知识。

在几个世纪之中，文学以其相互关联的元语言，曾经既是一种<u>数学系统</u>，又是一种<u>模仿系统</u>（mimésis），这后一种系统指的是反映论。今天，文本是一种符号化过程，也就是说，是一种展现象征体系的过程，不是展现内容的过程，而是展现曲折、返回的过程——简言之，就是展现对于象征体系的享乐的过程。有极大的可能是，社会拒不承认符号化过程，拒不承认被当做符号世界（即在背后一无所有的世界）来接受的一个世界。

按照您所理解的意义，任何文本都是一种符号化过程，也就是说，是在产生意义效果[②]的意指过程方面的一种实践，难道不是这样吗？

当然是这样的。在古典作品中，有文本存在[③]，我们甚至可以说写作存在于风格之中。

在目前状况下，写作甚至是从风格开始的。根据这种观点，我们可以说，文学是一种文本领域、一种素材，它需要像身体那样被赋予

[①] 符号化过程（sémiosis）：符号学术语，指的是"一种操作过程，这种操作在'表达'形式与'内容'形式间或在能指与所指间建立一种互为前提的关系的同时，产生一些符号。在这种意义上，任何言语活动行为都包含着一种符号化过程——这个术语与符号学功能是同义词"（A.J. Greimas et J. Courtés：*Sémiotique, dictionnaire raisonné de la théorie du langage*, Hachette, 1993, p.339）。——译注

[②] 意义效果或意义作用（effet de sens）：符号学术语，指的是"由我们的感官在接触意义时所产生的'现实性'感觉……意义效果位于接收时位上，所以它对应于符号化过程"（A.J. Greimas et J. Courtés：*Sémiotique, dictionnaire raisonné de la théorie du langage*, Hachette, 1993, p.116）。意义效果联系着意义，但不等同于意义。——译注

[③] 此处的"文本"是被理解为"织物"（tissu）即"结构"的。——译注

价值。碎化这种素材——哪怕是古典素材——玩弄这种素材、使其成为游戏性的、把它看做关于虚构的虚构、将其变为人们可以有所期许的空间，都是可能的。

从策略上讲，维护教学，将其当做传播依靠各种理论实践而获得的一种知识的场所，不是很重要的吗？

是很重要的，面对一种非-知识，应该肯定对文本的一种知识：它是"关于象征系统的知识"，可以被确定为精神分析学的知识，或者最好确定为弗洛伊德意义上的有关转移的科学。明显的是，"关于象征系统的知识"不会是实证论的，因为象征系统本身就存在于这种知识的陈述活动之中。这是那些没有得以向着陈述活动转变的人文科学的问题。因此，在日内瓦，一位就《布瓦尔与佩居榭》一段文字发表过有关象征系统的讲话的大学生，仅仅是满足于展示"野蛮的象征主义"和各种观念的联想。当然，那次讲话是自发的，但却是平庸的，因为自发者的本意就是不好的、平庸的。在当时，我难以直接阻止他。我本该向他说明有一些应该了解的象征系统的道路。当我们在象征领域探讨文学的时候，我们要接受否定那些旧的价值（即"爱好"等），并且，不能设定新的、非压迫性价值。因此，这是很复杂的，但是，这正是我们所处的地方。

第二个和第三个问题：关于文本带来的快乐，关于教学关系。

可以把一项工作变成一种快乐吗？必须对这个单词做一下分析，因为妨碍快乐的东西，并不是工作，也不是与其有关的方面。换句话说，我是悲观论者，我几乎不可能把快乐引入课堂，因为如果要为快乐保留必要的工作内容的话，那么，快乐/工作这一对附连关系[①]，就

[①] 附连关系（jonction）：符号学术语，指的是可以组成一个连对的两个词项之间维持的关系，这种连对也被称为"聚合体"或"范式"。——译注

声音的种子

只能在非常耐心的制定过程中才能形成。

先验地讲，应该给予孩子们在长时间里创造完整事物（知识却不能为之）的可能性。甚至应该想象，每个学生都会写出一本书，他会为了完成这部书而提出各种必要的任务。好的做法是，在树立样板－对象或是在产品尚未定型的时间内就在生产的观念上进行拖延。不管怎样，关键是绕过练习的已知条件（作业性作文），向学生提供安排需要创造的对象各个部分的可能性。学生必须重新变成——不是说变成一位独立个体，而是变成一位主掌其欲望、其生产、其创作的主体。在体制方面，这样做当然就需要假设不存在民族的知识（一种规划）。

实际上，学校的练习题在学生的创作被动性方面起着重要的作用。在第一阶段[①]，写作愿望是得到允许的（作文），但是却会冲撞批改作文的老师的道德与审美规范，因为老师不会容忍一个学生出于制造幽默的目的而去讲述一次死人下葬过程。在第二阶段，写作就不被允许了，以对文本的论述即解释的形式出现的简约的批评话语成了主导。正像您所指出的那样，"使读者变成作者"，这需要一套"教育"和其他一些练习等，问题不正是这样吗？

您说的有道理，我后面要谈到这个问题。为了保持创作的快乐，人们可以思考为什么创作需要某种研究工作。对我来说，就属于这种情况，因为我要提出<u>效果</u>的问题，以区别于先锋派。对于<u>效果</u>的思考，涉及工作观念，也涉及诱惑、传播、被人喜爱的欲望。因此，一种关于效果的教育学是可能的：我们将会让学生关注生产并接受效果。

第四个问题：写作与阅读。

[①] 这里说的第一阶段，是大学本科阶段（三年），后面说的第二阶段是指大学硕士阶段（二年）。——译注

读书的人多于写作的人,这种说法很庸俗。但是,这种现象并非是正常的、自然的:这是历史造成的。我们都知道,社会中曾经有过一些特殊范围,作者与读者公众之间具有一种很大的数量上的相宜性。比如古典音乐,直到19世纪,它都是首先被演奏的人们来听的。今天,已经不是这种情况了。因此,我看重"爱好者"的角色,因为他必须重新赋予商业上的已经固定的生产功能以价值。读者与生产世界是没有任何关系的。读者被套进了一个他要自我投射的世界,但是,他不投射他的作为(他的身体),而是投射他的心理。由于他不能写作,他便把他的想象物(精神方面的自恋区域)投射到远离他的肉体即享乐身体的地方。他被这种想象物的诱饵所拖带。

这么一来,学习阅读还是可能的吗?是可能的,条件是要区分出那些体制编码的功能。首先,要在转移那些编码的同时保持从非宗教学校即自由学校所获得的东西:对批评精神的实践、对编码的破解,同时在符号学学习上相互帮助。

实际上,应该把阅读看做对编码的批评性学习,看做在自然性之后于阅读的所有层面上对于组织系统的发现,应该建立您所称的一种新的"可读性"。

是的,应该关心解密外表,关心找出超验的、违心的所指。应该具有关于符号学的伦理思考,这种伦理学会告诉我们符号学怎样可以使得批评精神变得更为有效。至于精神分析学,它可以教给我们读懂不曾预想的地方。人们在阅读的时候,会注意到不曾预想需要注意的东西。精神分析学教给我们读懂另外的地方。

"(集体)建立有关能指的一种解放性理论"。

"关于能指的解放性理论",必须有助于解放有关超验的所指的各

声音的种子

种神学文本——所有的文本。今天，我更愿意说是"意指活动"，而不是能指：文本都是从一个能指转向另一个能指，从来不会自我封闭。

文学／学校／社会。

学校的特定作用是什么呢？那便是发展我在上面谈到的批评精神。但是，这也涉及是否必须讲授某种属于猜疑或属于真理的东西。那么，如何躲避这种轮替呢？应该教授与享乐有关的猜疑，而不教授怀疑论。而比猜疑更好的，应该是在尼采方面寻找他所谈论的"撼动真理"的东西。最后的目的，还是要使得区别即尼采意义上的多元性得以闪现，而永远不要让这种多元性消失在一种简单的自由主义之中，尽管这种自由主义比教条主义更受欢迎。必须建立从意义到"自然性"之间的关系，必须撼动被权力和大众文化所强加给社会各阶级的这种"自然性"。我要说，学校的任务是——如果这种解放过程存在的话——去阻止这种过程通过所指的返回来实现。各种政治限制都是某种炼狱，因为在炼狱中人们必须接受一切。相反，必须总是看重能指的要求，以便阻止被压抑的成分①的返回。关键是，不要把学校变成教条主义预加负担的一种空间，而应该阻止一言堂即被强加的意义的反冲和回返。

《实践》(*Pratiques*)，第 5 期，1975 年 2 月，
安德烈·珀蒂让（André Petijean）整理

---

① 这里的"被压抑的成分"就是指"所指"。——译注

超现实主义未与身体相遇

1975 年 5 月

在您看来，那些超现实主义的文本是"带来快乐的文本"或是"享乐文本"吗？有关于超现实主义写作的"欲望格言"吗？

文本带来的快乐或者享乐，客观地讲，并非是与这样或那样的文本相联系的属性：我们无法对带来快乐的文本或带来享乐的文本制定一个可靠的统计表，因为这些情感与学校讲授的词意不一样。没有任何东西可以阻止超现实主义的文本成为带来快乐的文本或带来享乐的文本，而且也没有任何东西可以强迫其成为这样的文本。

似乎，超现实主义者们不大关心如何去"解构"语言。为什么呢？

假设，如果那些"超现实主义者"（但是，难道不应该首先"解构"这种总的称谓吗？）不曾或很少"解构"语言的话，那是因为实际上他们对于身体具有一种规范的观念———总之———即具有性欲的观念。强加在句法（在布勒东的情况里，句法的可塑性是非常之大的）上的"紧身褡"与性欲限制，是同一回事。他们所构想的"梦"并不进入身体（阿尔托的情况除外：但是我猜想，您会对这种情况置之不理），但是，却可以更好地进入一种文化经典之中，进入"梦幻谵妄"之中，也就是说进入各种形象的一种修辞学的释放之中。在我看来，似乎未与身体相遇。因此，剩下了文学上的过分。

您在《文本带来的快乐》中写道："文本具有一种人文形式，这是一种外在形象，是身体的一种复变"，随后，您又写道："文本带来的快乐，是我的身体紧随其自己的想法的时刻。"难道我们不可以把这种形象化过程与自动写作联系起来吗？在您看来，难道您不建议进行某种自动写作吗？

我一点都不喜欢自动写作这个概念。在不进入今后是纯粹文学史的古典争论之中的情况下（他们真正地进行过自动写作吗？），自动论——我们暂时保留这个模糊的概念——根本不会重新带来"主动性""野蛮性""纯粹性""深刻性""颠覆性"，相反，却可以带来"非常强的编码性"：其机制只能让人去谈论他者，而他者总是循规蹈矩的。如果我们想象自动化仙女用她的小魔杖触动了说话或写作的主体的话，那么，那些从她的嘴里吐出的蟾蜍与蝮蛇只不过是一种俗套。自动写作的想法，涉及人的一种唯心主义观点，而人则被分解为深层主体与说话主体。文本，只能是一种编织物，是靠一种极为扭曲的方式在象征系统与想象物之间编织而成的。至少我确信，写作不能在无想象物的情况下进行。当然，对于阅读也是一样。

布勒东曾制定过这样的契约："一下子就跳到能指的诞生之处"。您认为，布勒东和那些超现实主义者真的完成了这样的契约了吗？

能指没有"起因"。在超现实主义话语中困扰我的，一直就是这种起源观念、深度观念、原始性观念——总之就是自然观念。

我一直在阅读《文本带来的快乐》："重要的，是使快乐领域平

超现实主义未与身体相遇

等,是去除实际生活与思考生活之间的伪对立。"关于去除对立,人们想到的是布勒东。在对"享乐的无场域"的寻找中,您也是一位超现实主义论者吗?

在我看来,也许这就是在超现实主义论者们那里最好的东西,即构想写作并不停止于所写,而是可以把日常生活中的所为转移到举动、行为、实践——总之是私生活之中:有一些关于生活的写作,而我们可以将我们的生活的某些时刻变成真正的文本,只有我们身边的那些人(我们的朋友们)才可以阅读这些文本。大概,正是这种被预感的想法赋予了超现实主义论者们的友谊一种几乎是文本性的重要性(于是,人们通常只能把他们的组群理解为一种"恐怖主义"现象):超现实主义群体本身也被看做一种文本空间。不过,这也给我带来了问题,那便是,实际的文本性(书籍与生活之间的对立、实践与思索之间的对立,正是在这个方面被消除了)在他们那里——就人们所知道的而言——曾经有过一种文学的姿态:有所作为的超现实主义总是一种举动,而非一种虚构。

您谈论"高声写作"。您列举了阿尔托、索莱尔斯。但是,《磁场》①、德斯诺斯②呢?

当然算是,为什么不呢?当人们探究文学的整体情况时,人们总还会忘记某个人。是不知道吗?是无礼吗?或者可以说,在文学方面,不可能完成科学的契约。是规则与范例之间、语言与言语之间实现了完美的和完整的相宜性了吗?在我的疏忽之中,兴许是有蹊跷可

---

① 《磁场》(Champs Magnétiques):安德烈·布勒东(1896—1968)与菲利普·苏波(Philippe Soupault, 1897—1990)两人于1920年合作发表的散文体作品,被布勒东称为"第一部超现实主义作品"。——译注

② 德斯诺斯(Robert Desnos, 1900—1945):法国诗人,二战期间死于德国纳粹集中营。——译注

声音的种子

言的:区别性是无限的。

《巴黎日常生活》(*Le Quotidien de Paris*),1975年5月,
　　达尼耶尔·奥斯特(Daniel Oster)整理

真实之危机

1976 年 1 月

从福楼拜方面讲,《布瓦尔与佩居榭》是不是与后来马拉美的书籍有着相同的但却是相反的意图呢？福楼拜想要做到的是,在《布瓦尔与佩居榭》之后,没有人再敢写作了,而马拉美希望的则是写出包含所有可能的书籍的书。

18、19 世纪甚至 20 世纪的百科全书,都是些关于笼统知识或一般知识的百科全书。然而,在这段历史的中间,有过一个福楼拜时刻,即《布瓦尔与佩居榭》时刻,这便是闹剧时刻。在这种时刻,百科全书被当做一种笑料、一种闹剧。但是,这种闹剧同时也伴随着某种非常严肃的东西：在关于知识的百科全书之后而来的,是关于言语活动的百科全书。福楼拜在《布瓦尔与佩居榭》中所记录和标记的,便是言语活动。

显然,在相对于知识而言这就是闹剧和在言语活动的问题被掩盖的情况下,声调即书籍的民族习性非常不确定：我们从来不知道是严肃还是不严肃。

此外,福楼拜在一封信中说道,读者永远不会知道人们是否会嘲笑他。

这也是对于《布瓦尔与佩居榭》的一致看法：如果认为这部书很严肃,那是说不通的。相反的看法,也是说不通的。这仅仅是因为,言语活动既不属于真实,也不属于错误。它同时属于这两种情况,因此,我们无法知道它是严肃的还是不严肃的。这就解释了为什么没有

声音的种子

人可以通过《布瓦尔与佩居榭》来真正理解福楼拜,而在我看来,这部书就是福楼拜的精华所在。福楼拜在这部书中表现得既像是完全清晰的又像是完全不确定的。

难道这就是福楼拜所称的愚蠢吗?

有点像是愚蠢,但是,不应该被这个词所迷惑。我自己在研究福楼拜时也被迷惑过,后来,我明白了,重要的东西也许在别处。福楼拜在《布瓦尔与佩居榭》中,但也在《包法利夫人》(*Madame Bovary*)中,而且更可以说在《萨朗波》(*Salammbó*)中,表现得就像是完全被一些言语活动充满大脑的一个人。但是,在那些言语活动中,最终没有一种胜过其他,没有一种是主导言语活动的,没有一种言语活动可以覆盖另外一种。因此,我要说福楼拜所珍爱的书籍,并非是小说,而是词典。而在《庸见词典》(*Dictionnaire des idées reçues*)名下,重要的,并非是"庸见",而是词典。正是在这一点上,有关愚蠢的主题才有点像是诱饵。福楼拜最重要的隐性书籍,是句式结构词典,即句子词典,就像我们在利特雷词典[①]的那些词项中看到的那样。

此外,这部词典是与抄录的主题联系在一起的,《布瓦尔与佩居榭》正是从这种主题开始、以这种主题结束的。这是因为,一部词典是什么呢?难道不就是从别人那里抄录的一些句子吗?

确实是这样。抄录的主题甚至是一种重要的主题。有一些抄录性词典是非常不错的,例如17世纪末的培尔(Bayle)的《批评词典》。但是,福楼拜的抄录是一种空洞的行为,是一种纯粹的

[①] 利特雷词典,实名为《法语词典》(*Dictionnaire de la langue Française*),为19世纪末出版的一部权威性法语词汇词典,主编为哲学家埃米尔·利特雷(Émille Littré,1801—1881)。——译注

真实之危机

反省行为。当《布瓦尔与佩居榭》在临近结尾处抄录的时候，只剩下举动的实践活动了。不管什么都去抄录，只要能保留手写的动作。

这是真实之危机的一个历史时刻，它也表现在尼采的作品中，尽管在尼采与福楼拜之间不存在任何关系。这是人们认为言语活动没有表现出任何保障的时刻。不存在言语活动的任何时位、任何担保：这便是正在开启的现代性的危机。

根据列维－斯特劳斯的一个说法，任何被写出的东西都处于"意义不当"的状态。这并不意味着，生产活动都只是毫无意蕴的。生产活动处于意义不当状态：没有意义，但却有着对意义的梦幻。言语活动的无条件损失便开始了。人们已经不再为这样或那样的原因而写作，而是，写作行为因意义之需要而被研究，人们今天称之为意指活动。不再有言语活动的意指，而是有其意指活动。

在莫里斯（B. Maurice）的中篇小说《两个书记员》中（福楼拜就据此写了《布瓦尔与佩居榭》的结尾部分），两位书记员重新开始抄写。但是，与他们的愿望相反，每一个人都向另一个人口述他所抄写的东西。在此，就像言语活动以听写的形式再次出现那样。

这种情况触及了《布瓦尔与佩居榭》的第二个特征，该特征既是神秘的，对于某些人来讲又是压迫性的。您知道，很多人——从萨特开始——都不喜欢这本书。我认为，许多人之所以感觉到了这种不满，是因为在《布瓦尔与佩居榭》中没有人们在语言学专用语中称的讲话层面：任何人都不对别人讲话，人们根本不知道从什么地方开始又去向何处。那两个人物本身构成了一种恋情联盟，但是，他们都处于一种镜像关系之中，于是，人们很难辨别他们。而实际上，如果我们认真地关注这本书的话，我们就会发现，这两个人物从来不交换言语。而对这一对人，即他们构成的这个恋情联盟，人们甚至无法投入

声音的种子

进去。他们遥不可及、冰冷，而且不面向读者。这本书并不面向我们，这恰恰是难为像萨特这样的人的东西，而我则从中援引了有关《庸见词典》的话："这是离奇的著作：一千多个词条，有谁感觉是被针对的对象呢？没有任何人有这种感觉，至少居斯塔夫·福楼拜自己没有。"我说的再多一点：居斯塔夫自己没有感觉到被针对，他不是一个"主体"。在我看来，正是这种讲话即这种有所面向的失去（这是存在于任何写出的书籍——甚至是以第三人称写出的书籍——中的相互沟通）是诱惑人的，因为这种失去正是萌芽状态的精神病患者的话语。

267　　精神病患者，当其说话的时候，是不面向任何人的，因此，《布瓦尔与佩居榭》在一种传统的外表名下，在其本意上，就是一部疯人书籍。根据这同一种类型的想法，在《布瓦尔与佩居榭》中让人惊讶的，是赠与的失去：布瓦尔与佩居榭从来不给出任何东西。即便是那些排泄物（在今天甚至被看做赠予），他们也回收过去变成厩肥：这是书中的一个出色的情节。一切总是在交换，一切均被规定，一切均被说成像是一种交换，但是这种交换总是失败。这是一个无开销的世界、无回响的世界、沉淀的世界。福楼拜的艺术，在《布瓦尔与佩居榭》中，就是一种省略的艺术，因此，在这一点上属于古典艺术，但是省略却不涵盖任何的暗示。有省略，却无余留。这一点，传统的人文主义意识是无法理解的，即便当今普通的意识也是如此。它完全地是一部先锋派作品。

就好像言语活动存在，而人却不再存在。

是的。并且，您可以用这种表述来定义一种非常现代的运动。

如果福楼拜能通过《布瓦尔与佩居榭》到达精神病状态的话，那么，他在风格和句子方面的全部痛苦也就完全是神经官能症方面的了。

真实之危机

由于福楼拜接受古典的传承，他坚持对风格进行加工的观点，这是从贺拉斯与昆体良以来的作家规则：作家是某位加工其言语活动的人，是加工其形式的人。福楼拜以精神反常的方式推进了这种工作。我们可以举出无数例证：当他讲述他花了 8 小时来修改 5 页纸的时候，他说关于《包法利夫人》，他花过一周时间来修改 4 页纸，他曾花了一个周一和一个周二两整天来寻找两行字，等等。这种对于形式方面的工作堪称大胆。大胆代表着写作人的一种完全的和固执的牺牲：福楼拜在 25 岁的时候，就把自己封闭在了克鲁瓦塞（Croiisset）一地。这种封闭已被他的工作室中不可缺少的家具和床所象征、所标记，当他没有了什么想法的时候，他就一头栽在床上：他称这时的他为"马里纳德泡菜"①。

在对风格的这种工作中，福楼拜背着两种特别重的十字架：一是疯狂地排除词汇的重复，二是从事转换。而这种高强度工作的借口，便是用作为价值的散文②来代替作为价值的诗歌。正是福楼拜第一个说出，散文也像诗歌那样难以生产。

整个这项工作都围绕着一种对象，在福楼拜看来，这种对象变得非常特殊，那就是句子。福楼拜的句子是一种非常完整的对象：它既是一种风格单位——因此不单单是语言学方面的而且是修辞学上的单位，又是一种工作单位，因为他以写出的句子数量来衡量他的工作天数，因此，它也还是他的生活单位——他的生活就被概括在他的句子之中。福楼拜在理论上和在实践中，很懂得建立普鲁斯特所理解的一个概念，并称之为关于句子的<u>特定物质性</u>；普鲁斯特也关注到了这种特定物质性，但巴尔扎克却没有做到。巴尔扎克的句子并不像福楼拜的句子那样是惊人的可辨认的对象。在这一方面的实际证据便是，在普鲁斯特的多种偶像（就是对于风格的非常重要的理论分析）之中，掩盖所有其他偶像的那种偶像，便是来自福楼拜的偶像。我们可

---

① 马里纳德泡菜：是在含有多种作料、可用来制作和储存多种食物（肉、鱼等）的酱汤里泡制的菜。——译注

② 在法国文学观念中，诗歌以外的叙述文体均被称为"散文"，包括小说。——译注

声音的种子

以在这种表达方式上玩弄其含混性,并说,福楼拜的一生都是在"造句"。福楼拜的句子,是一种完全可以识辨的对象。福楼拜曾在某个时刻说过:"因此,我会重新开始我的生活,它是那样的平凡和平静,在我的生活中,句子就是探险。"为什么福楼拜的这句话对于他的生活和我们的文学史来讲具有宿命般的作用呢?这是因为这句话就像从根本上表现出了整个言语活动的矛盾自身。要知道,句子是可以被结构的(直到乔姆斯基之前的语言学说明了这一点),是因为句子有一个结构。它提出了一种价值问题:有着一种好的结构,也有着一种坏的结构,这就说明福楼拜曾经坚持不懈地寻找过这种好的结构。另一方面,句子是无限的。没有任何东西可以强迫结束一个句子,句子是无限地"可以被催生的",人们总是可以为其增加某种东西。而这种情况,一直会延续到我们生命结束。举例来说,这就是马拉美在《骰子一掷,不会改变偶然》中所设定的。福楼拜的全部诱惑就存在于下面两句虽然矛盾但却同时被保留的口号之中了:一个是"努力完成",另一个是"永远没有完结"。

从对风格的工作方面来讲,福楼拜是最后一位古典作家,但这是因为,这一工作是过度的、令人眩晕的、表现为神经官能症的,它妨碍从法盖(Faguet)到萨特的所有古典作家。正因为如此,福楼拜成了现代性的第一位作家,原因是他接近于一种疯癫。这种疯癫,不是再现之疯癫、模仿之疯癫、现实主义之疯癫,而是一种写作之疯癫、一种言语活动之疯癫。

《文学杂志》,1976 年 1 月,
让-雅克·布罗希耶整理

色情形象的伟大修辞家

1976 年 6 月

把萨德和傅立叶、罗犹拉放在一起，罗兰·巴尔特敢于毫不犹豫地这样做。这是因为这三个人发明了一种语言，是因为他们的作品对于激情、对于色情形象、对于祈祷，是属于诸多特殊符号的一种组合规则。一如罗犹拉和傅立叶，萨德也是一位大作家。再就是，萨德赋予了法国文学其所没有的东西，那就是描述社会底层生活的小说的维度。

在我看来，好像是在 20 世纪，萨德第一次被认为是作家。而在 19 世纪，他只是个魔鬼，到处都出现，但却又是隐蔽地出现，而在 18 世纪之末，人们则把他当做一位另类的淫秽作家。那么，为什么在 20 世纪萨德会出现在写作领域中呢？

对于萨德的运气，似乎应该进行某种神话学方面的研究，就像艾田蒲（Etiemble）昔日对兰波所做的那样：有一种兰波神话，那就有一种萨德神话。萨德是在 19 世纪末开始走出其炼狱的。我想起，我曾阅读过莱昂·布洛伊（Léon Bloy）就萨德写过的几段著名的话，不过，他们的意识形态没有任何一点比其他人逊色。即便在布洛伊身上，也没有任何东西可以使他认可萨德，不过，他也是一个很让人感兴趣、很有逗人之处（在该词的两种意义上讲）的人。在他之后，那便是阿波利奈尔（Apollinaire）。

声音的种子

我们可以认为，有一种神话承袭关系，它从布洛伊起步，在经过许多变形之后到达克洛索夫斯基（Klossowski），而后者则把萨德看成某种完美的作家。还有另外一种神话脉络，尤其在最近几年最为广泛传播，这种脉络把萨德看做违反者，他是将违反主题与写作主题结合在一起并最终使违反行为在写作方面颇具影响的人。

这种承袭是从布朗肖开始的吗？

是的，并经过巴塔耶、《原样》杂志，即便在它们之间有着一些很大的差异。但是在此，我们只做简要介绍。应该可以大体勾画出历史学家们从来不去进行研究的一种文学史，即根据不同时代作家的半-集体形象来建立的一种神话–逻辑史。

您为萨德写过一篇评述，并将其与罗犹拉和傅立叶放在了同一部书中。您为什么选择了萨德，而没有选择例如雷蒂夫·德·拉·布雷东纳（Restif de La Bretonne）呢？

萨德使我感兴趣的，并不是违反的方面，并不是与尼采有关的方面（这里的"尼采"要加上引号，因为实际上在萨德与尼采之间只有很少的关系），而是绝好地表现出的誊写方面：一个人借助写作而构建出一些非常好的故事性结构，它们也是一些色情结构，因为那些形象既是色情形象，也是一些姿态，还是一些修辞格。在某种程度上讲，萨德是一位伟大的色情形象的修辞家。

当我们在今天谈论作为作家的萨德的时候，必须特别地指出，萨德并未被普遍地认可为作家：人们承认他在写作方面是一位违反性生产者，但是，社会仍在拒绝将其放进作家的先贤祠之中。他并不出现——或几乎不出现——在文学史之中。

您有两句著名的话可以解释得清楚一些吗——萨德是非常忧郁

色情形象的伟大修辞家

的，萨德的作品是可阅读的等。

萨德是非常忧郁的，这是蓬皮杜早就说过的。显然，在萨德的作品中，有着一种重复特征。但是，在不去谈论《索多玛120天》(120 days of Sodom)（只有四分之一完整地写出了）的情况下，我把《于丽埃特》(Juliette)看做一部非常重要的故事性小说。这是法国文学从未产生过的最伟大的描述下层社会生活的小说。除了萨德，也许还要特别地算上普鲁斯特——写作片段、写作没完没了的游记、写作可以带出另一个奇闻的小说家，我们可以将其看做一位描述底层社会生活的小说家。我在萨德的作品中所喜欢的，是其没有完结的故事性，是人们深陷其中的这个自给自足的世界。在19世纪，也曾有过像巴尔扎克和瓦格纳的作品那样伟大的宇宙进化论，但是，关键在于"思考周密"的宇宙进化论。萨德生产的故事性宇宙进化论，既具有重复性，又具有结构性，而且非常革新，它置身于由一种反体制哲学所引起的最大论战之中。

如何解释萨德仍不被承认是作家呢？是不是他的道德意识仍在制造丑闻呢？

是的，我认为是这样。很简单，要承认他是作家，那就需要在两个层次上承认：一方面把他当做一位不错的故事制造者（这显然就是我所坚持的），另一方面即将其当做一种典型句子的生产者。在色情形成过程中，萨德式的句子具有一种美和一种难以置信的清晰度。只需与淫秽小说做些比较就可以了，我们会看到它们的区别就存在于风格之中。因此，人们可以照此尝试成为一位大作家。

也许，区别就在于萨德在色情句子中使用的那些单词，它们依据相适的节奏，与写作时人们所具有的那种明确的镇定性相适应："侯爵夫人在五点钟时出去了。"

声音的种子

实际上，萨德生产的东西，在文学中、在修辞学中是非常罕见的：一种完全是外延的写作。当它在一个句子中描述一种色情行为时，绝对没有任何的内涵可言。句子是那样的死板，以至于任何象征方法都不可介入。例如，没有任何向读者投去的暗示。如果说象征论是一种消失的话，那么，萨德的色情论就完全是反象征论的。证据便是，当象征主义需要一种初始的发祥地来建立起话语的时候，他便发明了"性虐狂"（sadisme）一词。

今天，有一种读物——我特别想到了菲利普·罗歇（Philippe Roger）的《萨德：压榨机中的哲学》一书，在我看来，这种读物似乎在矮化萨德，因为它把萨德压缩为一位修辞学家，而忘掉了他的传奇性制造和故事发明。

我不同意您的意见。我认为，这需要勇气和必要的意识，以便现在介入萨德领域和"现代派的"评论或阅读中去。在布朗肖、巴塔耶和其他几位之后，人们只能在他们的层面上自我重复或重复。菲利普·罗歇已经与这种层面即这种传统决裂了。他不是不承认这种传统（明显的是，他很了解这种传统），而是——我可以说——他没有把这种传统变成他的"行话"。此外，他的研究具有一种恰如其分的社会学价值，因为他根据萨德所处时代的文学和修辞学背景为萨德做了重新安排。我们所希望的是，历史学家们对文学的所有研究工作，都具有这种品质。他们不去与其建立承袭关系和流派，而是恢复建立一个时代的文学意识形态的环境、一位作家的修辞学习过程，然而却又不是不去了解其他传统的影响。

但是，把萨德具有的讲述各种故事的特殊才华置之不顾，是叫人遗憾的。

我不认为，这就是菲利普·罗歇的主张。但是，实际上，一位符

色情形象的伟大修辞家

号学家认真地研究一下萨德的叙述活动结构,会是很有意义的事。

永远都不要忘记,所希望的机器与讲述的机器是唯一的和同一种机器。

……在再现层面上,还要算上色情场面与论述之间非常特殊的节奏,两者中,每一种都是从另一种中获得意义,而且它们就像经纱和纬纱那样无休止地交替叙述着结构的链条。因此,必须密切地关注这两大言语活动方面的功能。这两个方面总是交替着前行。

为什么把萨德与傅立叶和罗犹拉放在一起呢?

肯定是有合适的原因的。但是,我给出的证明并非是人为的:他们三个人制定了一种语言,也就是说,建立了一种单位和形象系统,而他们的整个创作都是再现这种系统。想发明一种语言的人,必须选取一些语义单位,必须建立一种结合规则即一种句法。这便是他们所做的事情。

罗犹拉曾组合过一些思考形象,那些形象大多数或多或少是一些神秘幻觉,为的是产生反映其神秘性的语言。原因是,罗犹拉的神秘性并非是圣让·德·拉克鲁瓦的神秘性。这些重要的古典神秘主义作家,都是透过言语活动,而到达言语活动之外的,言语活动是他们的敌人。相反,罗犹拉的全部努力,就在于产生言语活动和形象,就在于向退隐者提供言语活动。罗犹拉在生产着精神退隐处的语言。

至于傅立叶,显然,他是激情的组合者(他记下了1 620种激情),而他从这些结合体中获得了一些更为复杂的单位,即一些系列和一些句子。法伦斯泰尔就像是一种话语。

我们也在萨德的作品中找到了一种语言功能。

声音的种子

在这三个人的作品中，该会有——这也许是同一回事——相同的古典论、相同的对于浪漫主义的拒绝：因为古典主义被确定为对于一种语言的深思熟虑的建构，而在这种语言之外，我们无法前进。

在按照宽泛的意义所考虑的浪漫主义中，找一找有无一些结构论的作品，亦即有无制造语言的作品，是有意义的。乍看起来，实际上似乎并非是，浪漫主义的做法是更为隐喻的，而非换喻的，因而这种做法也就并不强调结合关系。

而且，浪漫主义认为，任何结合关系都不足以阐述其想要阐述的东西。

乍看起来，确实应该考虑一下浪漫主义的做法，那便是瓦格纳的浪漫主义做法，因为在瓦格纳的系统中，有一种基本单位顽念，即主题顽念。

有一位作家，在我看来，似乎是非常古典主义的，他属于萨德的流派，那便是罗伯-格里耶。

是的，除了以结合规则出现和明显是为一种反常系统而提供的罗伯-格里耶的系统外，而萨德主义并非刻意减缩为任何一种色情反常，它难以列入神经官能症表格之中。萨德在打乱精神病学，在打乱精神分析学，也正是这一点在确定他的彻底性。

对于萨德，一如对于傅立叶和罗犹拉，您使用了"幻觉"一词。

我也许是在过分——但经常——使用这个词，我是按照拉普朗什（Laplanche）和彭塔利斯（Pontalis）在他们主编的词典[①]中确定的意

[①] *Vocabulaire de la psychanalyse*, Paris, PUF, 1967, p. 313.

色情形象的伟大修辞家

义来使用的。为作家们的使用带来方便的是，幻觉是主体在其中施展自己欲望功能的一种剧情脚本。这一定义，尽管简单，但非常适用于演出——人们很容易地从脚本过渡到展现。罗犹拉的展现、傅立叶的展现和萨德的展现，实际上都是主体在其中运用其欲望，以便满足其当然是幻觉欲望的一些剧情脚本。萨德、傅立叶和罗犹拉，虽然他们在意识形态方面是完全不一样的，但是都具备根据其欲望而写作的这种共同的、非常强烈的表现力。他们也有根据他们的欲望来生产语言即欲望语言的表现力。

《文学杂志》，1976 年 6 月，
让 - 雅克·布罗希耶整理

知识分子有何用?

1977年1月10日

作为结构主义和文学符号学之父,罗兰·巴尔特继米歇尔·福柯与皮埃尔·布列兹(Pierre Boulez)之后,前不久进入了法兰西公学(Collège de France)。从20世纪50年代起,他就以《写作的零度》和《神话集》被公认为在萨特和加缪那代人之后的一代人中最具新颖性的思想家之一。作为对布莱希特而特别是对经典作家——米什莱、萨德、傅立叶、巴尔扎克甚至皮埃尔·路易[1]的评论者,巴尔特发现了诸多新的、已成学派的文学与哲学的讲述方法。他曾长时间内担任高等研究实践学院的教授,是灵魂方面的教育家,但却不爱抛头露面。他在马上要去法兰西公学做文学符号学讲座开课演讲前,接受了贝纳尔·亨利(Bernard Henri)的独家采访。

罗兰·巴尔特,人们很少见到您,很少听到您。在您的书籍之外,人们对您一无所知……

假设真是这样,那是因为我不大喜欢接受访谈。在接受访谈时,我感觉我被夹在了两种危险之间:要么以无人称的方式陈述一些观点,并让人相信我成了"思想家";要么无休止地说"我",于是便被

---

[1] 皮埃尔·路易(Pierre Louÿs,1870—1925),即皮埃尔·菲利克斯·路易(Pierre Félix Louis):出生于比利时的法国诗人。——译注

知识分子有何用？

指责为"自我崇拜"。

不过，您在《罗兰·巴尔特自述》中谈过您自己。但是，对您的童年和青少年时期谈得多，对后来的情况，对于成熟之后、对于在写作和声望方面成功之后的巴尔特，却出奇地缄默不语。

就像所有人一样，我认为，这是因为我对我的童年和青少年时期记忆清楚，我知道日期，还知道相关情况。再就是，相反，出现了某种有意思的现象：我现在记不住事情了，我无法再记住日期，无法为我的所为标注日期。就好像我只有对最初时间的记忆，就好像青少年时期是我记忆中典范的、独有的时期。是的，就是这样：过了青少年时期，我就看到我的生活像是一种无限的现在时，无法切割、无法看出前景。

这就意味着，严格地说，您没有"生平传记"……

我没有生平传记。或者，更准确地讲，从我写过的第一行字开始，我就看不到自己了，我就不再是属于我自己的一种形象了。我无法想象我自己，无法为我固定一种形象。

因此，在您的《罗兰·巴尔特自述》中，就见不到您成年后的照片了，是这样的吗？

不只是说没有照片，而且我几乎就没有照片。此外，您所说的这本书被一条无可改变的线分开了。我对于我的青少年时期没有讲述任何东西。我把那个时期变成无数照片，因为确切地讲，那就是个专注记忆与积累图像的年龄和时期。相反，对于后来的情况，我不再用照片来说明任何东西，因为我不再有照片，一切都是在写作中过去的。

这种断裂，也是疾病造成的断裂。不管怎样，它们是同时代的……

在关系到我的时候，不应说是"疾病"，而应该说是"肺结核"。原因是，在那个年代，在化学疗法之前，肺结核是一种真正的生活类型，是一种存在方式——我要说几乎是一种选择。人们甚至可以在必要时想象一下这种生活，您知道，它有点像是托马斯·曼（Thomas Mann）《魔山》（*La Montagne magique*）一书中的情况……一位肺结核患者可以非常认真地去想象——我自己就这么做过——那种一生都在疗养院或者在一种准疗养院中的情况。

那是一种脱离时代的生活吗？是一种与世事无关的生活吗？

至少可以说是与修道院观念不无关系的一种生活。那种在生活上循规蹈矩的味道、在时间安排上严格受到限制的味道，就像是在修道院中一样。这是一种使人不安的现象，直到今天还影响着我，我今年就打算在我于法兰西公学的课堂上谈到这种现象。

人们总是把疾病看成带来损害、妨碍、破坏的某种东西，很少将其说成是可以带来正面效果甚至有利于写作的东西。

实际情况就是这样。至于我，我并没有在世界之外非常艰难地忍受五年或是六年。毫无疑问，我当时有着向着"内心化"、向着练习孤独阅读方面的诸多安排。给我带来了什么好处呢？当然是一种文化形式。"共同生活"经验的特点，是友情的强烈激发，是每时每刻都有朋友在身边，是朋友们的不离不弃。而且后来过了很久，也还有一种古怪的感觉，那就是，我与我实际的年龄相比，永远地年轻五六岁。

您当时写作吗？

知识分子有何用?

不管怎样,我当时大量地阅读,因为正是在我第二次入住疗养院期间,我完整地阅读了米什莱的作品。相反,我写东西很少。只写过两篇文章,一篇关于纪德的《日记》,另一篇关于加缪的《局外人》,这后一篇成了《写作的零度》的起因。

您认识纪德吗?

不认识,我不曾与他相识。有一次,我曾在鲁特西亚餐馆相隔很远看见过他:他当时正在吃一只梨,也正在阅读一本书。因此,我并不认识他,但是,就像那个年代许多青少年一样,有无数资料都让我对他感兴趣。

举个例子可以吗?

他是新教徒。他会弹钢琴。他谈论过欲望。他写作。

在您看来,是新教徒,意味着什么呢?

很难回答。原因是,在没有信仰的时候,那就只剩下痕迹和形象了。而形象,那是其他人掌握的东西,是他们可以说我是否"像是"新教徒的东西。

我想说的是:您在学习过程中,在这方面,从他那里获得了什么?

必要的话,我似乎可以最为谨慎地说,一种新教徒的青少年时期可以提供对内心性、内心言语活动即主体时刻依靠自己的那种言语活动的某种爱好或某种反常表现。再就是,不要忘记,成为新教徒,就是不要有一点关于教士或关于箴言的想法……但是,如果法国的新教

声音的种子

教义继续使研究心理状态的社会学家们感兴趣的话,那就应该把这些都留给这些社会学家去管。

有人说您是"享乐论者"。这是误解吧?

享乐主义,是"不恰当的"。观察得不恰当,理解得也不恰当。这个单词可能是贬义词,是让人难以相信的!世界上没有任何人、任何哲学思想、任何学说敢于自愿接受这个词。这是一个"阴险的"词。

但是您,您自愿接受它吗?

也许,最好找一个新词。原因是,享乐主义是一种哲学思想,那些奠基了这种哲学思想的文本是格外脆弱的。因此,没有这样的文本,勉强有一种传统。于是,很难在文本是如此不稳定、传统是如此微薄的地方去定位。

不管怎样,总还有伊壁鸠鲁主义①吧。

是的,但是好长时间以来已经受到指责了……

您很讲"伦理道德"……

我们假设有一种关于情感关系的伦理道德。但是,对于这一点,由于我后面要说,所以现在就什么也不说了。

有一样东西,您从不谈论:那便是性欲。

我更喜欢说:感官快乐。

---

① 伊壁鸠鲁主义:通常也被译为"享乐主义",实际上,译为"理性享乐主义"或"幸福论"更妥。——译注

知识分子有何用?

说真的,您有时也谈论性欲,但却是为了矮化性欲的重要性而谈的。例如,下面的这句话就是从您的书中选录的:"对于我来说,培训者的问题不是性别,而是金钱……"

我借此想说的是,我从未真正地忍受过性戒,尽管40年前这种性戒比今天厉害得多。我坦率地承认,我有时也对某些人不满于受正常状态支配而感到惊讶。当然,我不否认这种支配性,但是,有一些空隙可钻。

您借助于何种奇异手段避开了这种支配?

我不曾避开过。只是,在我身上,恋情状态总是占据首位。因此,代替"禁止"即被禁止的东西之概念的,总是"拒绝"即被拒绝的东西之概念。使我忍受痛苦的,并不是被禁止,而是被拒绝,这两者是完全不同的。

我们不再谈这种"性欲"了。您像是以带有相同快乐的同一种喜悦来谈论文学、谈论音乐或歌剧、谈论菜肴、谈论一次旅行或一种语言……

不总是这样。例如音乐与歌剧,还是很有区别的。我喜欢听音乐,而且我听了很多。但是,在我看来,真正的精力投入,是创作音乐:从前,在于歌唱,今天,在于在钢琴上破释音乐。歌剧,是另外的东西。我们可以说其是一种节日、一种嗓音的节日,我对歌剧感兴趣,但我不是歌剧的狂热爱好者。

歌剧同样是一种"完整的演出"。

是的。但是,我必须说,我个人并不是从这种角度出发来消费歌剧的。大概，可以说有两种类型的歌剧爱好者。人们喜欢歌剧，或者是因为音乐，或者是因为歌剧本身，而我属于前者。对于我来说，我欣赏歌剧，有两个时刻，它们是不连续的：一个时刻，是对于演出的直接惊讶，这种演出使我变成了某种窥视者；另一时刻，是对于音乐和嗓音的内心化的快乐，正是在此，即在第二种时刻里，我才闭上双眼，享受着音乐带来的快乐。

说到底，您似乎在说，歌剧并非音乐，而您在歌剧院所欣赏的是音乐。是这样吗？

是的，这也是我不认为自己是歌剧爱好者的原因……例如，今年夏天，我第一次去了贝鲁特，我在那里待了一周。令人难忘，但是，在那一周当中，我对于没有音乐而感到烦恼，因为在歌剧院之外没有任何演奏会。

在不考虑这种或那种特殊诱惑的情况下，您喜欢旅游吗？

从前很喜欢，现在就少多了。曾经有过一个时期，只要有四天时间，身上再有一点钱，我就出发。我去那些按年随意选定的国家。我喜欢过荷兰，后来又喜欢上了意大利，再后来，便是摩洛哥，最近，则是日本……

我在想象，这也是根据您已经有所收获的发现来选定的……

大概是这样。但是，我从来不热衷于那些历史古迹即那些文化痕迹和证据，除非是荷兰的绘画。当我旅行时，最让我感兴趣的，是我在旅途中可能抓住的那些生存艺术的碎片，还有深入到一个简单和模糊的世界（对于游客来说，一切都是简单的）之中的那种感觉。这样，便可以去除任何平庸、任何愚蠢、任何挑衅性。

知识分子有何用？

说到底，您把旅行看做一种消遣性的和汲取精神的民族志学方式。

有点是这样。例如，一座东京这样的城市，自身就是一种非凡的民族志学方式。我怀着一位民族志学家的热情去了那里。

我设想，这种态度会在人际关系中得到转换，是这样的吗？

我明确地回答：在我看来，旅行也是一种探险，一系列可能的探险和一系列强度很大的探险。显然，旅行是与某种恋情警示相联系的。

不过，对您最近旅行的中一次，您却不去谈论它……

是的，我知道，是指去中国的旅行。我在中国度过了三周。像往常一样，是以有组织的方式去的，并且是根据一种传统的模式去的，即便我们具备一些有点特殊的方面。

而回来之后，您几乎没有写什么，为什么呢？

我写的不多，但是我十分密切并毫无松懈地关注了一切、听取了一切。说到这儿，写作，需要其他的东西，需要在听和注意力方面加入某种风趣，而我却没有发现这种风趣。

不过，中国并不缺乏"符号"！

当然，确实是不缺。但是，您的玩笑并非无益：它很好地说明，符号只有当其吸引我或令我烦恼时，对于我才是重要的。符号不会自在地被我看重，我必须有欲望去解读它们。我可不是阐释学家。

声音的种子

所以，您只能从北京带回来一篇关于"中性"的文章……

实际上，我在那里没有发现任何属于色情的、感官的或恋情的精神投入的可能性。我承认，原因都是偶然性的。或许，也是结构性的：我尤其想到了体制的道德论。

您谈论"生活艺术的碎片"：生活艺术，也是饮食的方式，饮食就像是文化事实。

作为文化事实，在我看来，饮食至少意味着三样东西。首先，带有母亲模式的魅力与爱好，母亲的饮食，她做的和设计的饮食，是我所喜欢的饮食。第二点，由此开始，我看重向着新食品即奇异食品的言谈笑语：在人们为我端上新菜肴的时候，我禁不住其诱惑。最后，即第三点，我特别感兴趣的一个方面，那便是与共同用餐有联系的亲和氛围，条件是这种亲和氛围要小：一旦过分，饭菜就让我感到厌烦，我就不喜欢吃了，或者相反，在多数情况下，我吃饭就是为了消遣。

您刚才没有完全回答我的问题。当您不管是什么样的金钱都写，而较少写作性别时，您对于您的生存价值的形成问题，准确地讲是怎么想的呢？

简单地说，就是因为我的童年和我的青少年时期家境贫困。经常出现家里没有什么可吃的情况。例如，经常一连三天需要到位于塞纳河街的一家杂货铺去购买一点猪肝酱，或者是买几个马铃薯。生活节奏真正地受制于到期付款的那些日期，比如要付房租。我每天看到的景象就是我的母亲劳累地工作，她当时的工作就是装订书籍，而她根本就不适合做这种活儿。在那个年代，贫穷涉及的生存范围，与今天的法国已经不在一个等级上……

知识分子有何用？

尤其因为您属于一个资产阶级家庭，至少在根儿上是这样的。

是一个资产阶级家庭，但已经是没落的和身无分文的资产阶级家庭。由此产生的一种象征效果更加重了真实的贫困。对于物质条件的下降已经有所意识，即便家族亲人之间还懂得保住一种生活艺术。例如，我记得，每当开学的时候，总有一些小小的不痛快的事。我没有应该穿的套服。在组织集体活动的时候，家里没有钱交。也没有钱支付课堂用书。您看，正是这些不大的情况和长时间缺钱，使得我后来变成了爱花钱的人。

就像您在书籍中通常说的那样，是不是就是这种情况使您对"小资产阶级"的厌恶在上升呢？

这是真的，我经常使用这个词；我后来用得少了，因为人们也会经常对自己的言语活动感到疲劳。不管怎样，这是不可否认的：在小资产阶级中，有一种伦理成分或审美成分在吸引我或使我不快。但是，这很古怪吗？这种情况已经存在于福楼拜的作品之中。有谁敢于自愿成为一个小资产阶级呢？从历史和政治上讲，小资产阶级是这个世纪的关键。正是小资产阶级作为阶级在上升。不论怎样，正是小资产阶级作为阶级在被人看到。资产阶级和无产阶级都变成抽象的了：相反，小资产阶级则到处存在，人们到处都可以看到它，甚至在资产阶级和无产阶级那里也看得到它——只要这样的情况持续存在。

您不再相信无产阶级，不再相信它的历史使命，也不再相信任何在政治上从无产阶级产生的东西，是这样吗？

不，我说的是，在一个时期里，无产阶级曾经被人看重，但是这个时期已经变化。在法国，当时是无政府工团主义和蒲鲁东主义传统所主导的时期，但是，今天，马克思主义和正规的工会主义已经取代

声音的种子

了那种传统。

您曾经是马克思主义者吗?

"是马克思主义者",动词"是"在这句话中意味着什么呢? 我有一天曾经说过: 我"走近"马克思主义是相当晚的,而且是多亏了一位已经去世的属于托洛茨基主义者的朋友的引领。结果是,我走近了马克思主义,但从未积极奋斗过,而是通过与当时的斯大林主义毫无关系的一个不同政见小组参与活动。假设我阅读过马克思、列宁、托洛茨基,当然,并不是完全阅读过,但是,我还是阅读过了。一段时间以来,除了在这里或那里见到的一个马克思的文本,我没有再去阅读其他的。

您阅读一个马克思的文本,是像您阅读米什莱、萨德或是福楼拜的一个文本那样吗? 是一种纯粹的符号系统,或者是一种纯粹的享乐的发生器吗?

对于马克思的文本,是可以用这种方式去阅读的,但是,对于列宁的文本,甚至对于托洛茨基的文本,都不能这样去读。不过,我不认为,人们只可以与马克思建立人们与一位作家建立的那种关系。我们不可超然地去思考政治作用,去思考文本赖以具体地存在的那些以后的记载情况。

这有点像是拉尔德罗[1]、让贝尔[2]或格卢克斯曼[3]等人的做法。

我认识格卢克斯曼,我们曾在一起工作过,我喜欢他做的事情。

---

[1] 拉尔德罗(Guy Lardreau, 1947—2008): 法国20世纪60年代激进的马克思主义哲学家。——译注
[2] 让贝尔(Christian Jambet, 1949—): 法国哲学家。——译注
[3] 格卢克斯曼(André Glucksmann, 1937—2011): 法国哲学家。——译注

知识分子有何用？

至于《天使》(L'Ange)杂志，我不曾读过，但有人对我说过。您要理解的是：我尽力接近他们的立场，并与其保持着一种无法计算的距离。我设想，是为了风格上的原因，不是指写作风格，而是指总的风格……

> 我想说的是，与别人相反，您在背后没有"政治路线图"……

在我写出的话语中，确实没有作为主题意义上的政治话语：我并不直接地谈论政治主题、政治"立场"。这是因为我最终不能为政治所激励，也因为在当今时代，一种不被激励的话语不会被听到，就这么简单。为了能让人听到，有一种需要达到的分贝刻度，即一个门槛儿。而这个门槛儿，我达不到。

> 您似乎有点遗憾。

政治，并不一定是谈论，它也可以是听。也许，我们缺少听政治的一种实践。

> 说到底，如果需要对您给予定位的话，那么，"左派知识分子"的头衔这一次可能会是相当合适的。

那就该由左派来说他们是否把我理解为左派知识分子了。在我看来，我很想成为这样的知识分子，条件是不把左派理解为一种观念，而理解为一种经常的感觉。在我的情况里，我的根基是一种词源学意义上的经久不变的无政府主义。

> 是拒绝权力吗？

可以说是，面对其无处不在（它到处都有）且持久的（它没有休止）特征，我极为敏感。它从不疲倦，它像日历那样翻页。权力，是多元的。因此，我感觉我对于自己的战争，不是特定的权力，而是所有的不论什么样的权力。也许，正是在这一点上，我更是"激进的"，而不是"左派的"，把事情搞乱的，从激进主义方面讲，我没有"风格"。

287 您认为，一种风格或者对一种"风格"的拒绝足以建立一种政治吗？

在论题层面上，一种政治可以实在地得到建立。例如，权力，并非只是压迫和被压迫的东西，它也是使人感到难受的东西：到处，我都感到难受，这是因为某个地方有权力存在。

而在今天，即 1977 年，您该不会感到难受了吧？

我还是感到难受，但却并没有感到多么气愤。在此之前，对于左派的感觉，是依靠一些"结晶化成分"来确定的，那些成分并不是一些规划，而是一些大的主题：1914 年之前的反教权主义，两次大战之间的和平主义，随后是抵抗运动，再后来是阿尔及利亚战争……今天，第一次，再也没有别的，而只有这一情况了：吉斯卡尔·德斯坦，不管怎样，他也是瘦弱的结晶化成分，或者是我不大看好的一种"共同的规划"，即便他不错，他还是会动员起一种感觉的。在当前的情况下，在我看来，这就是新的东西，但我看不到试金石。

就是因为如此，您接收了德斯坦的午餐邀请吗？

这要另说了。我是出于好奇、出于爱听才接受的，有点像是一心搜寻神话的人。正像您所知道的那样，一位神话搜寻者必须到处都去。

知识分子有何用？

您当时对这次午餐有何期待呢？

想知道德斯坦在其作为国家元首之外有无另一种言语活动。显然，对于这一点，应该以私人身份去听。实际上，我感觉他是一个懂得根据其经验而具有二级话语即一种反省性话语的人。对于我来说，让人感兴趣的，是领会如何"脱离"言语活动。至于内容，关键显然在于一种政治哲学，这种哲学是在不同于左派知识分子的文化的、完全是另一种文化的层面上连接起来的。

这个人物对您产生了诱惑了吗？

是的，他似乎让我看到了一位成功的大资本家是如何发挥作用的。

您都谈了些什么呢？

主要是他在说话。也许，他对于需要细致显示自己的形象感到有点失望（或者相反，是高兴）。但是，我们尽量让他多讲，我们自己说话并不多。

作为左派，人们一般不大参与这种午餐……

我知道。即便是左派，也有一些人借助简单的怒气来代替困难的分析：这是<u>不合适的</u>，即不正确的。与敌人一起用餐，并不就是取悦敌人，只要保留自己的纯正。这属于左派的"灵活手段"。

对于20年前的《神话集》，您没有打算在把研究工作扩大到左派、扩大到左派新的神话的情况下，来重写吗？

声音的种子

显然，在 20 年当中，情况已经变了。1968 年 5 月的事件解放、打开了左派的言语活动，哪怕仅仅是赋予这种言语活动某种傲气。特别是，在一个由 49% 的人都拥护左派的国家，非常让人惊讶的是，竟然没有出现社会神话的变化和歪曲：神话，跟随数量而变。当左派本身不支持这一事业的时候（例如《新观察家》杂志……），我永远不会去做的。

我来讲一个其中的神话：在您看来，德斯坦显然是"敌人"吗？

他所代表的那些人，即那些躲在他身后和把他推到这儿那儿的人，是敌人。但是，有一种关于历史的辩证法，也许有一天会使得他不像其他人那样是我们的敌人……

说到底，如果说您有一种政治策略的话，那便有点像是笛卡尔的临时伦理道德，是一种经常性临时的、微观的、细微主义的政治策略……

微观政治策略的概念让我感兴趣，在我看来，这种概念似乎也很少是不正确的。对于我来说，政治上的微观，是绝对不需要论述的，那是法西斯主义的问题。我属于知道当时的情况和经常想起当时情况的那一代人。对于这一点，我的义务是直接的、完整的。

这是否意味着，在最终相当高地确定的这条线之下，事情都是等值的，而政治选择是无关紧要的吗？

这条线并不高于这一点。首先因为，法西斯主义包含着许多东西，为了固定文本，我要明确一下，在我看来，任何制度，如果它不仅仅阻止说话，而且尤其是<u>强迫</u>说话，那么这种制度就是法西斯主义的。其次是因为，这种情况，正是权力的不变意图，即其自然性，是

知识分子有何用?

在被人们驱走之后又赶紧返回来的那种自然性。这条线很快地就被越过了……

一位政治上的细微主义者,还可以对于革命有欲望、有向往吗?

这是很有意思的:革命对于大家竟然是一种令人高兴的形象,不过,它也肯定是一种可怕的现实。请您注意,革命可以保持一种形象,但是,并非只有一种形象,革命有着多种体现。您看,这还是使问题变得复杂的东西……对革命取得胜利的那些社会,我经常将其称为"令人失望的"社会。那些社会是发生我们许多人都要忍受的主要失望的场所。在我的情况里,谈论革命将会是煽动性的,但是,我经常谈论颠覆性。在我看来,这个词比革命一词更为明确。这个词意味着:从下面上来,以便欺骗事物,使其偏移,将其带到人们所并不期待的另外的地方。

"自由主义"难道不也是一种微观的立场吗?要知道,这种立场最终适应性相当强。

有两种自由主义。一种自由主义在良知方面几乎总是隐蔽地表现为权威性的、父权主义的。另一种自由主义则是伦理性的而非政治性的,因此需要为它找到另一个名称。比如一种深刻中断的判断,比如应用于不论什么对象或什么主体的一种非完全的种族主义,而一种非完全的种族主义我们说会奔向禅宗的方向。

这是知识分子的一种观念吗?

这确定地是一种知识分子的观念。

有过一段时间,知识分子把自己当成"社会精英"……

就我来看,我会说,知识分子就是社会残渣,是严格意义上的残渣,也就是说,这种东西除非有人回收,否则没有任何用处。正好有一些社会,在那里,人们尽力回收包括我们在内的这种残渣。但是,从根本上讲,残渣没有什么用处。在某种意义上,知识分子没有任何用处。

您所理解的"残渣"是什么呢?

有机残渣表明的是达到了其尽头的物质的路径。人的残渣表明的是食物的路径。知识分子表明的是一种历史路径,而知识分子就是这种路径的残渣。知识分子以残渣的形式确定那些大概属于整个社会的冲动、愿望、复杂情况、阻塞情况。那些乐观论者说,知识分子是"证人",而我更要说,知识分子只不过是一种"痕迹"。

因此,照您的说法,知识分子是没有用处的。

不仅没有用处,而且还是危险的:任何强力的体制都会迫使知识分子按照自己的要求去办事。知识分子的危险属于象征性的。人们将其看成是一种应被监管的疾病,看成是制造麻烦但却要保留它以便在一种可控的空间里确定言语活动幻想与狂热的额外成分。

您自己,您属于何种路径的残渣呢?

简单地说,我大概要算对言语活动表现出一种历史兴趣的痕迹,也可以说,我是多种追求的痕迹,例如对时尚、新词追求的痕迹。

您谈到时尚,这是否就意味着时代的风尚?换句话说,您阅读您同时代作家的作品吗?

知识分子有何用？

实际上，总的来说，我读的不多。这并非是一种私密：在我的各种文本中，这是显而易见的。我在阅读时有三种方式，即三种阅读方法。第一种阅读方法在于注目一本书：我收到一本书，是有人在与我说话，于是，我要注目这本书；这种类型的阅读，非常重要，可是人们却从未谈及。比如朱尔·罗曼（Jules Romains），他在盲人的准视力上苦心钻研，我经常把这种阅读说成是一种准听力信息，即一种模糊的、不甚严格的，但有其作用的信息。我的第二种阅读方法是：当我有一项工作要做的时候，比如上一堂课、写一篇文章、写一本书，我就阅读一些书籍，我从头读到尾，并且做好笔记，但是，我只是根据我的工作需要来阅读，所读内容都会进入我的工作之中。最后，是第三种阅读方法，那就是晚上当我回到家里之后进行的阅读。这个时候，我一般是阅读古典书籍。

您并没有回答我的问题……

是指"同时代作家"吗？我把他们几乎都放在第一种阅读范围之内：我"关注"他们。为什么呢？这很难说清楚。大概，是因为我担心被一种过于接近的内容所吸引，这种内容非常接近，以至于我无法再对其进行转换。我不认为我还可以转换福柯、德勒兹或者是索莱尔斯……太近了。这等于进入一种过于绝对的同时代的语言之中。

没有例外吗？

只有几种例外。一本书，不管是这里的还是那里的，它曾使我很感兴趣，并且也进入了我的工作之中。但是，一方面，这总是有那么一点偶然性。另一方面，当我真正地阅读一本同时代书籍的时候，我总是非常晚地去阅读，从不在人们正在谈论的时候去阅读。当人们谈论某本书的时候，有着太多的杂音，因此，我也就没有了愿望去读。例如，我阅读过德勒兹的《尼采》（Nietzsche）以及他的《反俄狄浦

声音的种子

斯》(Anti-Œdipus)，但总是在其出版很久之后。

还有拉康，不管怎样，您经常参照他的著作。

经常？我说不清楚。实际上，在我研究和写作《恋人话语》(Le Discours amoureux)①期间阅读他的作品比较多。原因是，当时我需要"心理学"，而精神分析学是唯一可以参考的心理学。这样一来，正是在一个特定的点上，我经常参阅拉康。

您参照的是拉康的学说，还是拉康的"文本"？

是两个方面。拉康的文本让我感兴趣。那是一种可以动员思考的文本。

是因为其中的一些文字游戏吗？

恰恰不是。我最不感兴趣的，正是这一点。我很清楚它对应于什么，但是，我便失去了听。相反，对于剩下的东西，我很是喜欢。实际上，按照尼采的分类学，拉康是少有的将"教士"与"艺术家"集于一身的人。

在您的作品中，作为其中心的想象物主题与拉康的想象物之间有关系吗？

有关系，这是同一回事，但是，我改变了一下主题，将其做了隔离。我的想法是，想象物，有点像是精神分析学的一种不起眼的相关部分。想象物被夹在真实与象征之间，就好像它不被看好似的，至少

---

① 这是罗兰·巴尔特为其研讨班准备的内容，《恋人絮语》就是对于这一内容的精心提炼，后来这一内容以同一名称于2007年成书在色伊出版社出版。——译注

知识分子有何用？

是不被精神分析学经典看好的。相反，我的下一部书[①]却像是对于语域想象物的一种肯定。

您阅读自己的作品吗？我想说的是，您重新阅读您的作品吗？

从不。我太害怕了。如果重新阅读，我要么会发现写得不错，会对自己说，我就不再写了；要么发现写得不好，于是便后悔写了。

相反，您知道有谁会阅读您的作品吗？您是为谁而写的呢？

我认为，人们总是知道对谁和为谁而说话。在说话的情况下，总是有一个确定的对话人群，即便这个人群是由各式各样的人组成的。这样一来，构成写作的绝对特殊性的东西，便是它确确实实就是对话的零度。位置存在着，但却是空着的。我们不知道谁将会坐上这个位置，我们为谁而写作。

有时候，您觉得是在为后世写作吗？

坦白地说，我不知道。我无法想象我的著述或我的所有著述会在我死后还有人阅读。严格地说，我并不去想象。

您说您的"著述"。您是否意识到您在写一部"著述"呢？

没有。此外，我立即把单数的"著述"改正为复数的"著述"[②]了：我没有写作一部"著述"的想法。我是一篇接着一篇地写作，所写的内容混合有反复阐述、连续阐述以及策略上的变化。

---

① 这"下一部书"该是1980年出版的《明室》（*Chambre claire*, *Cahiers du cinéma Gallimard*, Seuil, 1980）。——译注

② 著述（oeuvre）：使用该词单数时，一般被理解为长期和专注地从事一种学术研究或写作一部重要著作；使用其复数时，是指写出的所有全部书籍。——译注

声音的种子

有没有一些"著述"是以另外的方式构成的呢?

也许没有,我不清楚。

不管怎样,可以确定的是,就像瓦莱里那样,您通常都是为"稿约"而写。

通常,是的。但是,说真的,稿约写作的情况越来越少了。在应约写作的时候,写起来相当顺利,不论是为一部书写序,还是介绍一位画家,或者是写作一篇文章……总之,如果是有人约我写稿的话,任何对象都很顺利。相反,当人们约我写个长篇大论,比如论述一位主体的话,那我就根本写不下去。而当我不管什么稿约都接受的话,那我就变得非常痛苦……

由此,产生了您写作的东西极为片段式的特征……

就像处在一个斜坡上,我朝着片段越走越快。此外,我喜欢风趣,我相信它的理论价值。再就是,我甚至难以写作连续的文本。

即便是片段式的和服从于稿约的偶然性,您的工作仍然是被某些重要主题所贯穿、所汇总……

确实有一些主题,比如想象物、间接性、多格扎。还有关于反-歇斯底里的主题,即便最近这一主题变化很大。但是,我要说清楚,它们只是一些主题。

根据哲学意义,您能说它们不是一些"概念"吗?

不,它们是一些"概念"。但是,它们是隐喻概念,这种概念就

知识分子有何用？

像是隐喻那样发挥作用。如果尼采的话是正确的，如果像他说的那样，概念都有一种隐喻起源，那么，我正是把自己重新放在了这种起源上。而我的那些概念，便立即不具备哲学家们习惯上赋予它们的严格性了。

给人印象深刻的是，您的书籍，比起您引入的那些概念的野性特征，并不缺少严格性。

您说的"野性"，是正确的。我观察到一种强盗法则，这种法则不大承认起源。这一情况，根本不是因为想拒绝承认，而是因为某种程度的欲望直接性和贪婪。有的时候，就是因为贪婪，我选用了别人的主题与词语。此外，我自己对于别人从我这里"取用"某种东西，也从不反对。

结果是，那些主题中的统一性，比您所谈的统一性在操作方面差一些。

正确。更可以说是，变化与操作比主题和概念差。例如变化、形象变化、单词意义的变化，或者是对于词源学的求助，或者还有变形、概念的歪曲等。有一系列的求助和做法。也许，我本该在《罗兰·巴尔特自述》中尝试列出一个词语表。

您的那些做法都是针对什么的？在它们的纯粹应用之外，是否针对某种效果？

我在寻求一种不会严重影响另外一种写作的写作，而同时，这种写作也不是为人所熟悉的写作。困难就在于此：我想实现的是既不产生严重影响，又不因此是一种"复制"的写作。

声音的种子

从前,您一再说,您寻找一些"栅网",借以理解和获得真实……

我不认为我曾说过栅网。不管怎样,如果我有某种栅网,也许只能是文学。这种栅网,是我将其带到了各个地方。但是,我认为,正像一位朋友对我说的那样,提出真实所带来的效果,在无栅网的情况下是有可能的!我之所以这么说,是因为这完全是符号学的问题:符号学首先是一种栅网,而我自己也曾试图建立一种栅网。但是,当我的栅网建成了之后,它却根本就没有带动过什么。于是,我便关注别处了,当然也并不放弃它。

那些不喜欢您的人,说您的书籍是在宣扬写作的一种迷信和神圣化……

神圣化,我并不反对。拉康最近说过,真正的无神论者很少,人们总是在某个地方,显露出点神圣。那么,我们假设,对于我来说,这种情况就落在了写作上。我强调指出:不使任何东西神圣,是非常困难的。我只知道,索莱尔斯曾试图做到这一点。再就是,这并不可靠。就像萨德作品中的人物圣丰(Saint-Fond)那样,他也许有他不想让人知道的东西。不管怎样,对于我来说,我肯定推崇神圣化。我在使享乐即一种写作的享乐变得神圣。

说到这儿,言语活动,同样是说的言语活动,例如,戏剧中的言语活动……

我与戏剧有着复杂的关系。戏剧就像是一种隐喻能量,它至今对我仍然极为重要:我到处都看得到戏剧,在写作之中,在图像之中,等等。但是,至于去剧院、去看戏,那却不大让我感兴趣,我几乎不去。可以说,我始终关注戏剧化,并且,戏剧化在我刚才说过的意

知识分子有何用？

上是一种操作过程。

这是您在教学言语中再一次发现的东西。

教学与接收教学之间的关系，还是另外一回事。这是一种契约关系，即一种欲望关系。它是一种相互的欲望关系，涉及失望与实现的可能性。我似乎可以挑衅地说：是一种卖淫关系。

您今年入选了法兰西公学。您认为这会在这种教学关系的本质上改变什么东西吗？

我不认为会有什么改变。我希望不会改变什么。不管怎样，我在我的研讨班范围内一直与教学之间有一种"田园诗"般的关系。我只是对选择我的主体们说话，他们来听我的课，而我不是被强加给他们的。这些优越的条件，从定义上讲，同样是在公学开课的条件。

不包括这样的看法，即研讨班以对话为前提，而讲课则以独白为前提？

这一点不一定像人们所认为的那样重要。有一种让人讨厌的成见，其所希望的是，在一种教学关系中，一切均在说话人的方面，而没有任何东西在听者一侧。在我看来，这里那里出现和发生的事情是一样的。不应该以说话的名义来取消听话。听话，可以是一种主动的享乐。

换句话说，就是不存在必须的和被迫的权力关系。

当然，有内在于话语、内在于任何话语中的权力问题，我在我的开课演讲中谈过这一情况。至于其余，我不认为应急着为满足那些

299

声音的种子

通常在心理剧中出现的伪对话，而取消课堂原则。我们完全可以把独白看做最多是伪造的、模糊的和不确定的一种戏剧，而其中，在说话与听话之间有着一种微妙的关系。独白不一定是权威性的，它可以是"有恋情的"。

《新观察家》(*Le Nourel Observateur*)，1977 年 1 月 10 日，贝尔纳 – 亨利·莱维（Bernard-Henry Lévy）整理

谈《恋人絮语》

1977 年 5 月

这些天，人们见到了罗兰·巴尔特在色伊出版社出版的一部新书——《恋人絮语》(*Fragments d'un discours amoureux*)。

罗兰·巴尔特很愿意回答我们的问题。今天，他如何来理解自己的工作？在当前各种思想的争论中，他占据何种位置？为什么他在今天写了一部关于恋情话语的书籍？自传成分所起的作用是什么？写作与伦理之间的关系是怎样的？

罗兰·巴尔特，在我看来，从《写作的零度》到《神话集》，从一部书到另一部书，您似乎变成了一位越来越难以定义的作者了。如果回顾一下您过去的工作的话，您如何看待这些年您在思想史中的位置呢？今天，在正在开展的观念争论中，您感觉您可身居何处呢？

在特定恋人话语的片段中，在一种恋人话语的片段中，恰恰有一种形象，它带有一个希腊语名词，是人们用来称呼苏格拉底的形容词。人们过去说苏格拉底是<u>无场域的</u>（atopos），也就是说"没有场所"的、难以归类的。这个形容词，我更喜欢将其与被爱对象建立关系，以至于在书中作为假装的恋人主体：我不懂得把自己看做无场<u>域的</u>，相反，是看成一位非常平庸、其资信又是被人非常了解的某个人。在不认定我是难以归类的情况下，我必须承认，我曾经总是断断续续地、一个句子接着一个句子地工作，而且确实有着某种动力，我

声音的种子

曾在《罗兰·巴尔特自述》中简单地说明过，那便是悖论。每当一系列立场显得要固化、显得要形成一种些许明确的社会局面时，我就会试图走向别处。正是在这一点上，我承认我是一位知识分子。知识分子的作用，就是总是在立场"成型"时要走向别处。至于所提问题的第二部分，即我现在如何给自己定位，我根本不把自己定位成像是尽力实现独创性的某个人，而是看成一直在尝试替某种边缘性发声的个人。对这种情况做出说明，有点复杂，这是因为，对我来说，对独创性要求的实现从来不以得意的方式来进行，而是悄悄地尝试着进行。这是一种边缘性表现，它保留着一些相当谦恭、相当和谐的特征——为什么不可以呢？于是，人们便不可以在当前思想运动中赋予其很确定的标签。

在您身上，通常以显性的方式呈现两种看上去矛盾的特征。一方面，您表现出对现代性的关注（布莱希特的作品、新小说、《原样》杂志等）；另一方面，您喜欢让人注意到您对传统古典文学的爱好。在这些选择之间，其深在的连贯性是什么呢？

我不清楚是否有一种深在的连贯性，但这确确实实是主体的核心所在。在我身上，事情从来没有像您现在说出来的这么清晰明朗，而在很长时间内，我自己感觉好像我的某些爱好与我称为行为（因为我更喜欢以行为一词而不喜欢用爱好一词来确定事物）的某些夜读书籍（我每天晚上都阅读）之间的关系被几乎不可接受的方式撕裂了，而我的读物总是古典书籍。在白天的工作中，实际上，毫无虚伪之意地说，我在现代性的某些研究工作的理论与批评层面上，感到极为孤独。这种矛盾有点呈秘密状态存在，只是从《文本带来的快乐》一书开始，我才提出我有权要求自我承认和被读者承认我对旧时文学的某些爱好。这样一来，就像是当有人承认自己有权说出一种爱好时发生的那样，理论就不远了。而我，正在或多或少地尝试建立对旧时爱好的理论。我利用了两种论据：首先是隐喻。根据维柯（Vico）给出的

谈《恋人絮语》

形象，历史是螺旋形地前进的，旧的事物是要返回来的，但显然不会返回到原先的位置。因此，旧时的一些爱好、价值、行为、"写作"是可以返回的，但却是返回到一个非常现代的位置上。第二种论据与我关于恋人主体的研究工作有联系。这个主体主要是在拉康称为想象物的语域中发展和形成起来的，而我则自认为是想象物的主体：我与旧时文学保持着富有活力的关系，因为正是这种文学在向我提供一些形象、一种与形象保持得非常好的关系。例如，叙事，即小说，就是存在于"可读的"文学中的一种想象物维度。在承认我对这种文学的喜爱的同时，我为这种想象物主体呐喊，条件是这一主体在某种程度上被两种主要地引起现代主义注意的重要的心理结构所伤害与破坏，它们是神经官能症和精神病。想象物主体是这两种结构的贫穷近亲，因为他从来既不完全是精神病状的，也不完全是神经官能症状的。您看，我可以为自己提供借口，谨慎地，当然也是带点幽默地支持这种想象物的主体，亦即一种最终是相当超前的工作的主体，而这种想象物有点像明天的先锋派的某种形式。

当现代性转换成支配性话语、转换成俗套的时候，您是否也会以您的方式保持您的距离呢？就像在结构主义曾经盛行的时期，有某种挑战在捍卫"文本带来的快乐"那样，今天，难道就没有什么挑战谈论"恋情"吗？

也许该有，但是，我不认为那样做就是策略表现。简单地讲，正像您很清楚地说过的那样，我非常难以承受俗套性，即难以承受建立一些很小的集体言语活动，通过我在特定领域即大学生领域的工作，我很了解这种建立过程。我非常容易理解那些有关边缘性的被俗套化的言语活动，亦即在非-俗套性方面的俗套性。我听得到这些言语活动在形成。最初，这种情况可以让人得到某种快乐，但是，慢慢地，就变成了负担。在某段时间内，我不敢谈及其他，而最终，通常由于我个人生活上的变故，我鼓足勇气与这些言语活动实现了决裂。

恋情－激情的原始型

如果您愿意，我们来谈一下《恋人絮语》吧。为了避免可能的阅读上的误解，您能解释一下书的题目吗？

我必须很快地说一说这个写作计划的历史。在高等研究实践学院，我一直有研讨班。您知道，我们有一定数量的研究者和随笔作者，我们在话语和话语性概念上做研究工作。这个概念摆脱了语言和言语活动概念。它指的是非常广泛意义上的话语性。话语性，即言语活动的铺展，是一种分析对象。我早在两年多前就说过，我将研究某些类型的话语：我所预想过的一种话语，就是恋人话语，这种话语被理解为从最初就涉及属于人们所称的恋情－激情即浪漫恋情之主体。因此，我决定开一期研讨班，对于一种类型的话语性进行客观的分析。于是，我便选定了一个支柱文本，并在这个文本中分析恋情话语。并不是文本自身，而是书中的恋情话语。这便是歌德的《少年维特之烦恼》，这本书本来就是恋情－激情的原始型文本。但是，在那次为时两年的研讨班中，我观察到了两种活动。

首先，我发现，我自身就以过去的经历即生活经历的名义，把自己投入到某些形象之中。我甚至最终把来自我个人生活方面的一些形象与维特的形象混同了起来。

第二种观察：研讨班的听众自身也将自己非常深入地投入到所说内容之中。在这些条件下，我明白了，从研讨班过渡到出版书籍的那一刻开始，正当性就不在于写作有关恋情话语的论述，因为那会是撒谎（我已不再考虑进行一种科学类型的概述），而相反的是，我自己在写一位恋人主体的话语。这里出现了一种颠倒。当然，尼采的影响——即便我对其做了许多改变——还是随处可见的。特别是，尼采

谈《恋人絮语》

有关必须"戏剧化"、必须采用戏剧化的方法的教导,从认识论方面帮助我摆脱了元语言。自《文本带来的快乐》以来,我不能再忍受对一位主体的论述。因此,我便制造、仿造了一种话语,那便是一位恋人主体的话语。书名是非常明确的,并且是有意地建构的:这不是一部关于恋情话语的书,而是有关一位恋人主体的话语的书。这位恋人主体,并不一定是我。我坦率地说,书中有些成分来自我,有的来自歌德的维特,也有的来自我在神话学、精神分析学、尼采等方面的文化阅读,还有一些来自朋友们的隐情和对话。朋友的话在这本书中出现比较多。因此,结果便是,这是一位说是我而在陈述活动的层面上被个体化的主体的话语。但是,不管怎样,这仍然是一种组构成的、被仿造成的话语,或者如果您愿意的话,它也是一种"蒙太奇"的话语(是一种蒙太奇的结果)。

可是,在《恋人絮语》中,是谁在以"我"来说话呢?

对于您,我可以这样回答——而且也请您理解,在书中以"我"来说话的人,就是写作中的我。这真真切切地就是我能说的东西。自然,在这一点上,有人可能会诱使我说那个人就是我。这样一来,我便只能给出一种诺曼底人的回答[①]:是我,也不是我。如果您允许我做一种也许是自命不凡的比较的话,我还没有像司汤达那么会展现一个人物。正是在这一点上,这本书是一种故事性相当强的文本。此外,作者与被展现的人物之间的关系,属于故事性类型的关系。

实际上,某些"片段"就是真正的叙事开端。一个故事开始出现,但它又很快中断。面对这些非常成功、非常"用功写"的开头,我经常会问为什么不继续下去呢?为什么不写一部真正的小说呢?为什么不写一部真正的自传呢?

[①] "诺曼底人的回答":这种表达方式,起源于古代法国诺曼底人说话模棱两可亦充满计谋的习惯。——译注

声音的种子

也许以后会写。长时间以来，我一直有这种想法。但是，在这本书的情况里，如果说故事从未形成，我要说，那是因为一种学说的缘故。我对恋情话语的观点，基本上是一种片段式的、不连续的、分散的观点。那是一些言语活动情节，它们在正处于热恋当中、激情冲荡的主体的大脑中转来转去，那些情节因为这样的情况、那样的嫉妒、这样的失约、那样的无法忍受的期待的介入而突然中断，在这样的时刻，这种类型的独白话头便被破坏，于是我便转向另一个形象。对于在恋人大脑中奔放不羁的、紊乱的言语活动，我遵守了其彻底的不连续性特征。因此，我把整题切割成片段，并将其放在字母顺序之中。我无论如何都不想让它像是一个爱情故事。我坚信，一个有开头、有结尾、中间有某种危机的构建很好的爱情故事，是社会提供给恋人主体的方式，这种方式在某种程度上与第一个字母大写的他者的言语活动协调一致，凭借自身为自己建构寓于其中的叙事。我相信，处于忍受中的恋人甚至享用不到这种协调，反常的是，他自己并不处于这个恋情故事之中，他存在于很像是癫狂的其他事物之中。人们说热恋中的人是疯子，不是没有道理的，这是因为从恋人主体的角度来看，故事是不存在的。因此，我在每一时刻，都尽力破坏故事的建构。我在某个时刻甚至想在开头时安排一种带有最初奠基作用的形象，可以是一见倾心、沉迷于热恋、欣喜若狂。我很是犹豫，因为我内心想着不可以这样做，即便是对于这种形象，我也不能担保从年代上来讲它就是最初的形象，因为一见倾心也很有可能只像是某种事后性在起作用，就像恋人主体在为自己讲述的某种东西那样。因此，这是一本不连续的书籍，它质疑恋情故事。

为被爱对象写作

当您写"我置身于写作一边"时，您想说的是什么呢？

谈《恋人絮语》

这首先是一种题外话：我发现，有两种类型的恋人主体。一种是从拉辛到普鲁斯特的法国文学中的恋人主体，我们说，这种主体是患偏执狂的人，是嫉妒者。另一种并不怎么存在于法国文学之中，而是令人羡慕地被德国的浪漫主义所展现，这种主体经常出现在舒伯特（Schubert）和舒曼（Schumann）的浪漫曲之中（我在这本书的其他地方也谈到了这一点）。前者是一种并不集中在嫉妒方面的恋人类型，嫉妒并不被这种激情式恋情所排斥，然而它是一种非常外露的恋人情感，所针对的是一种满足。这样一来，其基本的外在形象便是母亲。我的书籍的诸外在形象中的一，恰恰涉及恋人主体似乎通常有的那种欲求、愿望和冲动，而且，为被爱对象进行创作、绘画、书写，都是被书籍所证明的。于是，我便尝试表达人们在这一方面所具有的那种深刻的悲观主义，也就是说，恋人主体的话语不能变成没有巨大放弃与转换的一种写作。

我对于恋人主体的深刻想法是，它是边缘性的。由此，在某种方式上，我下定决心出版这样一本书，为的是赋予边缘性一种声音，这种边缘性甚至并不存在于社会边缘生活者的时髦之中。一部关于恋人主体的书籍，远比有关吸毒者的书籍令人扫兴。

面对咄咄逼人的精神分析话语，像您所做的这样去谈论恋情，难道不需要某种形式的勇气吗？

实际上，在我的书中，有着与我说是"有意思的"精神分析话语相关的一种关系，这种关系甚至在我举办研讨班和进行书写的时候就已经发生了变化。您很清楚，要是过问一下今天的文化的话——这同样是这本书的论据之一——没有哪一种重要的言语活动可以担负起恋人情感。在重要的言语活动之中，至少精神分析学曾试图描述恋情状态，这种描述在弗洛伊德、拉康和其他分析学家的著作中都出现过。我不得不利用这些描述，因为它们是有场域的，它们在召唤我，它们是适宜的。我在书中展示了它们，因为我展现的这位恋人主体具有当今文化，因此也有一点精神分析学知识，而他则将之以某种粗野的方式用在自己身上。但是，随着这位恋人虚构话语的展开，这一话语就发展成为像是对一种价值的肯定，恋情变得像是傲视攻击的诸多肯定价值的秩序。在这种时候，恋人主体只能与分析话语分离，原因是，这时的分析话语肯定在谈论恋人情感，而且最终是以贬低的方式来谈论的，同时，这种话语使主体重新整合某种规范性，并将"恋中人"与"爱"、与"很爱"分离等。在精神分析学中，有着对于恋人情感的某种规范性，因为这种精神分析实际上是一对恋人甚至是夫妻的诉求。因此，这本书与精神分析学的关系非常模糊，这种关系像以往一样在使用一些精神分析学的描述和概念，但它是把它们当作一种虚构故事的成分来使用的，而这种虚构故事则不一定是可靠的。

写作就像是一种伦理道德

在阅读您的书的时候，我曾经有过一种强烈的感觉，那就是，写作在其深层意义上讲与伦理学有联系。您在法兰西公学的开课演讲中也强调过这一点。我希望您再谈一谈……

这个问题提得漂亮。但是，我对其根本不是很清楚，我只能简单地告诉您，对于这本书的写作，我感觉有点特殊。考虑到主体，我需要保护这本书。为了保护以"我"为名来建立起的这种话语——这当然也是一种冒险——我的最大的保护武器，就是纯粹的语言，准确地讲就是句法。我再一次感觉到，句法在何种程度上可以保护在说话的人。句法是一把双刃剑，因为它也可以是一种压迫工具（它经常就是这样的工具），但是，当主体一无所有、完全靠供养、孤立无援时，句法又保护他。这本书是相当句法性的，也就是说，这是一种不大抒情、相当简约、相当省略的写作，在这种写作中，没有重大的词语发明即新词，但是，其中有对句子痕迹的关注。就是在这个时刻，写作

谈《恋人絮语》

在某种程度上就像是一种伦理道德在起作用,这种伦理道德更可以说在不可知论、怀疑论、不是属于信仰方面的那些伦理道德那一侧,具有其自己的模式。

您在法兰西公学的课程名称是什么?

我在"共同生活"方面开了一系列课程,其目的是挖掘某些小的生活群体的乌托邦。我谈的不是我们在嬉皮士运动之后了解到的那种共同群体,而是实际地在一起生活但每一个人都有其特有节奏的一些情感群体的乌托邦,这就是人们从前在东方僧侣们那里所称的独居制修道院。我曾把课程更多地集中在独居制修道院方面。

……

关于课程,我现在似乎要再回到真正属于文学的材料方面来了,但是,我总是赋予自己可以离题说话的权利,就像您非常正确地指出的那样,我有权在写作中显示向着伦理方面的一种逃逸。最后,"共同生活"就是一种伦理问题。

我确信,如果我明年负责有特色的文学形式的课程的话,伦理学将重回课堂。

如果我是哲学家,而且如果我想写作一部重要论著的话,我会为其取名为文学分析研究。在文学分析的名下,我将尽力解放一种广泛意义上的伦理学。

《艺术报》(*Art Press*),1977年5月,
雅克·埃纳(Jacques Henric)整理

我们时代最伟大的
神话破释者与我们谈爱情

1977 年 9 月

罗兰·巴尔特不喜欢人们把他当作"大师",就像现在的时髦称呼那样。他更喜欢人们称他符号学家、批评家、随笔作家。不过,有一种"巴尔特现象",不只依靠其已经出版的作品的重要性和多样性,也因为《写作的零度》、《神话集》、《批评与真理》、《文本带来的快乐》、他对米什莱和拉辛的研究、《萨德 傅立叶 罗犹拉》,几乎他的所有书籍都曾经有过一种非凡的命运:短短几年中,于激烈的论战和挑衅之后,这些书籍都变成了经典。

罗兰·巴尔特刚刚入选法兰西公学,他又在扰乱视听,竟然谈论起了爱情。是他再一次制造轰动吗?在一段时间内,是性欲(甚至是淫秽)在大受欢迎,所有的人都争看他的《恋人絮语》。罗兰·巴尔特也写过《时尚系统》一书,他完全可以成为今天那些创造明天时尚的人物之一,显然这是可以的!

菲利普·罗歇,研究者和批评家,有关自由放荡论方面的专家,他最近出版了一本名为《萨德:压榨机中的哲学》的书。我们曾请他替《花花公子》(*Playboy*)杂志的读者们向罗兰·巴尔特进行提问。

肯定已经是过时的了。但是,凭着罗兰·巴尔特像菲利普·罗歇的书一样的那些书,难道"漂亮的爱恋时代"又要重返了吗?

我们时代最伟大的神话破释者与我们谈爱情

罗兰·巴尔特,您刚刚出版了一本书,名为《恋人絮语》。在成为法兰西公学教授的情况下,写这样的书是否严肃呢?

不严肃,这是真的。如果我写的是"恋人情感",那就会更为严肃些,因为那就会求助于19世纪心理学中的某种重要的东西。但是,"恋情"(amour)一词为所有人使用,就像每个人都知道的那样,它出现在所有的歌曲之中,为的是与"总是"(toujours)一词实现押韵。这样一来,显然,像这样来谈论"恋情",是不严肃的。

这是一部非常个人的书,但是,却受到一种参照读物的主导,那便是歌德的《少年维特之烦恼》。这部小说出版于1774年,它曾开启了著名的"维特式"自杀浪潮。那么,今天就没有伟大的爱情小说家吗?

当然有对于恋人情感的描述,但是,当代描述激情的小说太少了。至少,我不知道。

恋情是否过时了呢?

毫无疑问,是的。恋情在知识分子领域已经过时了。我在"知识界"生活,以知识界为生,我也热爱知识界,但从知识界即从我所属于的知识分子领域的观点来看,我感觉我是在进行一种相当过时的写作行为。

但是,在知识分子领域之外呢?

也有一种大众情感,出现在那些评语中、玩笑中、粗俗言谈中。它们都在贬低被视同为空想者和疯子的恋人主体。但是,必须说,恋情所忍受的大量轻蔑,便是被所有"理论言语活动"所强加的那些轻

声音的种子

蔑。或者,那些言语活动根本不谈论恋情,就像政治言语活动、马克思主义的言语活动那样。或者,那些言语活动细腻地谈论恋情,但却是以一种贬低的方式来谈的,就像精神分析学那样。

今天,恋情所忍受的这种轻蔑是什么呢?

(我所谈论的)激情式恋情,并不"被人看好",有人将其看做待治愈的一种病。人们并不像从前那样赋予其丰富多彩的能力。

这位"被贬低"的恋人,他是谁呢?——既然人们在"维特的服饰下"认不出他来。

是认不出来,蓝衣服,黄背心……

那怎么办呢?您靠什么来认出他来呢?

不瞒您说,我写这本书,就是为了能够认出他来!也是为了收到可以让我思考的信件和私情。现在,有着比我认为的要多得多的恋人主体。

要是他不给您写信呢?

他不会从外面被人辨认出来。原因是,在现在的城市生活中,没有任何的属于恋人的伤感的姿态了。

您用"姿态"是想说阳台场景[①]吗?"朱丽叶住在26层,没有了罗密欧……"这是最近一首反–爱情歌曲中的一句话。

[①] 阳台场景(scène du balcon):这里的"阳台"就是指"窗户"。在莎士比亚的《罗密欧与朱丽叶》一剧中,两人就是透过窗户互吐恋情的。——译注

我们时代最伟大的神话破释者与我们谈爱情

正是这样。现在没有阳台场景了。但是,人们甚至也没有了恋人特征的变化、他的内心表达、他的面部表情,而在 19 世纪,有着成百上千的石印图画、油画、雕刻,都再现着恋人。因此,现在,人们无法在大街上认出一位恋人。我们的周围都是我们不知其是否是恋人的人。因为,如果他们是恋人,那么,他们就会相互克制。

您用"被爱对象"来替代您的这位恋人。为什么这么古怪地说是"被爱对象"呢?

首先是一种原则上的道理:这是因为恋人的情感是男女都具有的,就像现在的牛仔裤和理发师一样。在我看来,这非常重要。

对您来说,异性恋和同性恋都是以相同的方式去爱吗?

我认为,男人爱女人、女人爱男人、男人爱男人、女人爱女人,在他们身上会准确地找到相同的<u>基调</u>。因此,我尽可能少地指出性别之间的差异。不幸的是,法语并不利于这样的操作。"被爱对象"是一种更好的表达方式。人们所爱的<u>某个人</u>的性别不容易被确定。[1]

但是,"对象"也对立于"主体"[2]呀?

是的。这不可避免是一种对象。我根本不将其看做主体。"对象"是准确的词语,因为它实现了被爱对象的匿名性。

对您来说,它并非人所爱的另一个人的"自身"吗?

---

[1] 法语的名词和形容词均有"阴性""阳性"之分,这就很容易看出恋人主体是男是女,所以,巴尔特在书中使用了"被爱对象"(objet aimé)这种"中性"表述方式。——译注

[2] 这里的"被爱对象"(objet aimé)中的"objet"本义是指"客观事物",是无生命的,而"主体"(sujet)本义是指"人"。所以,两者被视为"对立"的。这与汉语中对"对象"的使用有别。——译注

声音的种子

我认为，这正是恋人情感的伟大秘密所在。因为，这个被剥夺了任何人性化的对象，同时也变成了那位杰出的人，我们不能将其与另外一个人做比较。这便是精神分析学所称的单一对象。

说人们喜欢一种形象，不是更正确吗？

确实正确。其实，人们爱的从来都只是一种想象。一见倾心，即我所称的"陶醉"，就是通过一种形象发生的。

在非常情况下，难道就是一种"真实的"形象吗？就是《花花公子》上的一张照片吗？

这就有问题了。但是，我要说，还不是这样。因为，使我们陶醉的形象，是一种活生生的形象，是一种带有动作的形象。

就像在《少年维特之烦恼》中为其弟弟们切蛋糕的少女夏洛特（Charlotte）那样……

是的。我还要谨慎地补充一点，那就是激情是没有极限的。一个人可以狂热地去爱一幅照片。但是，一般来说，一见倾心的机制不会在面对一幅没有任何背景的形象时发生：这种形象应该是处于"情境"之中。

这便是您所谓的"陶醉的"恋情……这就是去年的一次民调称的"伟大的恋情"。令人惊讶的是，多数被问到的法国人竟然都说"相信这样的恋情"，而且它会延续终生。您的这位恋人是怎么想的呢？

他对于"伟大恋情"问题的回答，当然会是"是的"。但是，"终生"？我说不定。这里涉及一种乐观主义，它却不在像我所假造的这样的恋人主体之中。对于这位主体来说,"终生"毫无意义。他处在某种绝对的时间之内,并在一生中以出卖自己来预测一些什么……

在这位主体的恋情生活中,在其所描述的所有"外在形象"之中,痛苦占据重要的位置。这种痛苦非常之多,以至我们感觉这位恋人并不是在逃避。

实际上,痛苦是他自愿承担的,就像一种价值那样。但是,这种价值并不是基督教意义上的价值。相反,它像是一种没有任何缺点的痛苦。

这位恋人对于这种痛苦是如何反应的呢?

他倾向于<u>接受</u>这种痛苦,但却不接受有罪感。

<u>看来,因爱情而苦恼是不可避免的吗?</u>

是的,我认为是不可避免的。或者,也可以说,恋人情感恰恰就是这样被确定的。原因是,痛苦是不可避免的。但是,我们总可以想象,情感是可以转变的。

是停止成为恋人吗?

这正是最大的问题,而在这个问题上,这本书就收尾了。正确的判断力告诉我们,在某个时刻,就应该脱离"恋人"和"爱"。人们要放下"恋人",不顾他的所有诱惑、所有幻觉、所有专横的控制、所有场面、所有困难甚至所有的自杀倾向……为的是获得一种更为平和的、更为辩证的但却是更少嫉妒、更少占有欲的情感。

声音的种子

您刚才说到了嫉妒。在小说中,也许就像在生活中那样,恋人的最为精彩的痛苦,就是与嫉妒联系着的。在您的书中没有这种情况。

是的,您注意到了,在我的书中,激情的这种主要的外在形象出现很短。我甚至想过取消。

是否是因为在您看来这种外在形象是无关的呢?

不是,相反,这种外在形象对于我来讲不是无关的。但是,这种情感,尽管它来得猛烈,但并不在我的生存中扎根。实际上,我对于嫉妒没有什么想法。或者说,我跟大家的想法一样。这是我没有给出个人定义的唯一一个外在形象。我满足于复制利特雷《法语词典》中的定义,因为它的定义是最完美的。嫉妒:"这种情感产生于爱情之中,它是由于担心被爱的人喜欢另一个人而出现的。"在所有的外在形象之中,嫉妒是我印象中最为庸俗的外在形象。

所有的人都爱嫉妒的吗?

进入大的词语范围中来概括的话,我要说,这是一种具有人类学广度的活动。世界上,没有任何人不具备某种程度的嫉妒。而在我看来,即便是以某种极为宽容和放松的方式(就像人们可能想象的今天的年轻人所是的那种样子)和无须嫉妒最终在某些时刻贯穿恋人情感的情况下,成为恋人也似乎是不可能的。

您对于"放松"意图是持怀疑态度吗?

是的。我的生活中,身边都是比我年轻的朋友们。在他们的关系中,我常常被乍看起来是没有嫉妒的情况所震惊。我便想,我自

我们时代最伟大的神话破释者与我们谈爱情

己也生活在这样的情势之中,可是,我却可怕地表现出嫉妒。我很是惊讶,我很欣赏他们分享色欲之乐、性欲之乐、同居之乐,他们之间似乎没有大问题。但是,这仅仅是乍看上去的印象。如果我们更多地关注他们的生活,就会发现,即便是在他们之间,也有一些嫉妒表现。

实际上,我要说,一个恋人没有嫉妒之心,可以说是神秘奇闻。但是,事情恰恰不是这样的:在一些出色的文本中,神秘奇闻证明了面向上帝、面向其他人的某种嫉妒。如果说他没有嫉妒心,那他就该是一位<u>圣人</u>。

由于——我敢说——不会没有嫉妒心,那么,可以同时去爱几个人吗?

我认为,在某一段时间里,不管怎样,是可以的。是可以的……而且我甚至认为,用一个经典的单词来说,这是一种<u>妙不可言</u>的情感。是的,沐浴在一种多向的恋情、总体的亲善气氛之中(同时赋予这种"亲善"一定的力量),是一种妙不可言的情感。

只是某一段时间吗?

我不认为这种情况可以持续很长时间,因为这是众多心理投入所赋予的一种最高权力。原因是,对于恋人来说,在某一时刻,这种情感会"凝结下来"。

这便是"蝶化"(papillonne)或是破茧成蝶(papillonnage)的结束,是吗?

是的,就从恋人深陷激情的时刻开始,这种时刻就排除了破茧成蝶过程。再就是，蝴蝶破茧的过程使其非常痛苦。而它自己则不再想出现这一过程。

这便是专横主导关系，您刚才谈过。

是的。恋人自感被被爱对象所控制、所俘获、所掌握。但是，实际上，示爱的人也在被爱之人身上进行着一种训练。被某一个处于恋情中的人所爱，并不是古怪的……我猜想，这并不是古怪的。

因此，没有斗争，没有力量关系比如斗争、胜利、破坏，就没有恋情，是吗？

恋人的斗争，是为了不被约束。但是，他失败了。他不无屈辱和有时带有着乐趣地注意到，他完全受制于被爱形象；而另一方面，在他的各种适应时刻，他更多地忍受着去服从另外的人。

这便是您称之的"不－想－把握"，这是一种解决办法吗？

是的。理想的解决办法，是将自己置身于一种不－想－把握的状态。这是从东方哲学家们那里借用而来的概念。"不去把握"被爱对象，让欲望循环。同时，不要使其"升华"：控制住欲望，而不要控制住另一个。

因此，即便不是一种程序，至少也是一种提议，是吧？

是的，这是一种提议。也许就是一种乌托邦吧……

是在奔向一种崭新的恋情世界……

我们时代最伟大的神话破释者与我们谈爱情

是的。就是这种理解。

但是,这种新的恋情世界,我猜想,那就与10年前人们谈论的"被解放的性欲"完全是两回事了。我们感觉,今天似乎对于这些意识形态有一种反抗。对于欲望,似乎有一种戒备心态。那么,您把您的书是定位在这一潮流之中还是定位在反这一潮流之中的呢?

在某种方式上讲,我将我的书定位在这种潮流之中。共同点便是,成为恋人,允许与性欲有一种间离。

那么,与欲望呢?

在恋人情感中,有欲望所在。但是,这种欲望是被分离的,并且它朝着一种扩散的性欲、朝着一种普遍的色欲发展。

在这种关系中,您对于色情论有何看法呢?

谈论我们所谓"成功的"色情主义,是复杂的,我们是要加上引号的,因为成功取决于每一个主体,不存在什么处方或秘诀。"成功的"色情主义,是与所喜爱的人之间的一种性欲和色欲关系。不论怎样,都会发生。色情主义是某种非常美、非常好、非常完善、非常耀眼的东西,以至在这种时刻,它自身便成为进入性欲透明状态的途径。性欲继续是实践,而色情主义越重,这种实践就越是剧烈。但是,有一种情感方面的剩余价值,这种价值使得色情主义完全脱离了任何淫秽。

《感官世界》,这是一部爱情影片吗?

是的,我要说这是一部爱情影片。也许,我对其并不是非常注意，原因都是我个人方面的。但是，这是一部很不错的影片，甚至是爱情影片中的典范。

在您的书中，您加入了"寻艳者"……

是的，应该将两种话语在宽泛的意义上对立起来，它们是恋人的话语和寻艳者的话语。寻艳的实践与恋人主体的严格禁欲的实践，根本无法耦合，因为恋人主体并不分散在世界上，而是仍然困囿于其形象中。

但是，恋人就不可以也是寻艳者吗？

当然，可以是。有一些寻艳者，他们寻艳就是为了找到成为恋人的什么人。这甚至是一种典型的情况。不管怎样，在同性恋范围内，寻艳发展很快，人们完全可以在几年之内到处寻找，通常是以某种不可避免的卑鄙的方式进行，甚至借助人们必须经常光顾的一些场所，而且实际上带有一定会找到成为恋人的那个人的不可战胜的信念。

这与唐璜的情况相反，因为后者的兴趣恰好是"完全在变化之中"，他不停地从一个国家走到另一个国家，从一个女人转向另一个女人……

实际上，在我看来，唐璜著名的"一千零三个"好名单，就属于寻艳类型，这甚至也是寻艳者的座右铭。您知道，寻艳者们经常交换他们的信息。而他们之间的对话最终总是归于名单……

除了那些恋人和寻艳者之外，还有守舍人、定居人……

是的。有一天，我曾与一位朋友谈过，他告诉我，在意大利语中,"守舍人"就意味着定居人。我认为这种叫法不错,可以取代"某个人有居所了""某个人结婚了",这样人们就可以"系统地",即根据一种系统来想象他了……

但是,谈论一些"守舍人",这不也是寻艳者的用词吗?

我没有这么想过。也许是的。原因在于,实际上,恋人和寻艳者,他们相对于"守舍人"有相同的距离。相对于居有定所的一对人①,他们都处于一种边缘地位。这两种人都是被排斥的。

不管怎样,在您的书中,更可以说是一对恋人是被排斥的……

是的,确实是这样。我仍然还是安排了最后的结合。但是,为什么没有说出来呢?我个人没有这种结合的经验。因此,我不具备这方面的言语活动。但是,这并非是一种立场确定……

那位恋人,用一对人的词语来思考问题吗?

我认为,成为一对是在远景考虑之中的。这本书的想法,便是不被爱的一位恋人主体的想法。但是,当然,他从不停止想成为被爱的主体,因此也就是想组成一对。我甚至说,他只有这一愿望。

在场景的另一头,是人们根据各种词汇表所称的"异常者"(déviant)或"反常者"(pervers)。他们也像定居的一对那样是不在场的。您的这位恋人,有时让人觉得是以那些人的身份来说话的。

不是这样的。恋人主体并不受托替其他异常者说话。基本原因

---

① 在法语中,"couple"一词,原指"夫妻",现在也指同居而非真正结婚的一对男女,也还指一对"同性恋人",所以,只能将其译成"一对",以覆盖所有情况。——译注

是：相对于异常者，他就是异常者。这是在他不大有要求、不大反现存体制……并且也不大自命不凡的意义上来说的。相对于同性恋的问题，有一种重要的结果：如果我们谈论有恋情的一位男性同性恋者或一位女性同性恋者的话，重要的词语，并不是"同性恋"，而是"恋情"。我拒绝或近或远地持有一种同性恋话语。这不是因为拒绝看到这种事情，不是出于审查或谨慎，而是由于这样的原因：恋人话语并不与同性恋更有关系，而是与异性恋更有关系。

因此，相对于那些"异常者"来说，恋人就是异常者；相对于那些"欲望者"来说，他就是异常者。但是，在他们之间，难道就没有战争吗？

我认为不会的。我认为，他们处在相当不同的环境之中。也许，这并不更让人高兴……

真有点像是维纳斯面对欲望者，而恋人们却在月亮里！也许，这一点赋予了他们愚蠢的神情。正是您写道的："还有什么比一位恋人更蠢的呢？"那么，是什么使他变蠢的呢？

这是因为他身处我所称的"非－现时性"之中。对于所有人们称之为"现时性"的东西，他都觉得像是幻觉。任何取悦其他人的东西，例如他们的对话、他们的激情、他们的愤慨，在他看来，都是非－真实的。他自己的"真实"，便是他与被爱对象的关系，以及无数在他身上呈现的那些意外事件——这恰恰是人们看作是"癫疯"的东西。甚至就在这一方面，因为这样的颠倒，他便自我感觉被一种剧烈的不适应性所俘获。而在实践之中，实际上，他有一些行动、一些小的行为，在正常理解力方面来看，就是荒唐的……

他是无社会的，也是无政治的。您更为明确地写道，他不再为政

我们时代最伟大的神话破释者与我们谈爱情

治而"兴奋"。但是,难道这不是在说他不再搞政治和政治对于他不再重要的一种方式吗?

不是的,我坚持还是有点不同的。原因是,我深刻地感觉到政治的存在。一个属于人的主体在多种波段上发挥作用。他可以继续接收政治波段。但是,他所不再理解的是,人们可以为政治而投入激情。在他不会完全地不关注在政治上发生的事情的意义上,他并非是"非政治的"。但是,他为自己制定了一种层级。在可以恰好因那些事情而兴奋的情况下,他认为这便完全地是没错的。

有人试图将昨天的"欲望者－革命者"与您的"恋人－松懈者"对立起来,松懈者即意味着自由主义……您接受这种对立吗?

是的,我接受。恋人主体自身就是一种精神上疯狂投入的场所。这样一来,他便自感被其他的精神投入所排斥。他唯一感觉与他共谋的主体,仅仅是另外一位恋人。不管怎样,恋人们之间是相互理解的!但是,一位政治斗士,以他的方式,是一种观念、一种事业上的恋人。而竞争是得不到支持的,对于两种恋人都是如此。我不认为,一位政治斗士可以很好地忍受一位疯狂的恋人……

我还是看到了一种含混性。您的恋人,真的是"不可调教""不可挽救"的吗?在颠覆性的意义上,也不可以吗?或者,对于任何系统,他都是无动于衷和人畜无害的吗?

他是一位边缘人。但是,正像我说的那样,他谦卑,并不自命不凡。他的边缘性并不被人看出。这种边缘性,并非因要求而获得。在这种意义上,他真是"不可挽救的"。

但是,您自己也这样说:两个晚上当中,总有一个晚上,他会在

声音的种子

电视上自言自语说"我爱你"。因此,在借助媒体的情况下,便有了恋情的一种"推进"。如果说恋情是无社会的和危险的,那么,大众文化如何可以传播"恋情"呢?

这是一个较为难回答的问题。实际上,为什么大众文化要如此地传播恋人主体的那些问题呢?现时的情况是,大众文化所展示的,都是一些叙事、一些情节片段,而不是恋人情感本身。也许,这便有点细微的区别,但是,我很依赖这种区别。这就意味着,如果您把恋人主体放进一种"爱情故事"之中的话,您便借助这种放置将恋人主体与社会协调在一起了。为什么会这样呢?因为讲述,便属于重大的社会约束,便属于被社会所编码过的活动。社会借助爱情故事可以使恋人顺从。

如果我对您的话理解正确的话,那么您的恋人是颠覆性的,但是,难道《天使侯爵夫人》①就是因循守旧的吗?

正是如此。也正是因此,我采取了非常严格的预防措施,以便我的书不会是一种"爱情故事"。这也是为了让恋人待在他的单纯之中,待在其不会进入社会补救的习惯形式——特别是小说——的情景之中。

这不属于小说家的工作。这是符号学家的一部书,一部恋人之书。而作为一位"恋人符号学家",这个人难道不是有点古怪吗?

当然不!恋人,便是作为纯粹状态下的粗野符号学家!他花费时间去解读符号。他只做这些:在别人的脸上、在别人的行动中,解读

---

① 《天使侯爵夫人》:全名为《安热莉克,天使侯爵夫人》(Angélique, Marquise des Anges),为1964年由贝纳尔·博尔德里(Bernard Borderie)根据安娜·高龙(Anne Golon)和赛尔日·高龙(Serge Golon)的小说改编的电影。——译注

324

我们时代最伟大的神话破释者与我们谈爱情

快乐符号、不幸符号。他真正地受制于符号。

因此,下面这句谚语就是在撒谎了:爱情不是盲目的……

爱情不是盲目的,相反,它有着令人难以相信的破释能力,这种能力依靠在任何恋人中都有的偏执狂的成分。您知道,一位恋人会将神经症与精神病征两个方面结合在一起:他成了受难者和疯子。他目光明亮。但是,结果却总是与其是失明者完全一样。

为什么呢?

因为他不知道在什么地方,也不知道如何停止符号。他很懂得破释符号,但是他不知道在一种可靠的破释活动上停下来。他重新进入一种无休止的转码游戏之中,从来没有任何东西可以使之平静下来。

我来提一个我从一开始就想向您提出的问题:对于这本谈论恋人的书籍,当您写作它的时候,您当时是处于恋人地位吗?

(微笑着)这是一个在此之前我一直拒绝回答的问题。那好吧……要说呢,这本书在很大程度上是根据个人经验写成的,也在很大程度上是根据阅读和一些隐私情况写成的。对于属于我的那一部分,我所利用的个人经验并非是从一个单一的故事中采用的。它们来自多种先前恋情经验的一些状态、一些活动、一些扭曲现象。这就是说(为什么不能说呢?),有一种起固结作用的情节。可以说,我把这本书构想为一种不使自己消失、不在绝望中沉沦的方式。我写了这本书,事物都根据其自身得到了辩证理解。

是在两种必要的时间里吧?

325

声音的种子

要是我自己没有使事物得到辩证理解的话,我大概就不会通过与句子和风格保持一定距离来写作它……

不一定是一个亲历的故事的结束在推动写作,是这样吗?

我要说,写作这样一本书的欲望来自两个时刻。或者是在故事结束的时候,因为写作具有出色的平复能力。或者是在最初的某一极度兴奋时刻,原因是想到要写作一部爱情书籍,想到将会把它写出来,想到将写上献词送给被爱的人。

这样说,这位在说话的恋人,就是罗兰·巴尔特您吗?

我以一种可以说像是开玩笑的方式来回答您。但是,还不只是一种方式。我所是的这位主体,并非是统一的。我对此颇有感受。这样一来,说"这是我!",那便是假设一种自我的统一体,而我又无法为自己辨认出这种统一体。

那么,请允许我以另外的方式来提出问题吧。对于书中一个接着一个的外在形象,您会不会说"这个,正是我"呢?

呵!……当我为同一个主题搞一次研讨班的时候,我便展现了我此前并没有感觉到而我在一些书中使用过的那些外在形象……但是,显然,这是在书中漏掉的东西。是的,确实,我与书中所有的外在形象都有一种个人的关系。

罗兰·巴尔特,面对这位恋人的"结构肖像",我们通常的感觉是,您不只是想描述,而且也想以理说服。是否可以说,这是在有利于那些"结合的恋人"方面的一部属于斗士的书籍呢?

我们时代最伟大的神话破释者与我们谈爱情

斗士?您这么说,有点向我挑衅。这是一部涉及一种价值定位的书籍。

还有一种伦理道德,对吧?

是的,其中有一种伦理道德。

是哪一种?

是一种在肯定方面的伦理道德。不应该放任被那些贬低恋人情感的语言所影响。应该肯定。应该敢于去爱,要敢于去爱……

《花花公子》(*Playboy*),1977年9月,
菲利普·罗歇(Philippe Roger)整理

谈暴力

1978 年 9 月 2 日

放假使得那些在整整一年中缠住公共舆论和报刊专栏的主题开始模糊起来。暴力就在这些主题后面，原因是人们过多和负面地谈论暴力，经常是这样。《新教魅力》(*Présence protestante*)[①]制作了一期有关这一主题的电视节目。雅克利娜·塞尔（Jacquline Sers）邀请拥有作家、分析家、教授等头衔的罗兰·巴尔特仔细分析一下"暴力"这个词，就像他在《神话集》中出于艺术考虑和爱好对其他词汇所做的那样。这一次是《改革》杂志所做的独家专访，但是，人们也可在《新教魅力》电视节目（9月3日，星期日，10时见于电视一台）中看到巴尔特对这一主题的回应。这一期节目围绕暴力主题，雅克利娜·塞尔还邀请了记者达妮埃勒·列维－阿尔瓦雷斯（Danielle Levy-Alvarès）、G. 莫尼（G. Monut）教授、Y. 鲁马容（Y. Roumangeon）和在移民收容所工作的雅克·巴罗（Jacques Barrot）。

您对我非常客气地说过，您对于接受《改革》(*Réforme*)杂志采访感到非常荣幸，为什么呢？

是出于情感方面的原因。我有过一个信奉新教的童年，我的母亲信奉新教，因而我在青少年时期很好地了解了新教。新教让我感兴

---

① 《新教魅力》(*Présence protestante*)：这是法国电视一台所做的电视专题节目。——译注

趣，我提出过一些问题，继而我下了决心靠近它，后来，我又与之疏远了。但是，我一直保留着一种情感上的联系，这种联系也许更是对信奉新教的人们，而不是对新教教义。也许，正是因为这种善意情感，我有时会念念不忘，就是这样。

除了您的各种著名称号之外，罗兰·巴尔特，您是谁呢？

我曾参与过很多类型的知识分子活动，不论是有关意义的理论，还是在文学和社会批评方面……但是，如果要用一个单词来确切地定义在我身上而不是在我所写的文字里面经历的事情的话，那就该是"哲学家"一词，该词并不指向一种能力，因为我不曾有过任何哲学学历。

我自身所做的事情，便是对发生在我身上的事情赋予哲理和进行思考。我在其中找到了快乐和亲切感，而每当我有所受阻的时候，我便觉得有点不幸，便觉得失去了某种重要的东西。赋予哲理吗？这也许更属于伦理范畴，而不属于形而上范畴。

就像您在《神话集》一书中对法语词汇中其他单词所做的那样，能不能剖析一下在今天经常使用的"暴力"这个词呢？

当人们脱口说出这个词时，人们会注意到，这个词完全是不合常规的，它会在您的反应和回答中激起某种疯狂。

这个词被许多人从不同的方面去理解，并且它涵盖了一些非常不同的事物：人们可以对暴力有一种狭隘的词义理解，但是，只要对其进行思考，它的意义就会无限地扩大。这是第一种困难，属于智力和分析方面的，特别是这个词准备好参与论述，因为它应被固定、被限制在一些关系、一些资料、一些司法处理中。这个词有着被大众文化自身所设置的各种类型的屏幕。

第二种困难属于生存方面的。暴力触及我们的身体，因此，我们面对暴力时就有所反应,而这些反应一般都是放弃和拒绝的反应,但是,也许有一些人自愿接受暴力,他们甚至在其中看到了某种开心。暴力并不指向某种简单的事物。

第三种困难:这个词在国家、集体、个人层面上提出了一些有关行动的问题。实际上,在这一方面,我们感觉一无所知。这是一个与世界一样古老的问题:不借助于另外的暴力,如何来限制暴力?

这是某种死结,其最终以得到一种宗教维度而结束。这会带来许多方面的问题,因此面对这个词,需要接受某种程度上的无能为力。这是一个无解的单词。

谈到"暴力"一词,为什么要参照一种属于宗教方面的维度呢?

不管怎样,从东方到西方,在所有的重大文明之中,没有一种宗教根据属于形而上的一种普遍概念,将暴力与坏同化起来,或者反过来说,某些更为古老的宗教,将暴力与权力同化起来的同时,曾担负起有关暴力的问题。因此,宗教担负起这种问题,而在处理这个问题时,涉及一种转化。如果想以世俗语言来处理这个问题,那就要取用另外的解决办法。为了论述暴力,就必须选择其解决办法。

如果像您所说的那样,这个词是无解的,那么,在世俗语言中就没有解决办法了吗?

在宗教领域,这个词暂时也是无解的!但愿它从精神方面是可以有解的,这是可能的,甚至是确定的,但是,那就不是由我来回答了。

但是,要回到智力分析层面上来,那就必须意识到有着多种类型的暴力。

在集体对于个体的任何强制性中存在着暴力。所以,正确的说法是,有一种源于特定法律、所有法律的暴力,有一种源于警方、国

谈暴力

家、法规的暴力：法规，由于在某些情况下它表现为应该限制暴力或监督暴力，所以，它只能在建立起自己的暴力的时候才能做到——这种暴力并非是身体方面的，但仍然是强制性暴力。这个主题应该得到重提，因为它接受过多位思想家如索雷尔（Sorel）、瓦尔特·本亚明（Walter Benjamin）以及马克思等的政治和文化阐述。在这方面，可以追溯到很远：承受来自一种规范的限制，感觉像是与暴力的一种直面对抗。然而，这是一种分散的、无力的、温和的暴力。

还有关系到个体身体的暴力：这种暴力，有时在于限制这种身体的自由，我们可以将其称为监禁型暴力，有时，它就是一种血腥暴力、伤残暴力、暗杀暴力、行凶暴力。很显然，这最后一种暴力在眼下正是发生在大街上的焦点，那便是强盗或无政府主义暴力，甚至是战争暴力。

例如，对于一种国家暴力，有人报之以血腥暴力，于是，一种无限的系统得以建立。暴力的特征是经常性的，它自身就可以产生……尽管注意到这一点是庸俗的，但是，如何来摆脱呢？

单词"暴力"具有两种意义：一种是指破坏性暴力，是死亡之符号；同时，还有另一种意义，是指一种冲动，它意味着攻击性、创造性、生命活力。难道不是这样吗？

即便可能显得异常，我也通常会区分作为名词的<u>暴力</u>（violence）和作为形容词的<u>暴力的</u>（violent）。实际上，有<u>一些</u>状态、一些行动或是一些选择，它们可以正面地是暴力的，也可以既是暴力的也是正面的：例如创作激情、创作的彻底性！但是，当其只是另外一种目的性属性时，这一切便都只包含在形容词的意义之中。当属性因处在形容词意义之中而变成本质的时候，自在的暴力就显示出来了……

我还想指出以下三点。

当暴力表现为像是服务于一种原因、一种观念的时候，它便提出了一个尖锐的问题。在我看来，我难以承受把一种学说的托词赋予一

声音的种子

些暴力和破坏行动。我把 16 世纪加尔文主义论者卡斯泰利翁[①]的一句非常简单的话当做自己的话，他说："杀害一个人，这并不是在捍卫一种学说，这就是杀害一个人。"卡斯泰利翁甚至以这句话来与加尔文[②]表示对立。我要说，这句话的好处，便是代表了文字的固执，即代表了文字——杀害一个人，并不是杀害而是保留生命的那一时刻。解释文字，说杀害一个人便是捍卫一种学说，在我看来，在面对生或死时是无法捍卫的。

在对话与争论的当前状况下，有一个问题似乎必须提到，而且已经提到：暴力与权力的关系。任何权力都不可避免地包含着一种暴力。尤瑟夫·德·迈斯特[③]根据他的立场说过的话，与我所理解的相反，他说："任何类型的最高权力，从其本质上都是绝对的。不论人们将其置于一个还是多个人的头顶，不论有人任意地分离还是组织权力，在分析的最后时刻总会有一种绝对的权力，它在制造麻烦时将会不受惩罚。根据这种观点，这种权力将在特定期间的整个力量中是专制性的，而为了对抗它，人们将只会采用造反来保护自己，而无其他保护可言。"如果有人想摆脱暴力，就必须最终获得在其自身是坚定的而又处于权力之外的一种伦理，并且安排好自己的位置不去参与权力。

最后一个问题：我们可以部分地反对暴力，也就是说只在一定条件之下同时承认一些例外吗？我们可以出卖非-暴力吗？这是我提出的问题，也是我向自己提出的问题。我感觉，您在不停地向我介绍某些反对意见或限制，其实它们也是我的反对意见和限制。但是，我要以一个问题来回答您：我们能够进入对暴力的内容及其各种合法性的评价之中吗？

实际上，有两种伦理态度：要么，人们赋予自己权利来判断暴力的内容，以便挽救其中某些部分和指责另外的部分，这就是大家现在

[①] 卡斯泰利翁（Sébaqtien Castellion, 1515—1563）：16 世纪法国哲学家。——译注
[②] 加尔文（Jean Calvin, 1509—1564）：法国神学家和宗教改革者。——译注
[③] 尤瑟夫·德·迈斯特（Joseph de Maistre, 1753—1821）：法国政治家、哲学家和作家。——译注

谈暴力

一般所做的；要么，人们在自己身体内接受暴力——就像接受一种不可容忍的形式那样，而在这种时刻，人们就拒绝各种借口，并且不出卖非-暴力，但是，这是一种过分的态度，它只在个人的伦理道德的极限区域才被自愿接受。

您的回答过于悲观，几乎是无出路的。难道就没有一种出路吗？

我看不到，当今世界已经步入了总体解决暴力问题的道路。世界在总体组织的层面上显得没有希望：各国都在努力，每个国家也在加强对其力量即其权力的控制。社会主义显示的出路也似乎被堵住了。而且，正因为如此，我们现在承受着很多痛苦。想象一个无暴力的社会，似乎是一种乌托邦，我可以说，这种乌托邦甚至已经不再让人感兴趣了，因为它不能为我们的现时提供什么。

在这样的社会中生活的主体，必须对一些个体的解决办法和个人的行动进行自省。

这是否就是一种悲观解决办法呢？

不一定！200年以来，哲学和政治已经让我们习惯于赋予一般的集体主义以极大价值。

所有的哲学都是有关集体和社会的哲学，而个体主义非常不被看好。不再有或者很少有关于非-群居性即个人的哲学。也许，恰恰应该自愿地接受这种特殊性，恰恰不应该把特殊性感受为某种价值降低、某种羞耻，而是应该实际地重新思考一种有关主体的哲学。不应该被这种在我们的社会中广为传播的伦理道德所吓倒，这是因为，我们的社会因其责任价值和政治义务价值而属于集体超我的社会。也许应该接受标新立异的个体立场，尽管这一切都需要被明确。

声音的种子

在我看来，这并不是标新立异。不应该首先"是"，而后才"与……一起是"，对吧？

哦，是的，可以说，自黑格尔以来，任何在构想和进行理论化工作的东西，都是一种标新立异。任何尽力使自己服从于集体论要求的哲学，都似乎是极为特殊的，并且，我要说，这种哲学具有一种很坏的标志形象。

而您呢，罗兰·巴尔特，这也是您所想的吗？

我嘛，我在慢慢地寻找和尝试从被智力如此强加给我的任何东西里解放出来。但是，非常缓慢……必须让这一工作实现转换……

《改革》(*Réforme*), 1978 年 9 月 2 日,
雅克利娜·塞尔 (Jacqueline Sers) 整理

为了让人感到疑虑而说的话

1978年12月4日

罗兰·巴尔特去年于色伊出版社出版的《恋人絮语》一书，如今有着巨大的印数。如果他没有出版这本书的话，他虽然被知识分子也就是被少数人所欣赏或贬低，但也许只能悄然无声地走过一个时期。

罗兰·巴尔特非常看重文化，他不知疲倦地关注搜寻这个符号即单词、那个结构即句子，不知疲倦地关注移动和晃动着的符号与结构，直到它们接受并最终承认说话所意味的东西，承认作为爱好者的这位钢琴手和绘画人的写作的严肃性——他在词语的调色板上选择直至选定使颜色准确或注解正确的那个词，这些都使得这位研究者变成了一位涉猎广泛的作家。他因为对文本和言语活动的全新批评，在两年前被法兰西公学委任以开展文学符号学讲座。

符号学是关于符号的科学，在巴尔特看来，一切都是符号，一切都是言语活动。问题是，任何言语活动最后都粘连着思想，粘连着智慧。词语最终都成为生发心理俗套的诱饵。在解释这种危险的同时，还需要为这种目的而求助于本世纪的智慧。而在这个某种社会幻灭比以往任何时刻都更迫使我们要复查我们定见的世纪里，因为在阅读他的有时是晦涩的书籍的时候，我有在努力之后，在发现一种全新思想之后的快乐，于是，我便邀请罗兰·巴尔特来回答一些许多人都不知如何回答的问题。

声音的种子

您说过，必须总是细心地倾听同时代人，因为他们身上有着关于明天的预兆性符号。今天，难道人们不是已经可以感受到一种反犹太主义的泛起了吗？

未来从不以纯粹的状态让人预先知道。但是，任何对于现在时的阅读，实际上都让人期待充满担忧和威胁的明天。潜在的反犹太主义，一如每个国家、每种文明、每种心理状态中都有的种族主义，总是活跃在小资产阶级的意识形态之中。在法国，幸运的是，反犹太主义并不被重大政治决定所支持。但是，反犹太主义和种族主义的企图存在于报刊和交谈之中。这种企图在意识形态层面上出现的事实，迫使知识分子应予以高度警惕。知识分子在这一方面可以起到一种正面的作用。绝对的规则，是监督人们在任何层面和在任何场合所说的东西，为的是永远不要使人相信这样一种说法，即犹太人实际存在的情况。言语活动在任何时刻都必须绝对地清楚这种可怕的幽灵。

向浪漫主义求助，是比较含混的。浪漫主义包含着对个体性欲望的一些创造和颂扬力量，也包含着对理性主义者们的一种系统性对抗，而这一切都可以是正面的。但是，浪漫主义承载着反–知识论的神话，甚至承载着反犹太主义的某种风险。我们想一想后浪漫主义的德国吧。

至于神圣的事物，它包含着教徒的全部含混性。我确信，人类不可无神圣事物、无象征系统而生存。但是，人类面临两种风险：在教派层面上的蒙昧主义和由政治权力来承担的神圣事物。

我认为，面对所有这些危险，正确的东西，也就是说希望，总是在边缘人一侧，从斗争到个人措施，都是如此。我想说的是，浪漫主义和神圣事物应该相互依附，但却是各自地跟随，原因是，一种价值一旦在像我们的社会一样属于群居的社会中形成，这种价值就成了挑衅性的。

有人恰恰以带有很多挑衅、很多"清除"思想大师的口吻和总体

为了让人感到疑虑而说的话

上返回"正确理解力"的欲望来说话。现在，我们不是在知识分子劳改营，但是，一段时间以来，您不觉得有一种非常清晰的法西斯主义推力吗？

您把法西斯主义的风险与这种精神状态联系起来，是有道理的。但是，如果我们想更好地战斗的话，就要保留这些单词的意义。当然，在言语活动中、在话语中、在报刊中、在谈话中，有一些法西斯主义成分，它们变得充实，并逐渐给人这种悲剧印象。的确，有一种反－知识分子的法西斯主义，并且知识分子在充当其替罪羊，就像犹太人、鸡奸者、黑人那样。自浪漫主义以来，法国知识分子的诉讼周期性地出现。这种诉讼是因为"正确的判断力"而提起的，是因为强大的因循守旧观念而提起的，是因为人们在希腊所称的"公正舆论"——多数人认为应该思考的东西——而提起的。小资产阶级，虽然是多数人的阶级，但它是危险的：它摇摆于资产阶级与无产阶级之间，最终会与强力的和法西斯主义的制度结合在一起。无可争议的是，在法国，小资产阶级具有一种历史的推力。这个阶级在上升，并尽力掌握权力。而且，在很大程度上，这个阶级已经掌握了权力。

至于所谓的由舆论来清除思想大师，这是一种脆弱的恶作剧，它告诉大家思想大师是有的（这根本不是确定的），以便更好地左右他们的死亡。最少的辩证法，即最少的精巧，就可以使头脑非常聪明的人惊怕不已，以至于为了捍卫这种粗俗，他们借助于抹杀细微区别的正确判断力。

人们一般认为，有两种类型的智慧：数学与文学。您也这么认为吗？

一切取决于数学与文学的发展程度。在第一个层面上，对于这两种言语活动，有两种才干或是无才干。我认为，这是一种并非完全

声音的种子

神秘的对立关系。但是，在第二个层面上，只要推动一下数学或是文学，各种阻拦就出现了。有一些相互作用、一些徒然交会。

在数学中，有一种丰富的巨大想象力，有一些重要的逻辑思维模式，这些逻辑思维最终以一种非常活跃的方式只在形式上形成，而无须去考虑内容。这一切都会使文学高度地感兴趣。而在文学中，有一种活动越来越趋向数学思维的一些形式。在某个层面上，数学会与文学交相汇合。

对于您来讲，所有神话之末意味着什么呢？想象物之末和创造性之末又都意味着什么呢？

我认为，神话与宗教的衰弱是由历史的快速发展引起的，这种历史有时快速、有时缓慢地消耗各种价值。当前，出现了一种消耗的加速，即关于人类重大幻觉的强度和延迟的一种变化。但是，我要坚定地说，神话对于所有的社会都是必需的，为的是不引起撕裂。不过，神话不应该作为真实的借口被体验；它们应该在艺术中被体验，而艺术并非像人们所认为的那样是错误之主谋。对于错误，艺术会将其昭示给人们。在这种时刻，错误便不再是危险的。

今天，您想过续写 20 年前出版的《神话》吗？在关系到《Elle》[①]这家杂志的方面，您在这本书中给出的形象已经过时了。如果暗玫瑰色曾在一段时间内是我们的偏好的话，那么，从 1968 年以来，我们已经形成了特定兴趣。我们甚至经常谈论非常怪异的主题。

我有很长的时间没有阅读杂志了。但是，我相信，实际上，《Elle》已经出现了很大变化。在像《Elle》这样的杂志层面，有着新闻写作方面的一项重要任务，那便是对我们刚才所说的每一样东

[①]《Elle》：法国著名女性时尚杂志。该杂志在我国以《世界时装之苑》名称出版。——译注

为了让人感到疑虑而说的话

西都要有所突出。好的新闻写作,应该帮助读者建立起一种批评的和没有社会禁忌的意识。在《Elle》的情况里,刊物的变化和它所能包含的思考要素,显然与女性意识的发展有所联系。对于女性来说,重要的不是有一副高高的嗓门儿——就像一些女性运动有时所追求的那样——而是有一副恰到好处的嗓门儿,一副接受巧妙的嗓门儿。

您说过,法国人都因为有拉辛而感到自豪,但对于没有莎士比亚而感到沮丧。爱情,在此,该像是一个法国式的、布局有序且有界限的花园吧?我们的英国式花园(爱情-激情)在哪里呢?在我们的文化遗产中,我们有过英国式的花园吗?

法国那些伟大的古典作家,在强调嫉妒的同时,描述过爱情-激情。大致说来,他们是妄想狂。而德国人,例如海涅,可以说是强调伤害、怀恋、感情流露。实际上,这与法国传统是相当有别的。法国,有点错过了浪漫主义,这在其对爱情的态度方面有所表现。

那么,神意爱情呢?因为这种爱情是借助于祈祷的言语活动来进行的,您对巴尔扎克中篇小说《萨拉辛》所做的破释工作,为《新约全书》都提供了什么呢?

博舒哀[①]以绝对战斗的姿态说过,在言语活动上,不存在不分节的、不是公式化的祈祷。在这一方面,他攻击费纳龙[②]和那些神秘学说者,因为他们坚持说,纯粹的祈祷是处在言语活动之外、寓于绝对的不可磨灭之中的。神秘论总是代表着在言语活动方面的最为困难的经验。这便是神秘论让人感兴趣的原因。我们可以对《新约全书》进

---

① 博舒哀(Jacques-Bénign Bossuet, 1627—1704):法国主教兼作家。——译注
② 费纳龙(François Fénelon, 1651—1715):法国神学家兼作家。——译注

声音的种子

行一种结构分析的研究吗？依我说，是可以的。就我个人来讲，我曾对《旧约全书》和《新约全书》中的几个文本做过两次简短的分析。但是，在结构分析只描述形式并停留在宗教讯息之中的情况下，不可能过于深入。文本就像是一种千层糕点（难道不是这样吗？）：各种意义像糕点的层次那样叠合在一起。对于《新约全书》，做这样的分析工作是非常必要的。这种分析工作，在仔细研究过文本的所有组织层次之后，会让我们重新回到文字上来，而无须使文字抹杀文本。

在《时尚系统》中，您说过，时尚除了作为意指系统之外，没有存在价值。您是否想以此来说明"告诉我你如何着装，我就会告诉你你是谁"呢？

时尚是一种编码、一种言语活动。在被编码的言语活动与主体说这种言语活动的方式之间，有一种复杂的关系。在能力（懂得说这种言语活动和了解其编码）与运用[①]（我们在说话时的所为）之间有一种关系。时尚真真切切就是编码，正是这种编码让我可以将时尚描述为"像是一种语言"[②]。有着一种个人的方式来讲述这种语言，它会迫使你按照一种人为的编码来说出一些个人的事情。时尚迫使你说出人们认为存在的东西，说出人们想与所有人的语言一起出现的东西。而我要说，这甚至就是人类生存条件的定义。人注定要用其他人的语言来自我表白。请注意一下50年来的各种女性时尚。它们的变化涉及非常不同的色情。你看，我认为，时尚过于"文化"，不曾解放过身体。相反，当时尚尽力发展亚里士多德的审美价值时，我则认为它进步了。在这种时候，时尚尽力想象形式与颜色、类型和体型，因为它们都与人类的重大造型经验之间保留着某种关系。简单地说，就是与

---

① 能力（compétence）与运用（performance）：语言学和符号学术语。这是美国语言学家乔姆斯基引入的概念，前者指一种潜在的知识准备和积累，后者指对前者的实际应用。——译注

② 这里的"语言"，仍然是指内在形式即结构。——译注

为了让人感到疑虑而说的话

艺术之间有某种关系。

也与生存的艺术有某种关系。日本的生存艺术征服了您。您认为,在任何个人生存艺术之前,有无一种全民的生存艺术呢?

一种生存艺术可以是社会性的。例如,在法国,资产阶级的生存艺术就不是令人不悦的,或者说,它就是全民的。我经常梦想,以描述的形式,在纸上构筑一种综合性的生存艺术,这种艺术能将具有非常不同的文明的所有成功的生存艺术特征汇聚在一起。

在我们这样的工业国家里,业余性难道不是一种自由的生存艺术吗?

绝对是,因为这种业余性强调的是作品的生产过程,而不是作为产品的作品。然而,我们处在由产品形成的一种文明之中,对生产感兴趣,就变成颠覆性的了。绘画,就有不少业余爱好者。这些爱好者对绘画有着极大的兴趣,而这种兴趣是某种非常重要的东西。但是,"正确判断力"对业余性有着某种同情。这个时候,这种业余性并非一种惧怕,即它根据边缘人因此也是根据具有颠覆性的人所制造的那种惧怕。

您的新的感知方式,即您在字里行间进行解读的方式,难道它本身在最高层次上不是颠覆性的吗?

我认为,从我的层面来讲,认为我是颠覆性的,是过奖了。但是,我要说,从词源学上讲,我是在试图颠覆。也就是说,我试图无视一种因循守旧,无视一种现存的思维方式并想对它有所变动。这其中,不存在变革,不是的,而是试图欺骗各种事物、贬低各种事物,

声音的种子

是使其变得更灵活些,是让人们听到一种疑虑,因此就总是在动摇所谓的自然性,即已经被固定的东西。

《Elle》,1978 年 12 月 4 日,
弗朗索瓦·图尼耶(Françoise Tournier)整理

一种过于突然的背景

1979年2月6—13日

我是随笔作家。我没有像故事性创作那样更多地探讨戏剧创作：我从来没有创造过虚构人物。在我的某些随笔文字中，我当然探讨过浪漫主义，但是，是作为范畴来探讨的。今天，我承认我有意写点可以属于小说方面的东西，但是，这种意图还到不了剧本的程度。戏剧专业的世界，是一种非常困难、非常不规范的世界，一切都在一种过于突然的背景、一种瞬间内发生。

在一个文本的生命延续层面上，这个时间概念是令人讨厌的。这一情况实际上就带来了戏剧创作的突然性，大概也还有其带来的精神上的享受和高价位。看到戏剧文本进入演员的身体之中、动作之中，进入这种直接的体现之中，是非常刺激人的。但是，法国的戏剧机器是建立在一种非常粗鲁的经济学系统之上的：有着一种为金钱或反金钱的斗争。也许，有一天，我不得不考虑写作一些对话。但是，到那时我非常想做的，则是补足一个故事或是一个情节，即便当今的戏剧可以放弃这些。人们曾经把一个像是《恋人絮语》的文本片段搬上戏剧舞台。对我来说，作为作者，那是让人非常感兴趣的。这向我表明，当一个"静默的"文本进入演员的声音与呼吸之中的时候，它会变成什么样子；这还向我表明，那些标点符号一旦进入演员的身体将变成什么情况——那些逗号都会转换成静默或动作。在这种时刻，我有过"刻意地"去写作一些戏剧对话的愿望。如果我能够奇迹般写出一个剧本的话，那么，我会意识到，我写出的该是一种非常文学性的文本。到那时，我就会起而反对某种现时的戏剧，因为它为了戏剧性而完全牺牲了文本。

在我写那些随笔时——它们都是关于文学的而非关于戏剧的——我通常为了不把对一个文本的解读限制在一种确定的意义上而奋斗。但是，一旦进入演出，我便需要一种耐久的、单一的意义和一种伦理道德的、社会的责任感。原因是，当我把戏剧当作批评来安排的时候，我非常忠实于我所珍惜的布莱希特的那些观念。

《新文学》，1979 年 2 月 6—13 日

罗兰·巴尔特自我表白

1979 年 4 月

罗兰·巴尔特的著述中，差不多有 15 本左右的图书，其中最为知名的是《写作的零度》《神话集》，最近的则是《恋人絮语》。他的著述的一大显著特征就是多样化：我们在其中既能看到对米什莱和拉辛的批评研究，也能看到对时尚言语活动的方法分析，甚至还有令人无不感到惊喜的关于日本的《符号帝国》。这种多方面的才能不单单是明显的。罗兰·巴尔特并没有尽力构建一种思想系统，而总是漫游在知识之中，稳稳地从一种理论到另一种理论，同时从马克思的思想中汲取一个概念并使其在语言学中得到验证，或者反向而做。而如果有的时候他停了下来制造了一种分析机器例如符号学的话，那么，他也是到了这种机器有一天几乎要变成一种刚性枷锁和单一解释栅网的时候，才有所放下。

罗兰·巴尔特的发展轨迹尽管曲折、有所偏移，在进行逆境探索，但仍表现出一种固定的内容，那便是优先关注言语活动。一方面，是为了揭示言语活动的压迫，也就是揭示那些固定下来的形式，因为它们是老生常谈，是"自然如此"或俗套（哪里有俗套，甚至最好说，哪里有愚蠢，他就去哪里揭示）。另一方面，更是为了颂扬几个世纪以来由一种不断革新的实践——文学——向意义提供的各种可能的特殊狂喜与膨胀现象。我想首先尝试采访的，恰恰就是钟爱文学的罗兰·巴尔特本人。他刚刚出版了有关他的朋友菲利普·索莱尔斯的一本论文汇编集。对于菲利普·索莱

声音的种子

尔斯,一些人把他的文学实践看成是"先锋派",另一些人则看作是令人厌倦的"不可读的"。不过,罗兰·巴尔特同样是这样的人,他最近出版的著述,特别是他的《恋人絮语》,从写作方面来看,更被看作是接近文学空间的,以至于今天人们更多地谈论作家罗兰·巴尔特,而不是批评家罗兰·巴尔特。准确地讲,他是什么呢?法兰西公学自称是到了可以用拉丁文 sapientia①一词来自我定义的年纪,而罗兰·巴尔特则称这所学院"无权力、有一点知识、有一点智慧和有最多可能的兴趣",那么,这位法兰西公学教授如何看待自己现在的工作呢?或者,是否可以非常简单地说,他昨天是结构主义者,而明天就是小说家呢?罗兰·巴尔特在他将自己定位为知识分子的同时接受回答的,正是这类问题,他还将明确地说出他对先锋派文学的看法,并顺便回答那些指责他制造非规范语言的人们。不管怎样,在让他说话之前,我们再说最后一句:恰恰就是为了强调一下,在这个人的声音与目光中,他在真正的宽容、细腻和谨慎的享乐主义之间,有一种难以确定的平衡。也许,正是这一点最终达到人们有时称之为彬彬有礼、而罗兰·巴尔特以他的方式将之归于时尚的东西。

我恰好愿意向您提出下面的问题来开始这次采访:在您看来,访谈是什么?

访谈是一种相当复杂的实践,即使不需要分析,至少也需要判断。一般说来,依我看,访谈是相当艰难的,而且在某一时刻,我曾经想拒绝。我甚至为自己确定了可接受的"最后一次访谈"。后来,我明白了,这涉及一种过分的态度:不客气地讲,访谈属于我们无法躲避的一种社会游戏,或者更为严肃地说,它属于以作家为一方、以媒体为另一方的两者之间的一种智力工作的结合。必须接受一些错综复杂的情况:从动笔写的时刻开始,就是为了最终发表,而从发表的

---

① sapientia:拉丁文,意为"才智,智慧,精明"。——译注

时刻开始，就必须接受社会对书籍所提出的问题和接受社会将书籍所变成的东西。因此，必须准备接受访谈，有时还要尽力忍住不去提问。

现在，访谈为什么又不是艰难的了呢？根本原因，在于我对说话与写作之间关系的各种考虑。我喜爱写作。而说话，我只在一个非常特殊的范围内喜欢，这便是我自己划定的范围，例如在研讨班上讲话，在课堂上讲话。我经常在有话要说并在某种程度上配合写作的时候，感到为难，原因是，我在这个时候有一种无用的感觉：我想说出的东西，却不能比写出来更好地将其说出，而借助说话将其说出又趋于将其减少。这就是我表现出犹豫的基本原因。还有一种原因，在于幽默方面：我认为，和您之间不会发生这样的情况，但是，您也知道，这经常出现在那些重大媒体采访中，于是在采访者与被采访者之间便形成了一种有点虐待性的关系，这种关系的存在是为了调动被采访者的反应而提出一些或者是挑衅性的或者是隐私性的问题，穷追不舍地问出某种真实情况。总之，这就会招致叫我有所反感的有违精巧的风险。

不过，我刚才说的这些，并没有回答您的问题的一个方面：一次采访有什么用呢？我只知道，这是一种相当创伤性的实践，它会在我这一侧引发属于或多或少无意识的自卫性的"我没有什么可说"的回答。对于现场记录的人来说，同时也对于现场说话的人来说，失语是一种常在的威胁，为克服这种情况，就必须斗争（要知道，失语的一种形式，便是滔滔不绝或废话连篇）。这一切都离不开写作与准确地说，或用一个学究式的词来说——"同度量的"说话。这就是说，这其中在需要说出的东西与说出的方式之间有一种恰到好处的度量关系。最后，您的问题属于现在缺乏的一种总体研究，而我总是想着将其作为我课程中的对象，这便是：对当今知识分子生活实践的深思总览图。

这就是您在《罗兰·巴尔特自述》一书的写作方案中，讲述什么

声音的种子

<u>是知识分子生物形态学的原因吗？</u>

确实是这样。生物形态学习惯上对动物的习惯感兴趣。依我所见，对于知识分子，也要完成同样的研究工作：要研究他们的实践，研究他们的研讨会、课程、研讨班、报告会、访谈、签字等。知识分子有着一整套的实践，而我们就生活在其中，并且以我的了解，人们从未对这种实践做过哲学研究。

您和我之间的这台设备，录音机，使今天的许多知识分子感到局促或不安。您呢？

确实，录音机让我感到有点不方便，但是，按照一句古怪的说法，那就是"我行我素"。录音机不让人看出它的涂改之处。在书写中，很不错的是，涂改手段是直接的。而在说话中，有着某种编码，而借助于这种编码，可以改掉刚刚说过的东西，例如："不是的，我没有想说这一点"，等等。有了录音机，就有了录音带的极大的有效性，以至于无法改口，这样一来说话就有一定风险了。

还有人说，录音机对于写作、对于文学，都是一种风险。

在一方面，《新文学杂志》（*Les Nouvelles littératures*）发表过一个资料，其中，人们看到了一些年轻作家的证词，他们面对录音机似乎完全是自由的。在我看来，这是一代人的问题，我生活在源于语言的某种控制产生的诱惑力之中，而这种语言仍然属于古典类型，因此，对于这种语言的批评（只要我在制造这种批评）就是非常重要的。在这里，我们再一次看到了属于自然的问题。还有，由手的写作作为媒介传递的人的身体，与声音作为媒介传递的人的身体，是不相同的。声音是想象物的一种器官，而有了录音机，人们因此就具有了不大受压抑、不大受审查和不大受制于内部规则的一种表达。相反，写出就涉及某种对于特别关系到句子的一种编码规则的使用和作用。句子与声音、与书写不是一回事。

因此，您不使用录音机。那么，打字机呢？

我一直用手来写我的各种文本，因为对其涂改很多。还有，主要的一点是，我亲自用打字机来誊写这些文本，因为这样可以进行第二次的改动，这种改动总是朝向省略或取消。所写的东西，在手写的文字表面上，还是非常主观性的，而这个时刻便是自身客观化的时刻：它还不是一本书或是一篇文章，借助于打字机的字体，文本已经具有了一种客观的外表，这是一个非常重要的阶段。

您 1964 年出版了《文艺批评文集》，随后，1966 年，您在《批评与真理》中肯定地说，批评家是作家。然而最近，1977 年，在为您召开的研讨会上，您公开说："有一种来自新闻界的攻击，它的目的在于把我变成一位作家。"

当然，这里涉及一种通常是特技的乖巧句子。我很像是一位作家，而我一直在想成为作家，但不祈愿是什么有才华的作家，因为这对我来说并非一种光荣，而是一种实践。因此，我只是有兴趣地注意到，一段时间以来，我的小小的社会形象已经开始向着作家的身份转变，同时有点远离批评家的身份。我最近几年来写的东西，也助长了这一情况，不过，我并不因此感到遗憾。反正，社会形象一直是社会协调的对象，因此，在我很清楚地感觉到这种社会形象是如何构成和如何独立于自我而改变的情况下，我便得以谈论进攻考虑。

但是，在您看来，为什么需要这种进攻考虑呢？

我以前曾经是理性论者，如果说我现在继续是的话，那是因为今

声音的种子

天的法国知识社会需要作家,有一些空缺的位置,而我则在某些方面具备能力足以填补其中一个空位。

您今天是法兰西公学的教授,这是法兰西大学体制中最高贵的地方之一。不过,有一种主题总是强劲地返回到您身上,甚至进入了您在法兰西公学的开课演讲中,您说:"相对于普通大学,而特别是因为我没有通过教师资格考试,我是一位'不可靠的主体'或一位'不纯粹的主体'。"

显然,这是一个非常重要的主观性主题,它并没有很好地从我身上清除掉。我一直有一种强烈的、冲动性的愿望,想属于大学教学系统,这种愿望早在童年时代就有,那个时期,大学体制差异还非常大。然而,我未能通过正常的学习过程进入大学体制,这是因为每当需要越过一个等级的时候,我就大病一场。第一次的时候,我是在读哲学预科时病倒了,我未能像我所希望的那样准备好升入巴黎高等师范学院。随后,当我准备参加教师资格考试时,我又一次病倒了。我的职业生涯也证实,我一直心系大学体制,幸运的是,我通过边缘性机构进入了大学体制,这种体制接受了我,而未要求通常应该获得的各种毕业证书,这些边缘性机构是:法国国家科学研究中心(CNRS)、高等研究实践学院,特别是法兰西公学。这些机构有其教学风格的原因、某种边缘性的客观原因——这种客观原因在我进行开课演讲时还没有真正明白——法兰西公学和绝大部分高等研究实践学院的学科是不颁发毕业证的。因此,我并不是被带入了一种权力系统,这也就制造了一种客观的边缘性。

相对于普通大学体制的这种轻微移位最终使您满意吗?

从专业上来讲,我获得了我能够具有的最好的职场生活,因为我被接受——即便是有争议的——进入从一开始我就非常热爱的这所大

罗兰·巴尔特自我表白

学之中，但是，我被接受进入的是一些相当边缘性的、处在权力之外的领域。因此，我不会忘记，法兰西公学是非常难以向一个外人解释清楚运行模式的一种机构，这里存在着非常革新的态度与无可争辩的贵族做派之间的一些矛盾。

我经常在书店中看到，您的书籍从不被摆放在同一地方，并且，根据情况，它们会被分别放进语言学、哲学、社会学和文学各个分类书架中。这种为您分类的困难，与您自己的做法是一致的吗？

是的。如果我们超越一点我的情况的话，我认为，这种分类的困难对应于在我之前就开始的一种交叉性工作。特别是萨特，他是一位非常伟大的多题材作家：哲学家、随笔作家、小说家、剧作家和批评家。大概就是从那个时候开始，作家的身份变得模糊了起来，并同时遇到了——也很快就相互交叉在一起——知识分子的身份和教授的身份。今天，传统的写作体裁正趋向某种时效的消失或取消，但是，这种交叉没有被出版商业所紧跟，因为它们仍然需要进行分类。

尽管有人说萨特的努力是失败的，但是他本人还是在尽力建构一种重要的系统。这根本就不是您的情况。那么，您看重什么时期的萨特呢？

首先，如果萨特以我所不具备的一种哲学能力真的尝试建立一种思想系统的话，我不会说他是失败的。不管怎样，在历史范围内，没有一种重大哲学系统获得过成功：这种系统会在某一时刻变成一种重大的虚构，而这从最初就总是这样的。我更愿意说，萨特生产了一种重要的哲学虚构，这种虚构具体地出现在了多种写作中，并因此获得了一种系统的形式。那么，我看重什么时期的萨特呢？我看重的，是我在解放后[①]发现的萨特，即在我从疗养院出来后发现的萨特。因为在疗养院中，我经常阅读古典作家的作品，而不大阅读现代作家的作

---

① 是指 1945 年第二次世界大战结束以后。——译注

品。正是由于萨特，我开始了对现代文学的阅读。我阅读《存在与虚无》，也还阅读其他的一些我认为装帧很漂亮而有点被遗忘的书籍，以及需要重读的书籍：比如《情绪理论概论》(*Esquisse d'une théorie des émotions*) 和《想象物》(*L'Imaginaire*)。还有，特别是他的《波德莱尔和喜剧作家与烈士圣热内》(*Baudelaire et Saint Genet, comédien et martyr*)，我将这些作品看做重要的作品。再就是，我阅读过的萨特的书籍不太多，我有点脱离他。

在某一特定时刻，当您谈论有关文学的科学时，就像是在谈论一种不可能的模式、一种永远不会存在的科学那样，不是吗？

在您所说的这个句子中，我是这样写的："有关文学的科学……（如果这种科学有一天存在的话）"。重要的一点，是那对括号。即便在我有着非常明显的科学研究任务的那个时期，我也不相信有这种科学。现在，当然，我就更不相信了。但是，一位主体，应该通晓那些科学态度、实证主义态度或理性主义态度。现时，我已经摆脱了这些。但愿其他人在尝试进行一些形式化表述的同时，继续进行文学的分析。为什么不呢？我对于这样做有点厌烦了，但我非常能理解。

您曾写过："我没有充分的理由把我所写的东西看做一种秘密的努力，以便有一天使纪德的《日记》主题得以重新显现。"您这么写的意义是什么呢？

在青少年时期，阅读纪德的作品，对我是非常重要的，而且，在其全部的作品中，我最喜爱的，就是《日记》。这本书一直以其不连续的结构、其延续 50 年的"拼凑"吸引着我。在纪德的《日记》中，什么都有，包括涉及主观性的所有精彩内容：阅读、会见、思考，甚至还有所做蠢事。吸引我的，正是这一方面，因此，我总是希望以片段来写作。您会问我，为什么我不写一部日记呢？我们当中很多人都有这种想法，并非只限于作家。但是，写日记就会提出"我"和诚实的问题，这个问题在纪德所处的时代也许容易解决（不管怎样，他很好地解决了这个问题，没有使问题复杂化，而且控制得很好），而在精神分析学经历了各种变化和马克思主义推土机碾压过后的今天，它已经变得极为困难。我们不能完全地重新采用一种过时的形式。

您用"片段"来写作。"片段"一词，在给人以一个整体的一些小体块或一栋建筑物的一些小部分的印象的同时，它不含混吗？

我理解您的意思。但是，我可以似是而非地回答您，并要告诉您，这个整体存在着，而且，实际上，写作从来就只是大家自身都有的那些美好事物上的、通常相当贫乏和相当轻薄的余存部分。进入写作的东西，相对于一个复杂的、密实的整体来说，就是一些小小的、不稳定部分或是一些废墟。而写作的问题，就在这一点上：如何使得自身就有的这种涌动能够以最佳状态去实现一种写作网系呢？这样一来，从我个人来讲，我就要想方设法努力为之，同时不做出像是构建一种整体性的样子，并公开地留下一些多样的余存。因此，我为"片段"叫好。

说到这儿，现在，我强烈地想写一部重要的、具有连续性的而不再是片段的作品了。（这再一次是典型的普鲁斯特式的问题，因为普鲁斯特在他生命的一半时间里只写一些片段，而在1909年的时候，他突然开始写作《追忆似水年华》这一鸿篇巨制。）这种想法在我身上非常强烈，以至于我在法兰西公学的课程就是根据这一问题、通过无数曲折来构成的。对于"小说"或者"写一部小说"，我的想法并非基于商业考虑，而是为了进入一种不再是片段式的写作体裁之中。

《恋人絮语》的成功确实让您感到惊讶了吗？

老实说，是的。我差点没有放手出版这部手稿，因为当时我认为

声音的种子

不会有超过 500 名读者会对它感兴趣,也就是说不会有多于 500 位因这种类型的主观性而具有某种相似情况的主体感兴趣。

在色里兹研讨会上,您公开说,《恋人絮语》之所以获得些许成功,是因为您在写作方面下了功夫。仅仅是因为这一点吗?

这是事后的一种说明,它不一定是错的:认真加工对于这本书的写作,也许已经让人可以超越这种主观性的极端特殊性。原因是,不要忘记,这里涉及的是更具德国浪漫传统的一种非常特殊的爱情类型,它有可能让人预想到来自法国读者的特别是来自法国知识界读者的阻力。有鉴于这本书的成功,我当然会想到一些问题,在此之前我却无法真正想象得到。正像帕维斯所说,这就是"写作职业"的动人之处:实际上,我们根本不知道后来会出现的情况。人们疯狂地去尽力预测和预知,仅仅是因为写作的时候需要有一种恋情回应。但是,不会有任何作用:人们永远不会对其有所知,不存在关于书籍的营销学。

您很为读者着想。

越来越这样。由于放弃了一种科学研究的身份——甚至是一种严格的知识分子的身份,我现在必须考虑——不是考虑广大读者,而是考虑回应某一类读者的情感。于是,我为自己提出了风格问题、明确问题、简洁问题。这并不总是非常容易做到的,因为一方面没有形式,另一方面没有内容:只是简单地自我表白,是不够的,还必须思考和简单地感受。

《恋人絮语》的成功也许改变了您的写作?

可能有这样的反作用。在写作的时候,对于听到什么是很敏感的,实际上,我可能是在被重新发现我似乎有过的与这本书的一种简单关系所引导着。但是，我非常谨慎，因为这一点不应该成为让你自鸣得意的态度。

您恰好刚刚出版了一部新书《作家索莱尔斯》(Sollers écrivain)。首先，第一点：您在这本实际上是文章汇编的书中，要求有实践"情感批评"的权利，也就是说，不把您对索莱尔斯书籍的阅读与您对他的友情分开。任何批评都或多或少带有情感，我看不到有谁会否认您的这种权利。

还是说出来为好。我与索莱尔斯认识已久，我与他建立了非常热烈的智力情感关系，我不认为应该将这种关系与我谈论他作品时的方式分开。我经常说，米什莱过于依赖一种历史区分，并赋予了这种区分一些几乎是神话学的名称：一方面是"教皇派精神"，也就是说，是书记员的精神、立法者的精神或耶稣会的精神，亦即一种生硬的和理性主义的精神；另一方面是"皇帝派精神"，亦即带有人对人敬重之意的封建和浪漫精神。对我来说，我自我感觉更是像皇帝派精神而非教皇派精神：实际上，我总在想为人们辩解，而不是想具有更多思想。因此，我是因为智力情感的联系才与索莱尔斯交好的，而我总体上是把他当做一个人物、一个个体来替他说话的。您也说，任何批评都是带有情感的。是的，通常就是这样的，我很高兴您这么说。但是，应该再进一步探讨，几乎需要把情感作为批评的动力以使其理论化。还是在几年以前，批评仍然是一种非常具有分析性的、非常理性的活动，它服从于带有公正性和客观性的一种超我。而我想做的，有点与此相悖。

在此，我不想进入细节之中，但是，为了快一点，我们要说，对索莱尔斯的文本和其他文学先锋派的文本，首先，在读者层面就提出了可读性与不可读性的问题。

实际上，我们无法在访谈的范围内真正地谈论涉及可读性规则的复杂的问题。但是，总的说来，我首先要提醒的是，在可读性与不可读性方面，没有任何客观标准。其次，我要说，成为可读的，是源于学校的一种古典模式：成为可读的，就是在学校里被阅读的。但是，在现实中，如果我们观察一下社会的各个有活力的组成部分，观察一下人们之间交流的谈话，观察一下我们的日常城市生活中所表现出的这种客观性的话，就肯定会有一些领域在我们看来是不可解读的，而这些领域又完全可以是非常大众的领域。最后，我假设，如果索莱尔斯的一些文本是不可读的，那是人们没有找到阅读的节奏。人们从来没有去研究问题的这个方面。

对许多读者来说，不可读性直接就是厌烦的同义词。

那么，情况恰恰是这样：也许慢慢地阅读的话，感到厌烦的情况会好一些。有一些作者，比如大仲马，就应该读得快一些，不这样做，就会带来致命的厌烦。相反，有一些作者，比如索莱尔斯，大概就应该比较慢地阅读其作品，更何况这就涉及对语言的一种颠覆和转变计划，而这种计划与说话经验是密切相连的。说到这儿，我要告诉您一个论据，我对其无法摆脱：当我们对比一些所谓的不可读文本的时候，我们会看到，在使用一种粗俗的言语活动方面，哪些人是好的，哪些人是不好的。原因是，审美追求的标准也改变了。但是，这些标准，人们根本就不知道。为什么这个文本就比另一个文本反响更好呢？人们不知道。但是，这需要有耐心，因为这一切都属于当前文化的某种大杂烩，而这种文化正在形成，并因其多样化而显示出旺盛的活力。

在这个过程中，有关明确性的旧有标准或神话还在起作用。

我本人也深受有关明确性的这种神话牵制，因为我经常——而且就在最近——被指责为言语晦涩。不过,我不认为明确性是一种好的神话。人们越来越知道,不能使内容脱离形式,而且明确性不说明任何问题。但是,人们可以借助于第二期或第三期的古典主义来选择,因为这两期的古典主义在法国文学史上表现为像是先锋派的态度。从个人方面讲,我的研究工作绝不是沿着索莱尔斯的研究工作的探险路线走的,现在,我很想实现一种对越来越简单的语言的实践。这并不妨碍关注存在于索莱尔斯意图中的有生命的东西。

您根本就不喜欢俗套,难道您在先锋派作品中就看不到一点属于美的东西吗?

肯定是有的。有一些关于非-俗套的俗套,有一种关于不可读性的因循守旧。这样一来,有什么可以作证呢?我会在我给出的表达方式中使用一种有点过时和非常"拙劣"的标准,这便是作家的"痛苦"。在我看来,痛苦并非在一张纸上辛苦地干一天,而是某个人比如索莱尔斯的生活明显地被诱惑、被加工和因为写作的需要而忍受折磨。正是在这一点上,索莱尔斯的不可读性具有某种价值,并且这种不可读性大概会有一天不再被感知为如此。

如果我听明白了,那您是在说对先锋派文本的兴趣,比如对索莱尔斯文本的兴趣,并没有引导您摆脱带有故事和人物的更为传统的文本,是这样吗?

当然是。我的主观性要求的就是这种古典主义。而且,如果我需要一个文本的话,我就赋予其一种非常强烈的传统的外表。因此,对于先锋派,按照这种表达方式的通常意义来说,我并不属于其中。

在《作家索莱尔斯》一书中,您参照的是绘画上的"再现之危机",也就是说,您参照的是从形象艺术到抽象艺术的过渡。为什么

声音的种子

这种再现之危机最终在抽象绘画方面被大众很好地接受了，而在文学方面却遭遇很惨呢？

这是一个根本性的问题，我只能给出很一般的回答。困难在于，文学的材料是分节的言语活动，而且，这种材料自身已经直接就是有意味的：一个单词，在其被使用之前，就已经是某种东西。因此，破坏类比性、形象化、再现性、叙述性、描述性等的所有程序，在文学方面就变得更为困难，原因是，那样做就必须与已经有所意味的一种材料进行角力。这种框架一旦建立，我们就会再一次遇到一种伦理问题：是需要斗争还是不斗争？难道必须为废止意义、破坏意义、改变意义，而借助各种词语达到身体的并不属于句法逻辑的另外一个区域吗？或者相反，这并不需要去斗争？在此，我说，各种回答只能是战术上的，并且，这要取决于人们自己对所在的历史和所要进行的斗争方式的判断。在我看来，这似乎就是我们整个对话的意义。对于我来说，这绝对是我个人的一种观点，我认为，为文本而减少斗争、减少战斗、退让一点的时刻也许已经到来。从战术上讲，我具有一种轻微退让的观点：减少解构文本，更多地展示可读性（甚至在经历可以诱惑、伪装、玩弄技巧或施展计谋的情况下），总之，减少与言语活动各种语义条件的角力。但是，我还要说，不要忘记，一个文化时代是由多种同时共存的战术尝试构成的。

您最近在《新观察家》杂志中写道："没有任何东西可以说明库兹涅佐夫（Kousnetsov）是一位'好'作家。我甚至经常想，索尔仁尼琴也不是……"在您看来，索尔仁尼琴也不是一位"好"作家吗？

对我们来说，索尔仁尼琴不是一位"好"作家：他所解决的那些形式问题，相对于我们来说，有点太陈旧了。不能说他要对此负责，原因在于，我们经历过的长达70年的文化，他没有经历过。这种文化不一定就比他的文化更好，但是，这种文化就在我们面前，我们不能否定它，不能否定自马拉美以来在法国文学中出现的一切。比如莫泊桑或左拉在写作，我们就不能以判断我们今天某个人的写作方式来判断前者。无论如何，我不大了解外国文学，我与母语有着一种非常强烈的情感关系，我真正地只喜欢用法语写出的东西。

您在《作家索莱尔斯》一书的开篇写道："作家是独自一人，他被原先的和新的阶级抛弃了。由于他今天生活在孤独本身被看作是一种错误的社会里，所以他的失败就更加惨重。"为什么有这种过于悲观的看法呢？

非常简单，那是因为，自1945年以来，知识分子阶层有过一种可怕的不悦，首先就是由世界范围内的某些政治事件——如古巴出现的劳动教养所——带来的不悦。对于今天的知识分子来说，进步主义是非常难以把握的一种态度。由此，出现了一些"新的哲学家"，他们以不同的名义记录下了这种历史悲观论，并确立了进步主义的临时死亡。

您在《罗兰·巴尔特自述》中写道："在一种特定的历史情况里，如充满悲观和拒绝的情况里，整个知识分子阶层（如果它不斗争的话）便都是潜在的花花公子。"

是的，一切实际地自愿接受一种极端的边缘性东西的行为，都会变成一种战斗形式。自政治上的进步主义不再是简单的和可能的时刻开始，人们就被带向了充满诡计的态度或是间接的态度。原因就是，主要的敌人已经变成了尼采称之为社会的"群居性"的东西。这就注定会出现一些充满孤独的社会身份，也许人们从来未曾经历过这种情况。这便是，从根本上讲和超验地说，作家在今天是独自一人的原因所在。当然，他接近报刊和出版机制。但是，这并不能使其摆脱作为创作者的非常沉重的孤独。今天的作家，不被任何可标记的社会阶层

声音的种子

所支持,他不被大资产阶级所支持(假设这个阶级还存在),也不被小资产阶级所支持,还不被无产阶级所支持。作家处在一种极端的边缘性之中,以至于他不能享有存在于某些类型的边缘人或少数人之间的那种团结。说真的,作家在1979年是可怕地独自一人的,这便是我借助索莱尔斯的情况想判定的东西。

但是,您就感觉不到您也处于这种孤独之中吗?

我感觉不到,因为几年以前我就决定在我与读者的关系中"培养"某种感情。在这一方面,每当我找到了这种充满感情的回答,我就不觉得是独自一人。如果我只是为了一种文学观念而斗争,我无疑会是非常孤独的。但是,由于我在我所写的东西方面和我的课程之中改变了我的实践的战术范围,从某种程度上讲,所获得的回报是不同的。

有人发现当前出现了一种反-智力至上论,而您自己也因为被模仿成为这种智力至上论的目标。您怎么看呢?

肯定是这样的。实际上,反-智力至上论是一种浪漫神话。是那些浪漫派作家开始对属于智力方面的东西提出了怀疑,同时他们也将大脑与心做了分离。随后,反-智力至上论被一些德雷福斯事件[①]那样的政治插曲所代替。再随后,法国社会由于与其对魅力的追求相矛盾,从而刺激反-智力至上论的兴起与接受。在不推进分析的情况下,我们可以认为,这在今天是与社会阶级的操弄有联系的。在法国,按照过去的用语来说,在政治体制和文化中有着不可争议的一种"小资产阶级"推力的存在。这样一来,知识分子就变成了替罪

---

① 德雷富斯(Alfred Dreyfus, 1859—1935),犹太人,法国上尉。1894年12月因被指责向德国出卖情报而入狱。德雷福斯的家属在新闻界和一些知名作家例如左拉的支持下,进行了抗争,从而使这一事件成为当时法国社会的重要事件。——译注

羊,因为他使用的是一种使人们之间产生分离的言语活动。人们总是回到言语活动方面和诅咒方面来,这种诅咒使得人们具有一种分离的言语活动,他们只能以人造的方式来产生一种统一的言语活动。在一个很小的知识分子团体中,由于《恋人絮语》一书的问世,我成了最为"作家"的知识分子之一,因此也是在这个小团体之外最为人所知的知识分子之一。甚至还是在这一方面,人们可以制造和拼凑一种操作,来质疑这位"费解的"知识分子,而又无须去找完全不被人所知的某个人。

[罗兰·巴尔特的作品成为抨击性文章的抨击对象,已经不是第一次了,这种文章揭示了他的表达风格和言语活动。在1963年,他作为拒绝求助于一种模糊的心理学的"新批评"的代表人物之一,尽力通过内在结构来分析文本,他发表了关于法国最伟大古典作家之一的一部论著:《论拉辛》(*Sur Racine*)(这本书恰好刚刚在色伊出版社的"论点"丛书中再版)。几个月之后,索邦大学教授、拉辛研究专家雷蒙·皮卡尔在波韦尔出版社出版了其抨击性著作《新批评还是新骗局?》。罗兰·巴尔特在1966年以《批评与真理》一书做了回击。由于我向他问及在雷蒙·皮卡尔的抨击著作与比尔尼耶-朗博(Burnier-Rambaud)的仿作之间可能存在的关系,罗兰·巴尔特明确地告诉我,在他看来,后一本书"实际上,除了操作的剧情有所不同之外,就是在10年多之后的一种皮卡尔式操作:因为我现在更为著名,我已经从大学内部过渡到了媒体内部。但是,实际上,问题没有变化,而且与言语活动相联系"。]

在色里兹研讨会上,您曾经对记者们没有就您的《米什莱》一书向您提问感到惊讶,您当时说,"这是关于我的一本书,一方面人们对其所谈很少,另一方面我力挺它"。在访谈之前,我想明确地问:您为什么如此喜欢这本书?

呵,您为我设置了一种可怕的陷阱!但是,也确实是真的,我

声音的种子

承认我在这本书里找到了一种安排得相当好的主题。其次，米什莱一直是主张革新的，因为这位历史学家真正地把人的身体引入了历史之中。我们当然可以向他提出一大堆关于科学方面的指责：他犯有许多历史方面的错误。但是，整个年鉴学派都因为迪比（Duby）、勒鲁瓦·拉迪里（Le Roy Ladury）或勒戈夫（Le Goff）而变成了富有活力的历史学派，这个学派承认历史可能要感谢米什莱。米什莱重新审视和思考了身体在历史中的情况，重新审视和思考了身体的痛苦、它的不满情绪、血液、生理状况或饮食情况。米什莱创立了法国的人类学，同时脱离开编年史来观察法国社会，就像人类学家观察另外的社会那样。

这有点像是米什莱把身体放在历史之中来对其重新进行思考的方式，也越来越关注事物和知识的趣味性了。

是的，有一点。于是，我对这一方面采取了主体性的迂回表现方式。可以说，我更像是主体那样来自愿承担自己。

《阅读》（*Lire*），1979年4月，
皮埃尔·邦赛纳（Pierre Boncenne）整理。

要敢于懒散

1979 年 9 月 16 日

什么都不要做。看着青草在长。放任自己在时间的河水中流动。把生活都变成周末……罗兰·巴尔特谈起有关懒散的乐趣。

懒散是学校神话的一种要素。您如何对其进行分析呢？

懒散并非是一种神话，它是学校情况的一种基本的、好像也是理所当然的条件。为什么呢？因为学校是一种约束性结构，对学生来讲，懒散是操纵约束性的手段。课堂，必然包含着一种压迫力量，哪怕就是在课上讲授的东西，青少年们也不一定想听。懒散可以是对这种压迫的反应，可以是承担因这种压迫带来的烦恼，表现出对于这种压迫的意识，在某种程度上讲，也可以说是对其运用辩证法的一种主观策略。这种回应并非是直接的，它并不是一种公开的不满，原因是学生没有直接回应约束的手段，这是一种婉转的、避开造成危机的回应。换句话说，学校里的懒散具有一种语义价值，它属于课堂编码，属于学生的自然语言的编码。

如果关注一下词源学的话，我们就会注意到，在拉丁语里，形容词 *piger*（因为懒散 "paresse" 就来自其名词 "pigritia"）就意味着"缓慢"。这样一来，懒散的最为负面、最为痛苦的面目，就是做事糟糕、违心，就是在给予体制一种反馈——但却是拖延的反馈——的同时，来满足体制的要求。

相反，在希腊语中，懒人被说成 argos，它是 a-ergos 的语音缩合的结果，它意味着"不努力"。希腊语比拉丁语更为率直。

在这种小小的词源学辨析中，已经可以大体看出形成某种懒散哲学的可能性。

我在高中学校里只当过一年的老师。我并非是从那时起就对学校里的懒散有了想法，而是根据我自己做学生的经验产生了这种想法。我自然地再一次看到了学校里的懒散，但它却是以我当前生活中的一种隐喻方式出现的，原则上，这种懒散与一个学生的懒散无任何关系：当我面对那些让我非常头疼的任务——例如写信、阅读手稿——的时候，我就抵触，我就从心里说我没有能力完成，完全像是一位学生无法完成其作业那样。这如果说是一种意志上的痛苦经验的话，那就是懒散方面的痛苦经验。

您在生活和工作中，如何看待懒散？或者您为其安排什么位置呢？

我会说我在生活中不为懒散安排任何位置，但这样说又是不对的。我认为那样做是一种不当，是一种错误。通常，我都是处于奋力做事的状况之中。当我不做事或者在整个一段时间里不做事（一般来说，我都会最终做完事情）的时候，那就是某种懒散袭上身来，而不是我选择了懒散和我把自己推向了懒散。显然，这种羞怯的懒散并不采取"什么都不做"的形式，而这种形式将是懒散的光荣形式，即哲学形式。

在我生活中的一个时期里，午休之后，一直到下午四五点之前，我都为自己安排一点这种惬意的懒散，不再忙别的。我不再挺直身体，而是依随身体的姿态，而这时的身体处于有点困、不太有序的状态。

我不想尝试工作，我放任自己。

那是在农村的一段生活，是在夏天。当时，我搞点儿绘画，也像

要敢于懒散

许多法国人那样做点零活。但是在巴黎，我就要忍受必须工作和难以工作所带来的折磨。我任凭这种被接受的懒散形式的摆布，这种形式便是我为自己创立的散心，是重复的散心：自己烧一杯咖啡，喝一杯水……此外，也有时心情非常不好，因为如果散心是来自外部的，我则不会很好地接受，而是对引起这种散心的人非常恼火。我可以满心不悦地接受一些电话或来访，但实际上，那些电话或来访干扰了我并不在做的一项工作。

除了散心，我也有另外一种痛苦的懒散方式。我按照福楼拜称为"马里纳德泡菜"的启示来安排懒散方式。这就是说，在某个时刻，我一头扎在床上，"老待在床上"。什么都不做，脑子里转来转去，情绪消沉不振。

我经常地、太经常地出现"马里纳德泡菜"状况，不过，这种情况不会持续太久，一刻钟，二十分钟……然后，我又重新鼓起勇气。

我又回到"什么都不做"的这一主题上来了。我认为，实际上，我是在忍受着我没有能力和自由去什么都不做。不过，有些时候，我确实很想休息一下。但是，正像福楼拜说的那样："您凭什么要我休息呢？"

我这么说吧，我做不到生活中有一点清闲，也很少有什么消遣。除了有朋友，我只有工作，或只有乏味的懒散。

我从未特别喜欢过体育，而现在，不管怎么说，我都上了年纪了。这么一来，如果一个像我这样的人决定不做任何事情，那么，您还能让我干什么呢？

阅读吗？但这就是我的工作呀。写作吗？还要说一点，正是因为写作我才很喜欢绘画，而绘画是一种绝对免费的、自身的、不管画得怎样都是审美的活动，同时，它还是一种真正的休息、一种真正的懒散，原因是，作为充其量仅仅是爱好者的我，我并不向其中投入任何类型的自恋。不论是画得好还是画得不好，对于我都一样。

还有什么呢？卢梭晚年在瑞士的时候，曾绣过花边。

有人可能会在无过分讽刺意味的情况下，提出织毛衣的问题。编织，这也是某种懒散的举动，除非是一心想完成一件活计。

声音的种子

但是，习俗却禁止男人编织毛衣。

也不总是这样。150年以前，也许是100年以前，男人们曾非常灵巧地编织地毯。现在，不再可能了。

最为反社会惯习的场面，也是我一生中所见过的最不可思议的场面——不是在我看来，而是在现场的所有人看来——是在巴黎的地铁车厢里，一个年轻男子从提包里拿出一件编织物，不加掩饰地织了起来。所有的人都有一种不可思议的感觉，但没有人说话。

编织，正是一种手工的、不起眼的、免费的、无目的性的活动，但是，它仍然是一种绝佳的、成功的懒散表现。

似乎也要看到现代生活中的懒散表现。人们总在谈论消遣权，但从不谈论懒散权，您注意过吗？此外，我在考虑，在我们当中，即在西方人和现代人当中，不做任何事情的情况是否存在。

有些人甚至有着与我完全不同的生活，他们的生活更为异化、更为艰难、更为辛劳，当他们有点自由的时候，他们并不"什么"都不做，而总是做点什么。

我还记得这样的景象……当我还是个孩童或青少年的时候，巴黎与现在是不一样的。那是在第二次世界大战之前。夏天的时候，天气很热，比现在热得多——至少人们是这样认为的，不管怎样，我是这么认为的。于是，人们经常看见那些守门人（那时守门人非常之多，这在当时是一种社会机制），每当晚上非常热的时候，他们就搬出椅子放在临街的大门口，坐在那里什么都不做。

这是一种懒散的景象，现在早就没有了。我在生活中看不到了。在现在的巴黎，见不到太多的懒散现象。咖啡馆，仍然是轮替就座的一种懒散：人们可以对话，也可以借此"现身"一下。这算不上是真正的懒散。

现在，有极大可能的是，懒散并不在于什么都不做，因为我们不可能做得到，而是尽可能割裂时间，尽可能将时间打散。这就是，我在工作中为消愁解闷儿做的一点点事情。我在割裂时间。这是让自己变得懒散的方式。不过，我所希望的，则是另外一种懒散。

要敢于懒散

有一首禅诗以其简洁性让我眼前一亮,它可以为我所梦想的那种懒散进行诗意的定义:

> 静心地坐着,无所事事
> 春天到了
> 草在拔地生长。

再就是,这首诗在其被翻译成法语的样式里,呈现出一种让人拍案叫绝的错格形式,即一种构句上的断裂。静心地坐着的,并不是句子的主语。并非是春天在坐着。这种构句上的断裂,不论愿意与否,都很好地表明,在懒散的情况里,主语几乎失去了其作为主体的常在性。主体分散了,它甚至不可说出"我"。这也许就是真正的懒散:在某些时刻,达到不需要说出"我"的状态。

恋人主体,难道是最想寻求并达到这种懒散状态的主体吗?

一位恋人主体所寻求的那种懒散,不仅仅是"什么都不做",而且尤其是难以做出决定。

我在《恋人絮语》的"怎么办?"片段中说过,在某些时刻,恋人主体会尽力将自己安排在他认为激情再现的一种常在张力即"一种小小的懒散角落"里。

实际上,我所努力描述的恋人主体,在任何时刻都会提出一些行为问题:我需要打电话吗?我必须去赴约吗?我不去赴约不可以吗?

我曾一再说过,"怎么办?",便是慎重考虑和做出决定的结构,它是由我们的生活所形成的,它就像是佛教中的<u>羯磨</u>(Kârma),即不停地迫使我们做出反应、予以回答的那些原因的链接情况。羯磨的反面,便是<u>涅槃</u>(Nirvâna)[①]。因此,当人们严重地忍受羯磨所带来的痛

[①] Kârma 和 Nirvivâna 还有另外的解释,它们分别是"因果报应"和"安详宁静"之意。——译注

苦的时候，就会设定、幻想某种涅槃。这样一来，懒散就获得了一种解脱的维度。

真正的懒散，从根本上讲，似乎是一种"不做决定""待在那儿"的懒散。俨然那些又懒又笨的学生，他们坐在教室的后面，只待在那儿的特征表现。

他们不参与讨论，不被赶出教室，待在那儿，充其量是一个点，也像是一堆什么。

人们有时所希望的，正是如此：待在那儿，不做任何决定。我在想，道教中根据"无为"即什么都不做的意义，会有一种有关懒散、有关"什么都不做"的教诲。

我们也可以找出某些托尔斯泰的道德意图。当面对一种弊病，人们思考是否有权可以懒散的时候，托尔斯泰的回答是可以的，这种回答是最好的回答，因为不能用另外一种弊病来回答一种弊病。

这种道德观在今天已经完全不被人所信。而如果追溯到更远以前，懒散就显得像是对不幸的一种很高的哲学的解释方法——不回答。但是，当前的社会再一次非常难以承受中性态度。在这样的社会看来，懒散是不可容忍的。就好像从根本上讲懒散是最主要的弊病。

懒散所带来的可怕的东西，是它可能就是最庸俗、最俗套、最缺少对世界的思考的东西——就好像它可以思考最佳的东西似的。

懒散可以是一种随和，但也是一种征服。

这种思考上的懒散，难道不就是普鲁斯特所称的"似水年华"吗？

普鲁斯特面对作家工作时的态度，是非常特殊的。他的作品的写成，即便不是根据有关不情愿的回忆、有关自由记忆和感觉之升腾的一种理论，至少也是这种理论陪伴的结果。这种自由的升腾显然涉及某种懒散。懒散，按照普鲁斯特的一种隐喻说法，恰恰就是

要敢于懒散

使人想起往事的物品、气味、滋味等正在嘴里缓慢地散开，而这时嘴巴也正处在懒散状态。主体听凭回忆使其神牵魂移，这时的他是懒散的。如果他不是这种状态，那么，他就会重新找到一种有意识的记忆。

我们可以求助于普鲁斯特的另外一种意象：用纸制作而成的结合紧凑的日式纸花，那些纸花在水中会膨胀变大。懒散，也许该是这个样子：一个时刻连续书写，一个时刻精工细作。

不过，即便在普鲁斯特看来，写作也不是一种懒散活动。普鲁斯特使用了另外一种隐喻即一种工作隐喻来说明作家。他说，他写作一部作品就像一位女缝纫师在做一件长裙。这就关系到一种无休止的活动，这种活动一如普鲁斯特的工作那样，是细心的、采集性的、构建性的、补充性的。最后，因为他也许在其生命中期之前曾经是懒散的（还是如此！），而随后，他关起门来写作《追忆似水年华》一书，他便不再懒散，他始终在工作。

实际上，在写作中，有两种时间。第一种时间是闲逛的、几乎是寻艳的时间，在这一时间里，人们捕捉记忆、感觉、意外事件，并让这些内容争相呈现。然后，会有第二种时间，即伏案疾书的时间，在这一时间里，人们埋头写作（对于普鲁斯特来说，就是在床上的时间）。

但是，我真的相信，对于写作，不应该懒散，而这恰恰又是写作的困难之一。写作是一种享受，但同时也是一种困难的享受，原因是这种享受必须经历一些非常艰难的工作阶段，并带有一些风险：很想懒散，受到来自懒散的威逼，放弃写作的意图，劳累疲倦，逆反心理等。就在一个小时之前，我还在为托尔斯泰的日记写评注。他是一个被生活规则、时间安排的框架和不可以懒散的道德问题所困住的人。他会记下任何没有遵守规则的情况。这是一种无休止的斗争，是一种真正难以想象的斗争。而且，实际上，如果有人从根本上是懒散的，并决心懒散，无论其构想得多好并振振有词地辩解，他都不能写作。

声音的种子

有没有懒散的习俗,或者说星期天也像其他日子一样的情况呢?

现在要说的是,懒散的种类与职业的种类同样多,也许与社会的阶层同样多。而且,如果星期天是懒散的一种制度上的时间安排的话,那么,一位教授的星期天显然与一位普工、一位坐办公室的人或一位医生的星期天是不同的。

但是,在社会问题之外,又会提出一周当中这一天的作用的历史问题,因为根据宗教的不同,会是在星期天、星期六、星期五……也就是说,会提出关于惯例性懒散的问题。

在诸如维多利亚时期的英国那样限制很严的国家,或者像在当前的犹太制度下,休息日是有一些限制做事的习俗的。习俗是先于"不做任何事情"或"什么事都不做"之愿望的。但是,似乎不幸的是,人们一旦必须服从这种禁止习俗,却又忍受着"什么事都不做"。

懒散,由于来自外部,由于是被强加的,变成了一种酷刑。这种酷刑就叫做烦恼。

叔本华[①]说过:"烦恼在星期天具有其社会再现特征。"

对于我来说,当我是个孩子的时候,星期天可以说是一个烦恼的日子。我不大清楚是怎么回事,但我认为,孩子们就是这么想的。星期天,不去上学,而学校,即便对于孩子来说也是具有二重性的,但它总归是一个社会的和情感的场所……在那里是可以散心的。

现在,由于我已不再是个孩子了,星期天对于我来说,又变成了幸运的一天。这一天,没有了电话、书信、约会这些来自社会方面的要求,这种要求在一周当中都让我感到疲倦。这是快活的一天,因为这一天是空白的、静寂的一天,我可以保持懒散的样子,

---

① 叔本华(Arthur Schopenhauer, 1788—1860):哲学史上第一个公开反对理性主义哲学的人,并开创了非理性主义哲学的先河,也是唯意志论的创始人和主要代表之一,认为生命意志是主宰世界运作的力量。——译注

要敢于懒散

也就是说自由的样子。因为,现代懒散的许愿形式,最终就是自由。

《世界报》(周日版)(*Le Monde-Dimanche*),1979年9月16日,克里斯蒂娜·埃夫(Christine Eff)整理

纸上的夏多布里昂

1979 年 12 月 10 日

那么,您现在对夏多布里昂的研究到什么程度了?

在我的一生中,在我的文化记忆中,夏多布里昂对我来说,也像对大家一样,首先是一些所选文字片段的作者,即向人们展示其描述的明亮的月光或美洲景致的作者。那些<u>公认</u>的文字篇目不缺少美,但是我不认为我们的兴趣是在其中找到所希望的东西……一般说来,那些篇目是人们用来平息有关浪漫派主人公的某种神话的,而实际上,它们难以很好地代表那些远远超出它们的作品。在这一方面,我认为,夏多布里昂变成了我们教育方面的典型的受害者,因为恰好是由于学校教育的品位下降和随后出现的认同感的错位,法国人很少或不大阅读他的书籍。

为了给《朗赛的一生》写序,您已经阅读了他的不少书籍……

实际上,为了理解夏多布里昂并非只是教科书上所说的那位勤奋的杰出人物,我早就应该发现这本书既华贵又朴实。在《朗赛的一生》中,我发现了一位思想深邃、认真严肃和出言有力的人,而且也许正是在思考这位夏多布里昂的时候,我在几个月前真正地开始阅读《墓畔回忆录》(*Mémoires d'outre-tombe*)[1]。阅读这部书,

---

[1] 郭宏安先生将其翻译为《墓中回忆录》。——译注

纸上的夏多布里昂

叫我眼前一亮。

一连几个星期,这部回忆录就是我的床头书。每天晚上,我都迫不及待去阅读,因为书中使用的语言有着难以想象的美,甚至叫我惊讶不已。再就是,这种美很少产生终端效果:人们总是想知道得更多,总是发现一条线在连接着,因此,这样的阅读会使人充满希望……

这种语言之美足够使您满意吗?

在语言之后,看到的是因其道德观和真正的政治思想而显现的内心复杂、充满矛盾的夏多布里昂。

您是指《宪法与君主立宪》或是《基督教真谛》两部书吗?

我在这里谈的只是《墓畔回忆录》中的夏多布里昂。《基督教真谛》一书让我厌烦。而在提及他政治思想的时候,我影射的是比简单的宪法专论文章更为宽泛的东西。在政治方面,夏多布里昂有某种分量。在他身上,有一种心灵品质,即贵族气。应该说,他从未说过约瑟夫·德·迈斯特(Joseph de Maistre)那样犬儒的话:"我没有反对过舆论,因为我没有攻击过人们。"他保持着正直的姿态,即便是对他最为严厉地描述的人也是如此。您可以想象他对查理十世的描述。

那么,关于自负的夏多布里昂、撒谎的夏多布里昂……

他自负、撒谎对我并不构成障碍。这些都属于他的"自我",而这种自我实际上又让他避免了庸俗。尼采曾谈论过这种"自我的古老尊严"。夏多布里昂就是这种尊严的代表形象……在我的阅读中,我主要是在书中感受到贵族气。这种贵族气似乎规定了他永远不需要附和小家子气,甚至在他混迹其中和为他提前做了许多安排的政治世界，也不需要附和。

您也许喜欢为夏多布里昂写一部传记吧？

我经常想写一部传记，但我承认从来没有想过为夏多布里昂写传记。如果我是一位出色的德国学学者的话，我也许会为一位作曲家写传记……不管怎样，关于夏多布里昂的生平传记，现在已经有了，那便是佩因特（Peinter）的鸿篇巨制[①]……

一般说来，您如何评判佩因特的传记写作事业和其细心的展示呢？

我很喜欢他写的《普鲁斯特传》，因为是佩因特第一次重建了"马塞尔主义"[②]，也就是说，对于普鲁斯特私人生活表现出了真正的兴趣，而不再仅仅对他作品中的那些人物感兴趣。相反，他有关纪德的书则让我失望……至于今天出版的这部《夏多布里昂生平传记》，我还不能轻易地评判它。我手头只有其第一卷，它写到1793年。然而，我所感兴趣的，是老年时的夏多布里昂。尽管这么说了，我还是承认佩因特在写作传记方面具有某种天分。他写得很好，很生动。但是……

但是什么？

……我在考虑，佩因特所擅长的这种写作体裁的逻辑，是否会限制他接近使夏多布里昂成为具有独特形象的东西：他的风格、他的语言。此外，佩因特与法语之间并没有"母语"关系，我在考虑，如果

[①] 《夏多布里昂生平传记》（*Chateaubriand, une biographie*），翻译者为苏珊·内蒂亚尔（Suzanne Nettiard）。

[②] 马塞尔主义：普鲁斯特全名为马塞尔·普鲁斯特，所以，这里就是指"普鲁斯特主义"。——译注

纸上的夏多布里昂

无视其母语神秘性，那么他与夏多布里昂之间的亲近性可能会给人们提供什么。今天在法国，并不存在语言方面的危机，因为所有的词汇总在为存在下去而相互安排，不过，却有着<u>对于语言的热爱的危机</u>。没有对这种危机的敏感评价，没有这种热爱，那么，人们从构成像夏多布里昂一样天才的句法学家和词汇学家的现代性那里可以理解到什么呢？

您认为，比起传闻逸事，修辞学更可以告诉您《墓畔回忆录》的真实吗？

问题并不真正在此。但是，既然夏多布里昂使用一种快乐的语言向我们谈论他的一生和他所处的时代（想必，这种语言给予了他很多写作的享受，也给予了我们阅读的享受），那么，我就不相信人们会不去对他进行分析。

好吧，我们就来谈一谈这种语言和它的奥秘吧：夏多布里昂有时也被理解为是一部很大的"光响不动的"机器，并且，他经常放任自己，去简单从事一些写作，就像那些非常有天分的作曲家同时放弃他们的所有铜管乐器那样，您有这种感觉吗？

我不同意您的看法。在我看来，在《墓畔回忆录》中，夏多布里昂表现出一种平衡和适度方面的奇迹，因为他具有恰当使用词语——也就是说无过度使用——的科学。例如他描述雷卡米耶（Récamier）"穿着一件白色长裙坐在沙发上"的神态，这就既简明又完美。此外，这种语言不停地为他所用来展示他在两个世界交会处的命运，或者来展示他的年迈生活……

也还是这种语言，使他可以诗意地转换一些不讨人喜欢的东西，例如烦恼，于是，烦恼就变成了<u>另外的东西</u>。还有，这种语言在任何时刻都保留着其可改变性……

声音的种子

但是,您所说的贵族气做何理解呢?

没有盘算计较,没有卑劣,服从于一种慷慨豁达的精神,而我要说的是一种总体的容纳、一种热情的方式——今天的政治话语,由于缺乏这些优点而叫人局促不安。的确,这种贵族气伴随着某种道德的和骑士风度的褶痕,但是,夏多布里昂的句子仍然是简明的,而且说出的东西恰如其分。这便令人们留恋。

您认为您的夏多布里昂单纯简洁、光明正大,显然,他并非总是表现为这样……

"我的"夏多布里昂,首先是他的作品,即他的书籍。他是一位纸上的夏多布里昂,而实际上,在我看来,他可能并不与传记作家笔下的夏多布里昂相像。我对于把纸上的夏多布里昂与佩因特复活的有骨有肉的人进行比较这件事,并不很感兴趣。

人们一般说,18世纪的法国是充满智慧的,而随后的19世纪可以说是愚蠢至极的。按照您的说法,夏多布里昂是个例外……

人们认为18世纪充满"智慧",而拒绝19世纪,这一般属于一种反向而动的即莫拉主义[①]的神话。只需读一下他的几卷《墓畔回忆录》,就可以知道夏多布里昂多么有智慧了。当然,他对法国人及其政治"心理学",不乏溢美之词。您该记得他关于拿破仑说过的话:"每一天的经验都会使得法国人本能地奔向权力。他们一点都不喜欢自由,而同时平等是他们的偶像。然而,平等与专制主义是有着隐蔽联系。在这两种关系影响下,拿破仑从在军事上倾向于强力和在民

[①] 莫拉主义(maurrassien):因其主张者为莫拉(Charles Marras, 1868—1952)而得名。莫拉主张,君主立宪制是可以保留的,他提出了反犹太论、反新教论等,与当时的社会是反向而动的。——译注

主方面热爱平等的法国人中找到了力量源泉。"这样一来，您看，夏多布里昂（其身体是纸质的）正在以<u>不管怎样</u>总是促使他说出真理的清晰明确性使我激动。夏多布里昂也会感到失望，但他总是清晰明确、细致入微和恰如其分地说出一些真理。正因此，与其说他是一位政治家，不如说他属于伦理学的代言作家。因此，今天，应该阅读他……

《新观察家》(*Le Nourel Observateur*) 杂志，1979 年 12 月 10 日，让－保罗·昂托旺（Jean-Paul Enthoven）整理

从爱好到沉迷

1980 年 2 月 22 日

罗兰·巴尔特一部作品的出版，总会是一个事件。《明室》一书是谈论摄影的，它是由三家出版商同时冠名出版的：有巴尔特长时间以来对其表现出忠诚的色伊出版社、《电影手册》杂志社和伽利玛出版社，后一家出版社包揽了《电影手册》主编让·纳尔博尼（Jean Narboni）的新丛书的出版（大岛的《文集》已经面世）。罗兰·巴尔特向我们谈到了他并没有去实践，只是与今天所有人一样被关联到的一种艺术。

最近，苏珊·桑塔格（Susan Sontag）和米希尔·图尔尼埃（Michel Tournier）也出版了一些关于摄影的分析书籍。这是否是一种巧合呢？

实际上，我们可以注意到有关摄影的一种"理论暴涨"。有一些人，他们不是技术人员，不是历史学家，不是美学家，但他们却对摄影感兴趣。他们只是在追回一种过分的迟误：摄影属于我们文明不可缺少的部分，没有理由不去对其进行思考，就像对待绘画和电影那样。有待于知道的，就是这样做会不会让摄影师们高兴。原因是，如果摄影师们尽力想让人把摄影当做一种成熟的成分的话，那么，他们就会表现出某种轻蔑，来面对对他们的实践的"理性化活动"……不管怎样，摄影现在还被排除在大学教学之外。这不包括一些先锋派经

从爱好到沉迷

验。比如艾克斯－马赛（Aix-Marseille）大学，他们接受了吕西安·克莱格（Lucien Clergue）的博士论文的答辩；再比如专项研究中心（这很说明问题），它已经隶属于化学系！就好像在建制上摄影还离不开其非凡的初创时期那样。

当图尔尼埃称呼他的相机是"一个小的夜总会"时，您为什么称之为《明室》①呢？

我想揭示一下俗套的矛盾性和破坏性。但是，俗套还是有一种象征的现时性的：在摄影中可称为"可怕的"东西，是它没有深度，是它明确地显现曾经存在的事物。

您的书是一种"札记"，可是，为什么它创造了一些概念呢？

我以"札记"为副标题，表明的是一种真诚的谦虚态度，原因是它字数不多，毫无成为百科全书的意图。它仅仅是一种论题、一种主张。而且，我对我处在相关科学之边缘的这种主张的特殊性，有着非常清醒的认识……不过，每当要进行一项分析思考的工作时，都要确定一些概念。我选择了两个拉丁词来简化这件事情：一个是热情（studium），它是人们对摄影在总体上和文化上的、被文明化了的兴趣。它符合摄影师的工作：摄影师总在尽力取悦我们的热情，在某种程度上讲，就是取悦我们的爱好。因此，一般说来，所有反映当前性的照片都具备一种属于热情方面的意义。

但是，我已经注意到，某些照片打动了我，不是由于我对其所产生的兴趣，而是由于有借助一种神秘的方式抓住了我、俘虏了我、唤醒了我、让我感到惊讶的某个细节，更为强烈地打动了我。于是，我

---

① 书名《明室》(*Chambre claire*) 有两个意思，一个是"明亮的内室"，另一个是建立在"暗室"意义基础上的"转绘仪"。罗兰·巴尔特为这本书如此定名，是混合地采用了这两个词义，实现了一定的修辞学效果。——译注

声音的种子

称这种因素为<u>点触</u>（punctum），因为它是一种触碰、一种针刺，触击了我。

在"对文本的快乐之后"，现在是"对图像的快乐"吗？

我的书的第一部分似乎可以这么说。但随后，我便开始谈论关于哀痛、悲伤的痛苦感觉。我尽力找到，并说明造成这种痛苦感觉的东西："曾经在此"的那种暴力。这便是"摄影的沉迷"：某些照片，当其与一种失去、一种缺失相结合的时候，它们便会让您脱离自身，在这种意义上，这本书更可以说是同属哀痛范畴的《恋人絮语》的姊妹篇。

《晨报》（*Le Matin*），1980 年 2 月 22 日，
洛朗·迪斯波（Laurent Dispot）整理

谈摄影

1980 年 2 月

他是我们时代的标志性人物之一。从《神话集》到《恋人絮语》，罗兰·巴尔特对多种社会事实的分析被人采用、被人评论、被人模仿，有时也被人嘲笑，但是这些分析从来不会被人忽视。他对于法国知识界生活的影响力，是不可否认的。

了解他对摄影的立场，在我们看来，对那些关心摄影、关心摄影在我们当今社会中地位的人们来说，是不可或缺的。

1 安格洛·施瓦茨（Angelo Schwarz）的访谈

把照片认定为一种言语活动，已经成为一种习惯。在某种方式上讲，这难道不是故弄玄虚的一种定义吗？

说照片是一种言语活动的时候，这既是错误的，又是正确的。从文字意义上讲，这样说是错误的，因为摄影得来的照片是对现实的一种类比性再现，照片不包含任何不连续的微粒成分，以便让人可以称之为<u>符号</u>：严格地讲，照片之中，无任何单词或字母的对等成分。但是，当一幅照片的构成和风格就像一种二级讯息，告诉人们现实和摄影者的时候，它却又是正确的：这便是被称为<u>内涵</u>的东西，内涵是一种言语活动。然而，照片总是内涵性地表明有某种不同于<u>外延</u>层面所指出的东西：不合常理地讲，正是借助于风格，而且仅仅借助于风

声音的种子

格,照片才属于言语活动。

正像波德莱尔所观察到的那样,照片与工业化过程联系得非常密切。这样一来,我们能将照片认定为被一种工业化过程严格制约的书写系统吗?

照片与电影纯粹是工业革命的产物。它们并不是按照一种承袭、一种传统来被人采用的。正因为如此,做出分析非常困难:那就必须发明一种新的美学,在区别对待的情况下,同时负责起电影与摄影,而实际上,已经有了一种电影美学,它是根据属于文学类型的诸多风格学价值来运作的。摄影,没有享受到相同的转移,它像是文化的一位穷亲戚,没有人去关照它。在摄影方面,很少见到带有智力品质的重要文本。我知道得不多。本雅明(W. Benjamin)写过一个不错的文本,因为其是预言性的文本。[①]照片是其超-能力的受害者,由于它被誉为严格地誊写真实或一部分真实,人们便不再思考其真正的能力、真正的影响力。人们对于时刻都在超出或被错误地引导的照片有着两种看法。人们或者将其想象为对真实的一种机械的和准确的誊写,这便是新闻报道方面的全部照片,还有某些情况下的家庭照片。这显然是超出性的,因为即便是新闻报道方面的摄影也涉及取景方面的思考和一种意识形态。或者在另一个极端,人们将照片想象为绘画的某种替代物,这便是人们所称的艺术照片。而这也是另外一种超出,因为在传统意义上讲照片显然不属于艺术。

关于电影的一些理论已经存在了,为什么就没有关于摄影的理论呢?

我认为,我们是那些重要的文化俗套的受害者。电影曾致力于在文化之中让人立刻就承认其是一种虚构和想象的艺术。即便在卢米埃尔兄弟所处的年代,首批电影作品仍然是对真实的捕捉(《火车进站》

[①] 在我接受了这一次访谈之后,出现了 S. 桑塔格和 M. 图尔尼耶的那些书籍。

《工厂大门》)。电影的真正发展,曾经是一种虚构方面的发展。当时,处在对真实进行简单录制保护下的一种实践(或一种技术),曾被社会压抑,被认为那只不过是一种技术的东西,因此未充分发展,而被看做艺术的东西得到了快速发展。

您最近写道,在写作者与摄影者之间,有着工作上的一致性。不过,在这两种实践之间,历史上有过哪些明显的不同呢?

这两种实践并不是同时产生的。它们不具备相同的能指。我不十分清楚摄影实践的能指都是哪些。我不懂如何摄影。我是一位纯粹的摄影产品的消费者。显然,写作和摄影所用的不属于相同的材料。在写作的时候,所使用的材料即词语是已经具有一定含义的材料。在作家使用词语之前,词语已经具备一种含义了。作家使用的材料,是先于他和所有人已经有所意味的某种东西。作家是在使用已经具有一种意义的材料块来工作的。但是,摄影并不是一种语言,它并不使用一些材料块来工作。它们之间,有着明显的区别。

按照您的说法,摄影是如何既外在于艺术,又外在于指涉对象"虚幻的自然性"的呢?

照片是在两种危险之间得到的。摄影有时模仿和复制艺术,于是它是一种被编码了的文化形式,但是,它却不能像绘画那样来复制,因为其指涉对象,即它所拍照的对象,被观看照片的人感受为真实的。这是一种非常严格的限制。因此,摄影不可能是像绘画那样的一种艺术。

但是,另一方面,摄影的这种对象虚幻地具有自然性,因为实际上,这种指涉对象是由摄影师来选定的。摄影机的视觉系统是在多种可能性之中被选定的系统,这些可能性是沿袭了文艺复兴时期的透视法。这一切,均要求对被再现的对象具备一种意识形态方面的选择。简言之，照片不能是对以自然状态出现的对象的纯粹和简单的誊写，即便它是平面的，而不是三维的。另一方面，它不能是一种艺术，因为它只是机械地复制。这便是照片的两种不幸。如果要建立一种摄影理论，那就必须从这种矛盾、从这种困难的情势做起。

有人说，摄影师是一位见证人。在您看来，他是哪些方面的见证人呢？

您知道，在艺术方面，我不赞成现实主义，在社会科学方面，我也不赞成实证主义。因此，我要说，摄影师基本上是对其个人主观性的见证，也就是说是他作为主体面对一种对象时所采用的方式的见证。我这样说，是有点俗气和广为人知的。但是，我非常强调摄影师的这种情况，因为这种情况一般是被拒绝承认的。

关于照片的一种语法是可能的吗？

从该词的严格意义上讲，一种有关照片的语法是不可能的，因为在照片中并没有（符号的）不连续性。最多，我们可以制定带有内涵的一些所指的一种词汇，而特别是制定有关广告摄影的一种词汇。如果我们要在一种严肃的层面上来真正谈论摄影的话，那就必须在摄影与死亡之间建立关系。照片确实是一种见证，但它是不再存在的东西的见证。即便主体一直活着，这也是被拍照过的主体的那个时刻，而那一时刻已经不复存在。这一点，对于人类是一种巨大的创伤、一种变革了的创伤。对照片的每一次解读行为（而这种情况在世界上一天当中就会有几十亿次），都隐性地是一种拒绝方式，都是与不复存在的事物即与死亡的一种接触。我认为，应该这样去研究照片的神秘性，也就是说，我就是这样感受照片的：那是一种有魅力的和叫人悲伤的神秘性。

谈摄影

2 盖伊·曼德里（Guy Mandery）的访谈

您即将出版一部带有照片的书，它谈的是什么呢？

我要明确一点，这是一本不厚的书，是应《电影手册》杂志之约而写的。该杂志以这本书为起点开启了一套原则上以电影为主的丛书，并让我自由地选择我的主题，我就选择了摄影。这本书将会使摄影师感到扫兴。

这样说，毫无掩饰，但却是诚恳的。原因是，摄影不是一种社会学，不是一种美学，也不是一种摄影史。它更可以说是有关摄影的一种现象学。我是根据摄影在世界历史中的绝对新颖性来看待摄影现象的。世界自上万年以来一直存在着，图像从洞穴壁画开始算起才有几千年……而世界上的图像则多达几百万、上千万种。再就是，在19世纪，大约1822年，突然出现了一种新型的图像，一种新的像似①现象，这种现象在人类学上是全新的。

我所考虑的，正是这种新颖性，并且，我将自己重新置于对摄影总是惊讶不已的、无知的、缺少这方面文化的和有点野蛮的人的情境之中。正是在这一点上，我几乎让摄影师们感到失望，因为这种惊讶迫使我丝毫不去考虑他们生活在其中的、借助摄影而进化了的世界。

这本书是怎样构成的？

我让自己面对任意选出的几幅照片，去尽力思考，以便去理解我的意识对摄影的本质所说出的东西。因此，这是一种现象学方法。我为这种思考所遵循的方法，完全是主观性的。这种方法可以被分解为两个阶段。第一阶段，我尽力搞明白为什么某些照片会触动我、牵扯到我、使我高兴、与我有关，为什么其他照片就不这样。这是一种非

---

① 像似（iconique）：符号学术语，指的是与"外部世界"之间具有某种相似关系的符号。——译注

声音的种子

常普遍的现象，有成千上万的照片对我毫无意义可谈。在这一方面，需要非常大胆。

是不论属于"报刊照片"还是所说的"艺术照片"吗？

当然。因此，面对某些照片，我依据我的兴趣或我的欲望，同时，去发现可做符号学分析的某些反应。我曾尝试分析某些照片在什么地方涉及我，也就是说，这些照片在什么地方让我突发灵感，在什么地方打动了我，而这种打动却不一定是由被再现的主题所带来的。在一些报刊和报道照片中，有一些创伤性照片，它们也许因其是创伤性的而售价非常高昂，但是在我看来，它们却根本不会使我精神受到刺激。相反，在某些报道之中，有一些无足轻重的照片，它们却对我有某种触动。它们触动了我的情感。于是，我便尝试去分析这种情况。随后，我注意到，在依随我的兴趣来引导的同时，我的确可以获得一些答案，但是，我却不能确定将照片与其他所有类型的图像彻底对立起来的东西。因为，这正是我要谈的东西。于是，在这种时刻……

……但是，我不愿意进入细节之中，因为我的书就表现为像是一种知性悬念，而我又不想背叛悬念。因此，在这种阶段，我便开始考虑与最近的哀痛即与我失去母亲的哀痛有关联的一种私人照片，而且，正是在思考我母亲的某张照片的同时，我在某种关于摄影的摄影术中得以前进。我不再说更多，必须看一下我所达到的表述情况。有一种哲学，被揭示为像是在摄影与死亡之间建立关联的哲学，这便是每一个人都感觉到的东西，即便我们深入到了充满诸多生动哲学的世界里也能感觉到。我所尝试深入表述的，正是这种哲学。显然，我尤其思考了一些肖像照片，而没有去顾及风景照，我并不隐瞒这一点，即我认定我在某种程度地推崇私人照片。我认为，与绘画相反，照片的理想渐变，会是私人照片，也就是说，是负载着与某个人具有爱恋关系的一种照片。只有当与所再现的人具有一种爱恋关系甚至是潜在的爱恋关系时，这种照片才有力量。这种情况围绕着爱与死而出

386

谈摄影

现。那是很浪漫的。

从实际上讲,这本书是如何呈现的呢?您放进书中的,都是哪些照片呢?

我所提供的照片,都有着基本上属于证据性的价值。它们便是我在书中用来说明某些事情的照片。因此,所用照片并非一种编选。我根本没有提供每一位摄影师的最佳照片,也不一定是我所喜欢的照片,但却是我为某种佐证而谈论的照片。我还做出过努力,使那些照片自身漂亮一些。

您做选择时,所依据的"资料"是什么呢?

资料范围是很窄的,我只是采用了几本相册和杂志来写这本书。我更多地使用了《新观察家·摄影》(*Nouvel Observateur Photo*)杂志。

有不少旧的照片。因为我认为,摄影最重要的时期,是其闯天下的时期,即其初创时期。但是,也包含有几位更为当代的摄影师,例如阿维东(Avidon)、梅普尔索普(Mapplethorpe)的作品。我所喜欢的一些最伟大的摄影师的作品,并没有出现在我的选择之中。原因是,那些照片仅仅应和了书中的某些时刻。

那么,总的说来,在您的全部工作中,对摄影的研究占据什么位置呢?

有一项工作,我非常喜欢,那就是在文本与图像之间建立一种关系。我做过几次这种工作,并且,每一次都兴趣盎然。我很喜欢为图像添加说明文字。我在我写的关于日本的书中,在由色伊出版社出版的小册子《罗兰·巴尔特自述》中,都这么做过,我最近再一次这样做,就是在这本书中。实际上,我所喜欢的,就是图像与书写之间的

387

关系，因为这种关系是一种非常困难的关系，但正是在这里，这种关系提供了真正的创作乐趣，一如从前的诗人们都喜欢在韵律的困难问题上下功夫那样。

今天，与之对等的工作，便是在一个文本与一些图像之间找到一种关系。

我还想说的是，我之所以选择摄影，是因为我有点抵触电影。我注意到，我与摄影之间有着一种正面的关系，我喜欢看照片。相反，我与电影之间却有着一种困难的和抵触的关系。我并不说，我不去看电影，而是说，在我的小小的个人万神殿中，我实际上是不可思议地将照片置于电影之上的。

今天，摄影已经被所有体制都承认为一种艺术了……

……这倒不假。我更想说，任何摄影都是属于艺术的一种摄影，相反，那些以艺术摄影为名的作品却不属于艺术。

从社会层面上讲，不管怎样，摄影正在被承认。然而，摄影与真实之间维持着一种非常特殊、非常密切的关系。摄影在艺术与非‑艺术之间搭起了一座桥梁，您同意这种说法吗？

是的，非常正确。我不知道它是否在搭起一座桥梁，但是，摄影是处在一种中间区域的。它转移了艺术概念，正是在这一点上，它属于某种运动，属于世界的某种进步。

《摄影家》(*Le Photographe*)，1980 年 2 月，
安格洛·施瓦茨（Angelo Schwarz）(1977 年末)
与盖伊·曼德里（Guy Mandery）(1979 年 12 月) 整理

欲望之危机

1980 年 4 月 20 日

今天在法国,成为一名知识分子,意味着什么?

纪德,曾称赞过苏维埃俄国,随后,又反对之,同时还采取了殖民主义立场。他曾经是扮演知识分子传统角色的最后人物之一,他也是一位伟大的作家。现在,作家们就像是在后退,已经不再有真正意义上的大作家了。在纪德之后,还有安德烈·马尔罗(André Malraux)和路易·阿拉贡(Louis Aragon)等。人们不再去列举那些伟大的作家,而是关注大量知识分子即教授们的出现。这甚至涉及一种真正的知识分子群。而颇具威胁的,是媒体的重大发展,比如电视、报刊、电台,它们都承载着反–智力的态度。实际上,如果法国变成了一个小资产阶级的国家,那么,知识分子就会越来越失去其身份。他们将不得不像今天的诗人们那样隐没在报刊之中,或者以媒体内部的知识分子身份出现。这便部分地是那些被称为"新哲学家"的人的做法,这也是说出下面的话的那些知识分子的做法:"我们不会时刻地都被媒体所操纵,我们将深入媒体之中,使用与它们一样的方法,同时改变我们的言语活动,以便让更广大的读者能够理解。"从我个人方面来说,我并不指责这种我认为非常值得捍卫的立场。那些"新哲学家"已经在尝试公开展示由他们的智力所提出的那些问题:自由、道德观、一切迫使我们在世界上进行争论的东西。

声音的种子

与许多法国知识分子相反,您自己为什么从来不是一位斗士呢?

在二战结束的时候,我从学识上受萨特影响很深,因此,也被介入理论所影响。这种理论适用于我青少年时期,而且特别适用于我的青年时期。但是,我从来都不是一位斗士,我似乎不可能成为斗士,原因出自我面对言语活动时的个人态度:我不喜欢战斗性的言语活动。的确,1968年以后[①]的战斗论变得更为公开化了。没有人怀疑,一名共产党员就是一位斗士。我认为,一位戴高乐主义者也是一位斗士。最终,便出现了一种非常俗套的左派话语,而正是在此,这种话语作为言语活动难以让我接受。《解放报》(*Libération*)是非常好的一份报纸,我非常喜欢,这样的一份报纸也都刊载带有相同主题、相同俗套的一种话语。我总是在言语活动方面提出问题,这是我个人的局限性。知识分子不可直接地攻击现有权力,但却可以指责其话语风格,以便推动事物的发展。

正是因为如此,知识分子才喜欢追逐时尚吗?

是的,时尚是理解社会事物运作的绝佳观察之地。这是激动人心的、残忍的,因为人们发现一些事物在一年当中是时尚的,而在随后的一年就必须变化以追赶新的时尚。一方面,时尚并不看重神话,因为时尚转瞬即变。时尚需要落定下来,需要变得有分量,需要建立起传统。但时尚变得太快,我们不再感受整个历史的加速,而是感受小历史的加速。因此,恰恰是在战斗性话语中,我们现在可以重新找到一些神话,因为这是一种固定的话语、难懂的话语。今天,甚至在《解放报》中,都有着一种强有力的神话学。例如治安方面的过失,正在变成一种左派神话。还有其他一些神话:生态学、堕胎、种族主义。我不想说,这是一些不存在的问题。只是想说,它们现在几乎变成了一些神话。

---

① 指1968年"红五月运动"之后。——译注

欲望之危机

人们似乎有时看到您去一家被叫做帕拉斯①的非常巴黎式的夜总会。您怎么看待这种地方呢？

我可以更为概括地来回答。这是与我的年纪相联系的一种过时的观点。但是，我认为，现在的一代人不大了解欲望。有许多的活动似乎表现为不是真正的欲望活动。若人缺失强烈欲望，那么几乎就是一种疾病，这样说，并非是根据一种道德意义，而完全是根据该词的实际意义。一个没有欲望的人就会萎靡不振。苦恼，即我们今天所谈论的文明危机，也许就是欲望的一种危机。

在各种禁令退出的领域，却有着一种欲望的失去。我们可以想象，现在很难见到两个年轻小伙子在周六晚上于帕拉斯夜总会上亲密拥抱，尽管没有任何的查禁会介入进来。有不少新的禁令会出现——我在这里说的是一个相对开放的阶层，即大学生、艺术界人士、演出界人士、时尚界人士们组成的阶层。如果要走进更为稳定的那些社会阶层，我们就会发现一些非常严格的禁令，那些禁令是通过男性特征神话即具备男子气的神话来实施的……而这些新的禁令可能来自时尚。我知道，有一天晚上，在班－都施街区②，有两个男人在跳着现在的舞蹈，也就是说一种保持相当距离的舞蹈，一个女孩对他们说："哎呀呀，已经没有这么跳的啦。"这个女孩根本没有反对的表现，因为这是两个男人在一起，但是，因为这样的情况不再流行了，这就不再是时尚了。

这样一来，一种新的一致在这一时刻建立起来了。在您看来，为什么反对的做法会是一种失败呢？

近10年来，似乎被如此揭示出的历史现象，就是"群居"问题，

---

① 帕拉斯（Palace）夜总会：在原先同名剧院基础上建立，位于巴黎第九区，1978—1983年间成为当时非常时髦的巴黎地下文化活动俱乐部即同性恋俱乐部的活动场所。——译注
② 班－都施街区（Bains-Douches）：位于巴黎第三区的一个街区。——译注

声音的种子

383 这是尼采使用的一个词。身处边缘的人越来越多，他们聚拢在一起，变成了一些群体，虽然不大，但总归是群体。这种情况下，我就对这些人不再感兴趣了，因为在任何群体中，一致性主导一切。当下的历史，是向着群体偏移。比如，各种地区论表现，这就是一些小的群体，他们试图重新组织在一起。现在，我认为，唯一真正有影响的边缘论，是个体主义。但是，应该以一种新的方式来重新使用这个概念。

关于个体主义，您是乐观看待的吗？

不，并不真的是这样。原因是，完全感受其个体主义的人，生活会很困难的。不过，对于并非是小资产阶级但更为彻底和更为神秘的一种个体主义，却有着一些再生可能性。哪怕是思考我的身体，直至承认我只可思考我个人的身体，就是一种与科学、时尚、道德观——所有的集体性——相碰撞的态度。

但是，怎么可以如此生活呢？

只能是在欺骗中度日，就是借助于私下的、不遵循教条的、非哲理的行为，即通过欺骗来度日，我找不出别的词语来说。

这该是对于政府的一种不满吧？

是的，而且没有任何政府容忍过：这是借助消极来表示不满。人们可以借助攻击或是自我辩护来与政府作对，但是，消极对待，这是社会所不大接受的东西。

《恋人絮语》参与了一些这种斗争。

欲望之危机

并非真正地参与。这本书，是对于一种想象物即我的想象物的肖像描述。实际上，这样的恋人情感，也就是浪漫的恋人情感，被恋人感受为与社会性的一种分离，既像是有权来恋爱，又像是在相对真实而言的世界里难以恋爱。最后，我得以写出了这本书，这是我的运气。事情得到了解决——当然是差不多得到了解决。

我说过，《恋人絮语》可以说是我的"被最多人阅读和被人最快忘记的"书，原因是，这本书触及的读者群，仍然不是我的读者群。大概的情况是，在我的其他书籍特别是关于摄影的书籍方面，我会重新找到我的读者群，但这个读者群并不是很大。《恋人絮语》并不是非常智力至上的，但它却是可以移用于他人的；人们可以不根据文化情境而是根据恋人的情境把自己放进去。而在其他书籍中，我大概要根据一种更为智力的情境来继续下去。但是对此，我说不清楚，我不能谈论未来。

您从未想过写一部小说吗？

不是的，有的时候，我就试图写长的东西，就试图改变一些我的方式。但是，我害怕烦恼。我害怕令我自己烦恼。写作可以让人摆脱想象物，因为想象物是一种非常静态的力量，这种力量相当致命、相当晦气。写作还可以让人进入与其他人沟通的过程之中，即便这种沟通是复杂的。您要知道，就像准-拉康式分析所说的那样，我的身体就是我想象的监狱。您的身体，即在您看来最为真实的东西，也许就是最为幻觉性的，甚至也可能只是幻觉性的。我们需要另外一个身体来解放身体，但是，这样一来，就变得非常困难，随后便是整个的哲学、整个的形而上学、整个的精神分析学，也都困难起来。我只能与另外一个身体在一起时才能将我的身体推至其端点，但是，这另外一个身体也有一个身体，即一种想象物。这另外一个身体可以是一种物件。但是，最让我感兴趣的，是在我身边何时能真正有在该词明确意

声音的种子

义上的另外一个身体。[1]我根本没有政治学思想、历史学思想或社会学思想。如果我生活在一百年前的话,我会是一位心理学家,我会从事当时被称作心理学的工作,而无纠结之虑。我会广泛地去爱。

是什么在让您持续写作呢?

我只能从大的,几乎是夸张性的原因方面来回答。必须使用最为简单的话来说。写作是一种创作,而在这种程度上,它也是一种生育实践。非常简单地说,它是一种斗争,是一种控制死亡感觉和整体消亡感觉的方式。它根本就不是相信人在死后会像作家那样永垂青史之类的问题。但是,尽管如此,每当我写作,我就可以认为我是在释放某类种子,我就滋生出一些萌芽,并且因此,我便被置于一种种子循环之中。

《新观察家》,1980年4月20日,
菲利普·布鲁克斯(Philip Brooks)整理

---

[1] 这里说的"准-拉康式分析",是指接近拉康理论的一种分析。按照拉康的"镜像理论",婴幼儿在镜子面前会看到两个身像,一个是与自己相像的"另一个"(l'autre),另一个则是身边将其抱着的大人(l'Autre,通常被译为"他者")。"另一个"属于虚幻的,等同于"想象物",而"他者"则会成为婴幼儿后来成长过程中的"规范者",即"超我"。巴尔特的解释是建立在拉康镜像理论基础上的,但又不完全一致,故谓之"准-拉康式分析"。——译注

Roland Barthes
Le grain de la voix: Entretiens 1962-1980
© Éditions du Seuil, 1981
All rights reserved.
Simplified Chinese translation copyright © 2019 by China Renmin University Press Co., Ltd.

图书在版编目（CIP）数据

声音的种子：罗兰·巴尔特访谈录（1962—1980）/（法）罗兰·巴尔特著；怀宇译．—北京：中国人民大学出版社，2019.5
书名原文：Le grain de la voix: Entretiens 1962–1980
ISBN 978-7-300-26901-6

Ⅰ．①声… Ⅱ．①罗… ②怀… Ⅲ．①访问记 – 作品集 – 法国 – 现代 Ⅳ．① I565.15

中国版本图书馆 CIP 数据核字（2019）第 070913 号

声音的种子
罗兰·巴尔特访谈录（1962—1980）
［法］罗兰·巴尔特（Roland Barthes） 著
怀宇 译
Shengyin de Zhongzi

出版发行	中国人民大学出版社		
社　　址	北京中关村大街 31 号	邮政编码	100080
电　　话	010-62511242（总编室）	010-62511770（质管部）	
	010-82501766（邮购部）	010-62514148（门市部）	
	010-62515195（发行公司）	010-62515275（盗版举报）	
网　　址	http://www.crup.com.cn		
	http://www.ttrnet.com（人大教研网）		
经　　销	新华书店		
印　　刷	涿州市星河印刷有限公司		
规　　格	145 mm×210 mm　32 开本	版　次	2019 年 5 月第 1 版
印　　张	12.75 插页 3	印　次	2019 年 5 月第 1 次印刷
字　　数	348 000	定　价	59.00 元

版权所有　侵权必究　印装差错　负责调换